本成果受到中国人民大学2021年度
"中央高校建设世界一流大学（学科）和特色发展引导
专项资金"支持

政治理论与中国政治学话语体系丛书

From Movements
to Thoughts:
A Study of the British New Left

从运动到思想：
英国新左翼研究

黄斐 著

中国社会科学出版社

图书在版编目（CIP）数据

从运动到思想：英国新左翼研究／黄斐著 . —北京：中国社会科学出版社，2023.6
（政治理论与中国政治学话语体系丛书）
ISBN 978-7-5227-1977-1

Ⅰ.①从… Ⅱ.①黄… Ⅲ.①新左派—政治思想—英国 Ⅳ.①D095.615.32

中国国家版本馆 CIP 数据核字（2023）第 097273 号

出 版 人	赵剑英
责任编辑	侯聪睿
责任校对	卢　康
责任印制	王　超

出　　版	中国社会科学出版社
社　　址	北京鼓楼西大街甲 158 号
邮　　编	100720
网　　址	http://www.csspw.cn
发 行 部	010-84083685
门 市 部	010-84029450
经　　销	新华书店及其他书店
印　　刷	北京明恒达印务有限公司
装　　订	廊坊市广阳区广增装订厂
版　　次	2023 年 6 月第 1 版
印　　次	2023 年 6 月第 1 次印刷
开　　本	710×1000　1/16
印　　张	21
插　　页	2
字　　数	292 千字
定　　价	109.00 元

凡购买中国社会科学出版社图书，如有质量问题请与本社营销中心联系调换
电话：010-84083683
版权所有　侵权必究

中国人民大学国际关系学院
"政治理论与中国政治学话语体系丛书"编委会

主　编　杨光斌
副主编　时殷弘　黄嘉树　陈　岳
成　员（按拼音排序）

陈新明　陈　岳　方长平　黄大慧　黄嘉树

金灿荣　林　红　吕　杰　马得勇　蒲国良

任　锋　时殷弘　宋新宁　王续添　王英津

杨光斌　张广生　周淑真

"政治理论与中国政治学话语体系丛书"总序

作为社会科学学科基础的中国政治学出现于西方思想登陆而中国思想被妖魔化的"转型世代"（1895—1925），这就意味着中国政治学从一开始就是学习乃至移植的产物。其间，先是学习英国、德国为代表的西方国家，接着是学习苏联，再接着是改革开放以来学习以美国为代表的西方国家，总之一直处于学习之中，各种学说、思潮到今天的量化研究方法，都在学习之列。

中国自己有"国学"而无社会科学，学习是必然之路，否则就没有今天的以政治学、经济学和社会学为基础的中国社会科学。与此相对应，中国的"文明型国家"向现代国家的转型，也是与西方碰撞的产物。在过去100年里，思想引领实践，实践检验思想，也是外来思想与中国实践相互撞击、相互矛盾、相互调试的"长周期"。

客观地说，在过去40年的时间里，作为学科的中国政治学与中国国家建设—政治发展的关系并不那么密切。改革开放以来，我们形成了以民主集中制为核心的"混合型"政治体制、混合型的社会主义市场经济体制和包容性的社会主义核心价值体系，但是政治学学科流行的则是传统与现代、先进与落后、民主与威权等二元对立的否定性思维方式，以及由此而产生的学科体系和理论体系。按照流行的政治学理论分析中国政治、中国实践乃至整个中国的政治发展，似乎总是不符合教科书中的"标准答案"。

常识是，一个关乎13亿多人口的政治绝对不能迎合任何简单化的理论。要知道，没有任何事情比治理大国更为复杂，这是中外历史反复证明了的；同时，基于特定国家、特定历史、特定经验而形成的理论也没有资格去鉴定中国政治发展的对与错，我们只能基于中国经验、在比较研究中形成相应的理论和概念。比较研究的发现是，当西方国家自身陷入困境之中、很多非西方国家也问题重重而导致世界秩序大变革时，中国之路还算顺畅，以至于曾经提出"历史终结论"的福山认为"中国模式"是一种替代性模式。

这意味着，中国道路之上的"中国方案"和"中国智慧"，需要一种新的政治科学去回答。社会科学具有鲜明的时代性，20世纪50年代，刚刚诞生的美国比较政治研究委员会自信地宣布，基于老欧洲经验的国家、权力等政治学概念该让让位置了。美国人确实搞出了新政治科学，在研究主题上是从现代化研究到民主化研究，在研究方法上是从结构功能主义到理性选择主义等的实证主义理论。但是，"实证"（the becoming）的逻辑离"实存的世界"（the world of the being）越来越远，将个人主义本体论弘扬到极致的美国政治学已经陷于危机之中，中国政治学不能把美国政治学的落点当作我们的起点，不能把美国政治学的败相当作我们的榜样。已经学习美国政治学40年的中国政治学，需要有自主性的理论体系和话语体系，中国应该是理论的发源地。

自主性政治学的关键是自主性的政治学理论。应该看到，在过去40年里，作为政治学理论学科资源的政治思想史研究、历史社会学和比较政治学，都不尽如人意：政治思想史研究要给中国政治学理论贡献更直接的新知必须拓展其研究路径；历史社会学则不存在"作者群"；而比较政治学一起步就跟随美国比较政治学的"民主转型"研究。这些学科现状决定了建构自主性政治学话语体系任重而道远。

但是，我们并不是没有自主性理论体系。历史上，毛泽东同志在延安时期提出的"以中国为中心"的研究方法、人民民主国体和民主集中制政体等新政治学概念，标志着中国共产党的政治成熟，也是最有力量的"中国学派"，因而解决了中国问题。今天，中国政治学有着特殊的资源禀赋去建设自主性学科体系：第一，和其他学科一样，中国政治学已经足够了解西方政治学，也有足够的包容力去接纳其有益研究成果；第二，和其他学科不同的是，中国政治思想史和政治制度史极为丰富，这是中国自主性政治学建设的最重要的"大传统"和文化基因；第三，有着中国革命经验所形成的"小传统"；第四，有现行民主集中制政体以及由此而衍生的强大的治理能力和伟大的治理成就；第五，在知识论上，中国政治学直接来源于科学社会主义——一种坚持人民主体性的科学学说，而伴随中国走向世界中心而发展起来的比较政治研究，是中国政治学的规范性学科来源。正是因为拥有这些如此独特而又优异的资源禀赋，即使在"历史终结论"如日中天之时，中国政治学阵地也没有丢掉。中国政治学理应倍加珍惜并发扬光大这些优质资源，最终形成自主性中国政治学科体系和话语体系。

这将是一项值得追求、需要奉献的世代工程。

杨光斌

2018 年 6 月 19 日

中国人民大学明德国际楼

目 录

前　言 ………………………………………………………………… (1)

第一章　英国新左翼运动的缘起 ……………………………………… (14)
　　第一节　西方新左翼运动的兴起与作为前奏的英国新左翼运动 …… (14)
　　第二节　苏共二十大、波匈事件与苏伊士运河危机 ………………… (20)
　　第三节　英国的国际地位、国家发展与思想传统 …………………… (30)

第二章　英国新左翼运动的表现与转向 ……………………………… (42)
　　第一节　创立期刊、论坛、俱乐部、咖啡馆等推动新兴思想的
　　　　　　讨论和传播 ……………………………………………………… (42)
　　第二节　积极参与核裁军运动以影响现实政治 ……………………… (53)
　　第三节　通过工人阶级政治动员扩大影响 …………………………… (55)
　　第四节　从"政治运动"转向"思想运动"
　　　　　　——传播载体《新左翼评论》 ……………………………… (56)

第三章　英国新左翼人物群像 ………………………………………… (75)
　　第一节　第一代英国新左翼 …………………………………………… (75)
　　第二节　第二代英国新左翼 …………………………………………… (91)

第三节　两代英国新左翼比较 ·· （104）

第四章　批判立场：福利资本主义和新帝国主义 ···················· （109）
　　第一节　英国新左翼对福利资本主义的批判 ···························· （109）
　　第二节　英国新左翼对新帝国主义的批判 ································ （130）

第五章　价值追求：社会主义人道主义 ·· （145）
　　第一节　汤普森对马克思主义人道主义精神的再发掘 ············· （146）
　　第二节　汤普森的社会主义人道主义思想引发的理论争鸣 ······ （162）
　　第三节　社会主义人道主义思想的形成、积极意义和局限性 ······ （174）

第六章　立足基点：两代英国新左翼的革命道路和理论范式
　　　　　之争 ··· （184）
　　第一节　论战的缘起：英国新左翼的路线之争 ······················· （185）
　　第二节　革命道路：民族主义和国际主义 ······························· （190）
　　第三节　理论范式：文化主义和结构主义 ······························· （206）
　　第四节　两代英国新左翼之争的实质、影响及理论局限性 ······ （221）

第七章　革命战略：英国新左翼的通往社会主义之路 ··············· （227）
　　第一节　重塑社会图景 ·· （227）
　　第二节　"和平革命"战略 ··· （234）
　　第三节　新左翼的政治使命 ·· （245）

第八章　英国新左翼在左翼谱系中的地位考察与当代世界
　　　　　社会主义展望 ·· （250）
　　第一节　英国新左翼、英国共产党和英国工党思想比较 ·········· （251）

第二节　英国新左翼的历史影响和当代价值 …………………（270）
第三节　英国新左翼的局限与世界社会主义的未来 …………（285）

参考文献 ……………………………………………………………（302）

前　言

20世纪50年代末到70年代，西方世界爆发了一系列新左翼运动。在这些新左翼运动中，英国新左翼扮演了特殊的角色。在世界范围内的新左翼运动流行之前，英国新左翼就率先开始了对第二次世界大战后的资本主义进行批判与重塑、构建社会主义新蓝图的尝试。可以说，英国新左翼运动开启了战后西方新左翼运动的序幕。英国新左翼运动始于20世纪50年代中后期，60年代初期开始转向思想运动，到70年代末以后在新自由主义冲击和全球左翼运动退潮的背景下落下帷幕。作为战后在英国兴起的政治运动和思想运动，英国新左翼运动融合了马克思主义、本土激进主义、伦理社会主义、新兴激进青年文化等思想资源，旨在探索超越西方资本主义、民主社会主义和苏联社会主义的新社会主义道路。

在这一过程中，左翼知识分子成为英国新左翼运动的领军人物，涌现出一批新左翼学者，如 E. P. 汤普森（Edward Palmer Thompson）、约翰·萨维尔（John Savile）、雷蒙德·威廉斯（Raymond Williams）、拉斐尔·塞缪尔（Raphael Samuel）、斯图亚特·霍尔（Stuart Hall）、佩里·安德森（Perry Anderson）、拉尔夫·米利班德（Ralph Miliband）、汤姆·奈恩（Tom Nairn）等。新左翼学者大致可以分为两代。第一代新左翼以 E. P. 汤普森、约翰·萨维尔、雷蒙德·威廉斯等为主要代表。他们大多出生于20世纪30年代之前，有过参加战争的经历，对工人抱有同情，注重本土民族传统，重视文化和人的因素在社会发展中的作用。第二代新左翼则是以佩里·安德森、汤姆·奈恩等20世纪30年代以后出生的学者为代表。他们大多未经历过战争洗礼，受欧洲大陆马克思主义的影响较深，使用结构主义方法，推崇理论建构和宏观叙事。霍尔曾提出，英国新左翼代表了两种传统：第一种传统是共产主义的人道主义，第二种传统是独立的社会主义传统，两个群体存在战前一代和战后一代的代际差异，代表了植根于不同文化背景："劳工文化"与"都市文化"的冲突。[①] 新左翼学者不仅出版了《走出冷漠》(Out of Apathy, 1960)、《五一宣言》(May Day Manifesto, 1968)、《新左翼评论》(New Left Review) 等论著和杂志，还在各自学术领域发表了诸多优秀论著，如汤普森的《英国工人阶级的形成》(The Making of the English Working Class, 1963)、威廉斯的《文化与社会》(Culture and Society, 1958)、安德森的《西方马克思主义探讨》(Considerations on Western Marxism, 1977) 等，形成了具有自身特色的新左翼思想，对战后西方马克思主义理论、左翼政治观念和社会运动等产生了深远影响。

汤普森的夫人多罗西·汤普森 (Dorothy Thompson) 在对新左翼的回忆文章中曾指出"新左翼"这一词来自法国。1956年一群独立的英国社会主义者（这些人后来成为英国新左翼的主要代表）在巴黎会见《法国观察者》(France Observateur) 的创立者和时任主编，同时也是法国抵抗运动中的一位领袖人物克劳德·布尔代 (Claude Bourdet)。由于不满西方资本主义、民主社会主义和现实社会主义制度，他们商讨成立"国际社会主义者协会"，试图在战后的欧洲探寻第三条社会主义道路，以独立于当时的两种主流左翼立场。在会面中，布尔代将他们称为"新左翼"，此后"新左翼"这个术

---

① [英] 斯图亚特·霍尔：《第一代新左翼的生平与时代》，王晓曼译，孙乐强校，《国外理论动态》2011年第11期。

语就从克劳德·布尔代那里被借用过来。① 关于英国新左翼运动的性质,学界主要存在两种观点。一类观点倾向于将英国新左翼运动看作旨在改造传统左翼的政治路线和思想路线、探索新社会主义道路的政治运动和思想运动,认为新左翼运动预示了反传统文化的多元政治转向。如有研究者提出,英国新左翼是由前共产主义者、不忠的工党支持者以及希望复兴社会主义理论和实践的社会主义学生组成的异质团体。新左翼思想家试图创造一个植根于英国传统,但是不停留于过去的正统的民主社会主义政治,确立承认战后经济和文化变化的政治。② 新左翼运动预示了反传统文化的多元政治转向,也即20世纪七八十年代英国出现的女性主义、环境保护论和反种族主义等激进政治思潮。因此,这场运动的组织过程对理解其政治观念具有不可忽视的作用。在工党与共产主义仍然是左翼的主流时,新左翼就预言指出,这类组织的式微意味着20世纪60年代晚期以后不断出现的更为多元的社会政治组织。③ 英国新左翼运动是一种介入行动:既公开宣称为社会主义而奋斗,同时也明确承认社会主义本身也必须接受严格的审视。④ 另一类观点倾向于从马克思主义发展史的角度将英国新左翼运动看作一种新马克思主义的诞生,即第二次世界大战后在英国产生的马克思主义。如有研究者提出,英国的"新左翼"特指从20世纪50年代末到80年代的一段时间在英国产生的马克思主义,在这段时间以前的马克思主义称为传统马克思

---

① Linchun, *The British New Left*, Edinburgh: Edinburgh University Press, 1993, p. xviii; Dorothy Thompson, "On the Trail of the New Left", *New Left Review I*, Vol. 215, No. 1, 1996, p. 97.

② 参见[美]丹尼斯·德沃金《文化马克思主义在战后英国——历史学、新左派和文化研究的起源》,李凤丹译,人民出版社2008年版,第64页。

③ 参见[英]迈克尔·肯尼《第一代英国新左派》,李永新、陈剑译,凤凰传媒出版集团、江苏人民出版社2010年版,第17页。

④ 参见[英]玛德琳·戴维斯《英国新左派的马克思主义》,载张亮编《英国新左派思想家》,凤凰传媒出版集团、江苏人民出版社2010年版,第8页。

主义，以后的称为后马克思主义、后结构主义的马克思主义等，用法不一。①

不同于传统的以工人阶级为主体的左翼运动，在英国新左翼运动中，知识分子、学生和青年构成了运动的主体力量。在战后物质主义和消费主义盛行的环境中，对社会现状的不满和对生活的迷茫成为许多学生和青年走上激进运动之路的直接原因。物质化的金钱价值观、日益增长的生活成本、房屋短缺、税收问题等困扰着这些年轻人，老一辈的观念、行为已不再为新一代年轻人所接受，因此年轻人要求改变。而工人阶级的参与态度不积极主要是由于他们认为英国新左翼对资本主义和英国社会的分析不同于费边主义和列宁主义理论，但又还没达到足以完全替代现有社会制度和社会主义学说的理论水平和实践能力。对于工人来说，他们更想分享福利资本主义带来的利益，而不是改变现有的社会主义形态。② 以知识分子、学生和青年为主体，一方面使英国新左翼运动相较传统工人运动更具有思想性和理论深度；另一方面也使英国新左翼运动表现出明显的乌托邦理想主义色彩，从而影响了该运动的发展走向。

本书以英国新左翼为研究对象，主要出于三个方面的原因。

第一，当前世界秩序正在进入新一轮重组阶段，国际政治经济格局正在发生重大变化，产生了许多需要从学理和实践上回答的问题。"世界格局正处在加快演变的历史进程之中，产生了大量深刻复杂的现实问题，提出了大量亟待回答的理论课题。这就需要我们加强对当代资本主义的研究，分析把握其出现的各种变化及其本质，深化对资本主义和国际政治经济关系深刻复杂变化的规律性认识。当代世界马克思主义思潮，一个很重要的

---

① 参见乔瑞金等《英国的新马克思主义》，人民出版社2013年版，第1页。
② C. H. Ellis, "The Origin, Development and Impact of the New Left in Britain", *The New Left in The United States of America, Britain, The Federal Republic of Germany*, The Hague: International Documentation and Information Centre, 1969, pp. 44–47.

特点就是他们中很多人对资本主义结构性矛盾以及生产方式矛盾、阶级矛盾、社会矛盾等进行了批判性揭示,对资本主义危机、资本主义演进过程、资本主义新形态及本质进行了深入分析。这些观点有助于我们正确认识资本主义发展趋势和命运,准确把握当代资本主义新变化新特征,加深对当代资本主义变化趋势的理解。对国外马克思主义研究新成果,我们要密切关注和研究,有分析、有鉴别,既不能采取一概排斥的态度,也不能搞全盘照搬。"[1]研究国外左翼,对我们认识当代资本主义和世界社会主义的变化和发展趋势,拓展政治学理论和社会主义理论研究的学科视界,推进21世纪马克思主义理论研究和新时代中国特色社会主义的发展,具有积极的理论价值和现实意义。

第二,厘清英国左翼的发展脉络,有助于更好地认识第二次世界大战后西方左翼的相关理论和现实问题。英国在西方资本主义和社会主义发展史上处于十分特殊的位置。在历史上,它既是资本主义曾经的发展先锋,也是社会主义思想的发源地之一。1513年,托马斯·莫尔(St. Thomas More)出版《乌托邦》,开创了空想社会主义的先河。17世纪,杰拉德·温斯坦莱(Gerrard Winstanley)领导"掘地派"运动,并写就了第一部用法律条文形式描绘公有制蓝图的《自由法》。19世纪初,罗伯特·欧文(Robert Owen)在英国和美国等地尝试进行社会主义实验,成为社会主义的实践先驱之一。19世纪30—40年代的英国宪章运动、德国西里西亚纺织工人起义、法国里昂工人起义并称为欧洲三大工人运动,标志着工人阶级走上历史舞台。马克思曾在英国生活30余年,他在对资本主义经济运行规律进行深入分析的基础上写就《资本论》,其具体数据大多来源于当时资本主义经济较为发达的英国。然而遗憾的是,在很长一段时间内,马克思主义在英国并没有成为社会主义者的主流学说。直到20世纪初期,英国共产党成立

---

[1] 《习近平谈治国理政》(第二卷),外文出版社2017年版,第66—67页。

以后大力宣传马克思主义，之后第二次世界大战的爆发使许多人对资本主义产生了幻灭感，加之西方各国共产党积极投入反法西斯的斗争中，因此在第二次世界大战期间以及刚结束的一段时间，马克思主义在包括英国在内的西方世界获得了许多人的青睐。因此，马克思主义与英国社会之间的关系是微妙而复杂的。在思想层面，英国在历史上形成了具有本国特色的左翼思想，如19世纪末形成的费边社会主义，成为英国工党的主要思想来源。在实践层面，在20世纪英国工党崛起成为发达资本主义国家较早执政的左翼政党之一，奠定了英国福利国家和共识政治的基础，但工党也伴随着时代变迁历经变革，从民主社会主义走上了向新自由主义的妥协之路。不论是在历史、思想还是实践层面，英国在西方社会主义发展史上都是比较有代表性的。因此，厘清英国左翼的发展规律，有助于进一步理解西方左翼的历史脉络与现实困境。

第三，作为第二次世界大战后英国的重要左翼流派之一，英国新左翼通过"自下而上的人民史观""大众文化政治学"等理念对本国传统的精英史观和精英文化进行了颠覆性改造，对20世纪后半叶西方政治思想和人文社会科学的思维范式产生了深刻影响。然而，过去对英国新左翼的研究情况与其历史作用相比并不相称，英国新左翼获得的关注度远不如其他左翼政党和流派。近年来，学界对英国新左翼的研究取得了许多进展，呈现出细节化、立体化、多元化三个趋势，但关于英国新左翼仍有较大研究空间，还有一些重要的理论生长点有待挖掘。在战后左翼谱系中，英国新左翼处于承前启后的位置，既承继了传统左翼的特征，又为20世纪后期新社会运动的流行奠定了基础。它对福利资本主义和新帝国主义的批判性考察、对人道主义的社会主义精神的挖掘、对社会主义民族性和国际性的思考等，对当下我们学习如何对资本主义进行理论性和规范性批判，在民族化和时代化的过程中坚持社会主义，走出具有本国特色的社会主义道路具有积极的启示和借鉴意义。此外，英国新左翼的兴起、发展和衰落的过程与战后西方左翼的总体发展路径存在许多相似之处,由此折射出西方左翼发展中的某些共性规律和教训,如自由主义与社会主义的交锋对左翼的影响、左翼面临的民族性与国际性之间的选择、左翼保有自身特质与适应时代环境变化之间的矛盾等问题。因此,以英国新左翼为切入点,有助于总结和审视战后西方左翼的发展规律和共性问题,进而对当今世界社会主义面临的挑战和机遇以及新时代中国特色社会主义有更深入的认识。

本书拟从新左翼运动、新左翼人物、新左翼思想三个层次构建英国新左翼的分析框架。三个层次在逻辑上层层递进,首先通过全面探讨新左翼运动的缘起、表现与转向勾勒新左翼运动的面貌,之后梳理在新左翼运动中发挥主要作用的代表人物并分析其与新左翼运动的关系,在此基础上从批判立场、价值追求、立足基点、革命战略、历史方位五重维度搭建新左翼思想的理论架构并阐释其内在意蕴,最后在对新左翼的纵向演进剖析和横向比较研究中总结英国新左翼的历史贡献与局限性,并进一步审视当代西方左翼的发展困境以及世界社会主义的挑战和机遇。

全书除前言外共分为八章。

第一章分析英国新左翼运动的缘起。本章从外部因素和内部因素两个方面分析了英国新左翼运动诞生的根源。英国新左翼运动是20世纪50年代末至70年代西方新左翼运动的重要组成部分,它作为前奏开启了战后西方新左翼运动的序幕和资本主义社会的反思浪潮。英国新左翼运动的产生是国际环境与英国国内各种因素综合作用的结果。从外部因素来看,西方新左翼运动浪潮的兴起,赫鲁晓夫在苏共二十大上作的《秘密报告》和波匈事件对国际共产主义运动的震动,以及苏伊士运河危机对帝国主义秩序的改变,直接促发了英国新左翼运动的诞生。从内部深层根源来看,英国新左翼运动的发生根源于第二次世界大战后英国国际地位的衰落和国内经济、政治、社会结构的变革,包括英国主导地位的丧失和以美国为首的新帝国主义的兴起、英国国内福利资本主义的形成及其导致的政治社会结构变化、英国本土激进主义思想传统的深刻影响等。

第二章探讨英国新左翼运动的表现和转向。本章从早期的政治运动和转向后的思想运动两个方面分析了英国新左翼运动的主要成就和问题。一方面梳理了新左翼在政治运动时期的主要作为；另一方面对新左翼转向思想运动后的主要阵地——《新左翼评论》的关注议题及思想变化进行评介。新左翼的政治运动活跃期主要是在1956年至1961年，这一时期新左翼通过创立期刊、论坛、俱乐部、咖啡馆等推动新兴思想的讨论和传播，积极参与核裁军运动以影响现实政治，并试图通过工人阶级政治动员扩大影响。到20世纪60年代初以后，由于核裁军运动的衰落、推动工党单边核裁军提议的失败以及新左翼自身的问题，新左翼的政治运动陷入低谷，此后新左翼将重心转向思想领域，并以《新左翼评论》作为新左翼思想的主要传播载体。20世纪60—70年代末，《新左翼评论》关注的重点议题包括对西方马克思主义的引介和阐释、对资本主义世界的持续批判性考察、对苏联东欧的现实社会主义问题的关注、对世界激进运动的兴趣、对英国社会主义的探索和英国本土马克思主义的创新等几个方面。20世纪80年代以后，新左翼运动的风潮退去，《新左翼评论》为适应政治经济文化环境的转变，在继续关注左翼传统领域的基础上，开始较多地关注传统理论视域外的多元思想，表现出向新兴哲学社会理论的文化转向。进入21世纪，《新左翼评论》加大了对国际经济政治新动态的研究，呈现出鲜明的国际主义导向。

第三章力图绘制英国新左翼的人物群像。本章梳理出第一代和第二代新左翼的主要代表人物，对他们的人生经历、与新左翼运动的关系以及两代新左翼之间的差异做一分析。第一代新左翼以汤普森、萨维尔、威廉斯等为代表，第二代新左翼的主要人物则有霍尔、塞缪尔、安德森等。在群体构成上，两代新左翼在年龄阶段、个人经历和支持群体上都有所不同。在政治倾向上，两代新左翼在文化传统、思维方式以及对待马克思主义的态度上也有差异。虽然两代新左翼在群体构成、政治观点上存在区别，但在对资本主义、西方民主社会主义和苏联共产主义的批判态度上又有共鸣，因而在特定的历史时期构成了特殊的"新左翼"群体。

第四章分析英国新左翼对第二次世界大战后福利资本主义和新帝国主义的批判立场。这是新左翼对当时国内外形势的基本立场和政治态度。本章从新左翼对冷战、资本主义、民主社会主义、新帝国主义、苏联社会主义等的批判性考察出发，分析新左翼对这一问题的理论观点。在对福利资本主义的批判方面，新左翼从第二次世界大战后的英国社会阶层结构变化、社会价值理念、丰裕社会、现代化、共识政治、人文科学等角度对资本主义进行了深刻揭露，表明福利资本主义带来的繁荣只不过是一场短暂的幻象。在对新帝国主义的批判方面，新左翼从新旧帝国主义图谱的转变、经济殖民主义新形式、意识形态和冷战等角度对新帝国主义进行了全方位分析和批判，强调必须打破冷战格局下的新帝国主义和旧框架，重建新秩序。新左翼洞见了福利资本主义和新帝国主义的本质，对新殖民主义剥削方式的批判不乏深刻之处，却低估了资本主义的生命力。在后冷战时代，新左翼想象中的没有帝国主义威胁的新世界并未出现，反而是以话语霸权为核心的文化殖民更加凸显。

第五章剖析英国新左翼基于批判立场的价值追求：社会主义人道主义。社会主义人道主义思想是新左翼早期最重要的理论成果之一，对其后来的理论走向，如阶级理论、文化政治学等均产生重要影响。社会主义人道主义思想由汤普森正式提出并经阿拉斯代尔·麦金泰尔（Alasdair MacIntyre）深化，在理论争鸣中得以发展。汤普森在反思现实道德困境的基础上提出了建构人道主义的社会主义的理论呼吁，主张恢复人的主体价值和道德意识在社会主义实践中的地位。之后，学术界围绕"苏联的社会主义意识形态与马克思主义的关系"问题、"马克思主义是否内在地包含人道主义精神"问题、"如何在社会主义条件下实现人道主义"问题展开了理论争鸣。

基于此，麦金泰尔主张应在历史规律和个体需求之间寻找替代物，实现道德与历史和欲望的统一。社会主义人道主义思想的提出是英国新左翼构建有英国特色的马克思主义、探索符合本国实际的社会主义道路的理论尝试。它肯定了"人"在马克思主义中的地位，试图在"人的价值"维度上捍卫马克思主义理论。但是，这一思想带有较为浓厚的乌托邦主义和伦理社会主义的痕迹，这种脱离经济结构改造的抽象的"人道"最终陷入了空想的泥潭。

第六章集中考察英国新左翼思想的立足基点：两代新左翼的革命道路和理论范式之争。本章主要集中于第一代新左翼代表人物汤普森与第二代新左翼代表人物安德森之间的论争。在革命道路方面，二人表现出民族主义和国际主义之分，双方围绕"英国资产阶级革命""英国工人阶级革命意识""英国社会主义的马克思主义传统"问题展开辩论。汤普森主张革命应当立足于民族实际，走具有本国特色的革命道路，要具体地、历史地对待马克思主义，让马克思主义用民族的和时代的语言说话，社会主义革命道路的实现，对马克思主义的学习和应用，对理论的借用和对国际主义的态度都应当立足于当下的民族实际；而安德森认为英国缺乏彻底革命的历史传统和革命文化，没能自发形成革命理论，主张扬弃本土民族文化的局限性，走国际主义的革命之路。在理论范式方面，二人存在文化主义与结构主义的方法之分，双方聚焦于"马克思主义方法论的应用""民族文化传统与外来理论和经验的平衡"问题展开论争。汤普森的文化主义方法强调文化对社会的影响以及人的主体性和能动性作用，重视具体性和特殊性，具有强烈的经验主义倾向；安德森的结构主义方法则重视理论建构和宏观叙事，重视总体性和一般性，反对经验主义和主观主义。两代新左翼的论争实质上是为了解决一个重大时代问题，即在战后商品拜物教高度发达的时代如何处理好社会主义与资本主义之间的关系、自身理论与社会主义其他流派之间的关系，从而走出一条自己的社会主义发展道路。他们的论争在深化新左翼思想的同时也反映了新左翼思想的历史局限性。

第七章探讨英国新左翼的革命战略，即英国新左翼的通往社会主义之路。新左翼对通往社会主义的道路提出了一些不同于传统左翼的见解，形成了独特的社会主义战略思想，本章着重考察其中较为重要的"和平革命"论。汤普森、肯尼斯·亚历山大（Kenneth Alexander）、霍尔、威廉斯等新左翼学者围绕着社会图景的重塑、以"和平革命"争取社会主义的实现、工人阶级意识的形塑、新左翼的政治使命等角度对通往社会主义之路提出了他们的思考和建议。首先必须重塑社会图景，包括进行物质革命和道德革命、对工会进行改革等。在此基础上推动"和平革命"的实现，将渐进式转型和突变式转型相结合，在社会主义要素在资本主义内部成熟的条件下进行革命性突破，实现社会主义，同时在这一过程中需要形塑工人阶级的阶级意识。新左翼和社会主义者必须承担责任，积极行动，结束妥协和中间路线，推动新兴的政治进程，建立未来一代的社会主义。

第八章总结英国新左翼在战后左翼谱系中的历史方位并展望当代世界社会主义的发展前景。本章首先比较英国新左翼、英国共产党和英国工党思想，将其置于战后左翼谱系中进行历史性考察，总结英国新左翼的历史影响、当代价值和局限。在此基础上探讨战后西方左翼的发展路径和当代西方左翼的发展困境，最后审视当前世界社会主义的挑战和发展机遇。英国新左翼与英国共产党和英国工党这样的传统左翼相比，在"理论基础：如何看待马克思主义""价值取向：追求什么样的社会主义""实践战略：如何实现社会主义"和"历史方位：在左翼谱系中的相对位置"这四重维度中各有特点。从横向来看，在战后英国左翼谱系的几个主要流派中，根据观点立场的区别，从左至右依次是英国共产党、英国新左翼、英国工党左翼、英国工党右翼。从纵向来看，英国新左翼在战后社会主义发展史中处于承前启后的位置，既承继了传统左翼的思想和运动特征，又为20世纪后期社会主义运动的多元化发展奠定了一定基础。英国新左翼推动了马克思主义在英国的传播，促进了英国马克思主义的发展；奠定了文化马克思主义的基础，推动了文化政治学的深化；构成战后英国社会主义史的有机组成部分，丰富了西方政治思想资源；深刻影响了战后西方人文社会科学的思想格局，并对战后的左翼政治观念、工人运动、激进社会运动、政治生活的许多方面都产生了影响。但作为政治运动和思想运动，英国新左翼也有其难以克服的局限性。作为政治运动，新左翼运动的退潮一方面源于内部的问题，另一方面也和外部环境的变化有关。作为思想运动，新左翼思想没能上升为系统化、体系化的理论；早期新左翼深受伦理社会主义影响，将社会主义视为一种道德的理想，带有比较浓厚的乌托邦色彩；在新左翼思想中还存在经济范畴的理论盲点。这些局限最终制约了英国新左翼的发展。第二次世界大战后西方左翼曾经历了由繁荣到低迷、改革、在曲折中奋进的发展历程。对于当代西方左翼而言，想重现往日辉煌仍然存在一些严峻的外部和内部困境。当前世界社会主义发展既面临挑战也有着时代机遇。在挑战方面，资本主义生产方式有了新发展，发生了新变化，出现了新形式；右翼民粹主义势力的崛起给左翼带来更大压力；社会主义阵营内部分化较为严重，尚未形成团结的统一体。在机遇方面，当前资本主义世界正面临严峻的危机和深刻的经济、政治、社会及文化矛盾；在经历调整和重组后，左翼力量有所恢复，一些共产党和社会民主党在本国政治舞台中发挥越来越重要的作用；中国、越南、古巴、朝鲜、老挝这些坚持社会主义方向的国家通过改革取得重大成就，成为与资本主义抗衡的重要力量，当前世界社会主义核心力量东移，中国成为世界社会主义的中流砥柱。如何在全球经济政治格局的新变化和新发展背景下抓住机遇迎接挑战，是当今社会主义者需要深入思考和积极探索的问题。

相较以往学界关于英国新左翼多聚焦于个别人物或某一思想的微观研究，本书试图对英国新左翼进行全景式分析和总体性研究，并以之为线索进一步审视西方左翼共性问题、展望当代世界社会主义的发展前景。本书得以付梓，得益于本人的博士生导师、北京大学孙代尧教授从本人求学到工作多年来的悉心指导，也得益于本人在剑桥大学学习时的导师大卫·莱恩（David Lane）教授在资料收集上给予的慷慨帮助。在本书的写作过程中，本人查阅、学习了国内外研究者的相关研究成果，在此特向在该领域做出贡献的前辈、同人深表谢意。书稿交出版社后，承蒙中国社会科学出版社侯聪睿老师及相关工作人员精心审读，提出专业建议，帮助本书进一步完善，特此致谢。由于本人学识和水平的局限，本书难免出现疏谬之处，殷望方家和读者批评指正、不吝赐教。

第 一 章

英国新左翼运动的缘起

英国新左翼运动是20世纪中后期西方新左翼运动的重要组成部分,它作为前奏开启了战后西方新左翼运动的序幕和资本主义社会的反思浪潮。英国新左翼运动的产生是国际环境与英国国内各种因素综合作用的结果。西方新左翼运动热潮的兴起,赫鲁晓夫在苏共二十大上所作的《秘密报告》和波匈事件对国际共产主义运动的震动,苏伊士运河危机对帝国主义秩序的改变,英国国际地位的衰落和国内经济、政治、社会结构的变革,这些因素共同造就了1956年英国新左翼运动的诞生。从外部因素来看,苏共二十大、波匈事件和苏伊士运河危机直接促发了英国新左翼运动的发生;从内部深层根源来看,英国新左翼运动根源于第二次世界大战后英国国际地位的衰落、福利资本主义和共识政治的形成、左翼政党的分裂、阶层结构的变化以及英国本土激进主义思想传统的深刻影响。

◇ 第一节 西方新左翼运动的兴起与作为
前奏的英国新左翼运动

关于英国新左翼运动的缘起,有必要从西方新左翼运动谈起。新左翼运动的发生并不只是局限于英国一隅的现象,而是在西方新思想、新运动广泛迸发的年代中兴起的,其诞生的背景离不开西方整体环境的变化。

第一章　英国新左翼运动的缘起

一　西方新左翼运动与赖特·米尔斯

20世纪50年代末到70年代在西方世界曾爆发一系列新左翼运动，这些运动以20世纪50年代反对核武器的运动为序幕，流行于20世纪60—70年代，参与群体以青年、学生和知识分子为主，关注了包括制度改革、公民权利、女权主义、同性恋权益、反对核武器、反对战争、反殖民主义等第二次世界大战后受到国际社会广泛关注的问题。战后西方世界经济的快速发展、社会的剧烈变迁一方面使人们的价值观念发生剧变，另一方面也在观念与现实的摩擦中催生了思想的迷惘。所以20世纪50—70年代的"新左翼时代"，实际上是一个人们在寻找新思想的时代，那时不同群体试图用自己的标准来批判和重塑社会，例如发起黑人民权运动、女权运动、同性恋解放运动和学生激进运动等的群体都从不同角度表达了对社会变革的诉求。这些群体之间的思想不尽相同，甚至存在很多分歧，但他们有一个共识，即对资本主义社会进行批判性反思，正是这样的反思催生了新思想的诞生。这段时期也是马克思主义在西方流行的时期，那时许多激进左翼都愿意冠之以马克思主义的名号。但与苏联马克思主义不同的是，西方新左翼尝试在新的时代重新解读和应用马克思主义。他们不再试图通过无产阶级来进行革命，而将社会变革的希望寄托于青年知识分子身上，表现在理论上的变化则是理论重心从阶级转向文化领域。这一段历史时期正是这种新马克思主义兴起及其与其他思想相互作用的时期。在这些多样的新左翼中，从解决社会问题的根本态度来看，大致可以分为两类：一类倾向改革。这类新左翼看到了社会的不公正，希望通过改革来创造一个自由、平等、幸福的社会。这些人往往被称为自由左翼，他们关注的焦点是"权利"的实现，即人人都能够获得平等的权利，但他们的改革一般不超越自由主义社会的范畴。另一类则推崇革命。这类新左翼对国家问题的理解通常深入经济、制度的深层层面，相应的解决问题的方法也需要深入根本层面，即以革命的方式破旧立新，建立一个新国家。这些左翼往往被称为激进左翼，其中最有代表性的是马克思主义左翼。吊诡的是，在现实的实际运动中，许多新左翼可能并不是坚定地支持改革一方或者革命一方，而是在中间地带徘徊，甚至在不同境况中在两方之间相互转换，表现了西方左翼贯有的"历史特性"①。这些自由左翼、激进左翼的各种观点交织，产生了多种多样的思想和运动流派，在丰富发展左翼的同时也增加了左翼意识形态的复杂性。

在流行于西方的新左翼运动中，有一位人物的作用不可忽视——查尔斯·赖特·米尔斯（C. Wright Mills）②，他对20世纪60年代的西方新左翼运动产生了重要影响。米尔斯在1960年写作过一篇文章《致新左翼的信》（"Letter to the New Left"），先后发表在英国新左翼期刊《新左翼评论》（New Left Review）和美国新左翼期刊《左翼研究》（Studies on the Left）上，后来这篇文章由美国民主社会学生会以小册子的形式再版。正是这封信使"新左翼"（New Left）这一名词在美国流行起来进而推广到西方世界。米尔斯批判战后美国政治缺乏民主、社会阶级不平等加剧、军国主义日益增长

---

① 美国民主社会学生会（Students for a Democratic Society，以下简称SDS）便是这类新左翼的典型代表。SDS是1960年成立于美国的一个全国性学生活动组织。这一组织以青年激进学生为主要成员，他们对当时的美国社会持悲观态度，反对越南战争、反对种族主义、批判美国的自由主义。早期SDS的立场比较接近民主社会主义者，但是从20世纪60年代中期以后他们转向了比较明显的革命马克思主义立场。他们希望从根本上改变美国社会，主张通过彻底的经济、政治和社会变革来使其成为一个全面发展的公有制共产主义社会。SDS致力于在美国的青年学生中培养激进的政治意识，公开拥护马克思主义立场，到1968年前后，其规模一度达到10万人左右。SDS还在美国以外支持世界各地的马克思主义团体，鼓励世界人民团结起来，形成大规模的世界革命以反对帝国主义压迫。

② 查尔斯·赖特·米尔斯（1916—1962）：美国知名社会学家、左翼知识分子，美国新左翼代表人物。代表作有《社会学的想象力》（The Sociological Imagination，1959）、《权力精英》（The Power Elite，1956）等。

等现象,而多数美国人对此漠不关心。一方面,他倡导积极的政治参与,走出冷漠。米尔斯不像传统左翼将工人阶级视为社会变革的主要力量,而强调青年知识分子的文化武器力量,表达了大学生和青年知识分子可以成为社会变革的关键推动者的观点。米尔斯认为,比起劳工运动,激进青年知识分子运动更加富有希望。"产业工人在何种社会和历史条件下趋向于成为自为阶级和决定性的政治力量,必须得到充分而准确的阐述……当然,我们不能'抹杀工人阶级'。但我们必须重新看待他们。在劳工力量存在的地方,我们当然必须与其合作,但我们绝不能将其视为必需的杠杆。"[1] 他认为青年知识分子已经取代了组织化的工人阶级,成为社会变革的重要力量,因此知识分子应当致力于寻找对当前社会的替代方案。"是谁在以激进的方式思考和行动?在世界各地,答案都是一样的:是年轻的知识分子。"[2] "在苏联阵营中,是谁打破了冷漠?一直是学生、年轻教授和作家,是波兰、匈牙利和俄罗斯的年轻知识分子。"[3] 另一方面,米尔斯也强调国际主义和世界革命的重要性。他主张知识分子在变革社会时需要与世界各国的革命力量相联系,他不仅关注美国社会,也对不发达国家的反帝国主义革命运动的爆发表示欢呼。"米尔斯敦促知识分子把他们的运动想象成国际运动,从而挑战了将思想和文化民族化并将其纳入冷战斗争的企图。"[4] 米尔斯将新左翼运动视为一场国际性的政治和文化运动,他的影响力也因此不仅局限于美国,而辐射到了全世界范围的激进主义者中。

---

[1] C. Wright Mills, "Letter to the New Left", *New Left Review I*, Vol. 5, No. 5, 1960, p. 22.

[2] C. Wright Mills, "Letter to the New Left", *New Left Review I*, Vol. 5, No. 5, 1960, p. 22.

[3] C. Wright Mills, "Letter to the New Left", *New Left Review I*, Vol. 5, No. 5, 1960, p. 23.

[4] Daniel Geary, "'Becoming International Again': C. Wright Mills and the Emergence of a Global New Left, 1956 – 1962", *The Journal of American History*, Vol. 95, No. 3, 2008, p. 721.

二 作为西方新左翼运动序幕和前奏的英国新左翼运动

米尔斯发表《致新左翼的信》是在 1960 年，西方世界广泛兴起的新左翼运动也多流行于 20 世纪 60—70 年代，那么它们与发生于 1956 年的英国新左翼运动之间是何联系？与 20 世纪 60 年代末在国际范围内流行的新左翼运动相比，英国新左翼的政治发展轨迹有些独特。在国际范围内的新左翼运动兴起之前，英国新左翼就率先走上了对战后资本主义的批判与重塑的道路。英国新左翼的关注议题、组织风格与后来国际上流行的激进主义元素有许多相似之处。不同的是，新左翼的政治运动阶段十分短暂，在 1961 年以后就转向了一种思想导向，失去了统一的活动和政治议程，因此在 1968 年美国、法国等国的新左翼运动走向高潮时，英国却相对沉寂。一方面英国新左翼的巅峰时期与其他国家的新左翼运动之间存在时间差；另一方面二者却又有诸多相似之处，出现这看似矛盾现象的原因，是由于在二者之间存在一个关键桥梁——米尔斯。1956 年秋天，米尔斯来到欧洲，发现了欧洲在赫鲁晓夫所作的《秘密报告》、匈牙利事件后发生的一系列反应，接触到了英国新左翼运动，这对米尔斯产生了很大影响，为他后来发展为新左翼运动的领军人物奠定了基础。当时米尔斯的欧洲之行包括英国，正是在英国他与英国新左翼建立了联系，此后他们保持着密切的关系，这成为米尔斯晚年最重要的经历。在与英国新左翼的接触中，米尔斯发现他们之间有着难得的共同点，即都希望寻求一种替代现实共产主义的社会主义，并且都希望知识分子成为这场新左翼运动的领导力量。但米尔斯和英国新左翼之间有一个关键区别，英国新左翼比米尔斯更多地植根于马克思主义传统。英国新左翼运动虽然致力于寻找工人阶级以外的社会变革的新力量，但是他们仍然坚持工人阶级激进主义的传统，而米尔斯则对工人运动抱以悲观态度。米尔斯关注文化机器的作用显然也受到了英国新左翼的大众文化观念的影响。"当米尔斯强调文化机器的力量时,他与英国新左翼结盟了。正如斯图亚特·霍尔所写,英国新左翼的核心信念是'文化和意识形态领域不是次要的,而是社会的构成维度'。将文化视为政治冲突的关键基础,这与英国新左翼雷蒙德·威廉斯的思想非常相似,后者将文化斗争视为他所谓的'长期革命'的重要组成部分。同样,英国新左翼历史学家,如 E. P. 汤普森将阶级视为文化认同问题,而不仅仅是经济地位。因此,1959 年米尔斯在伦敦经济学院举办的三场题为'文化与政治'的系列讲座受到了英国新左翼的好评,在英国广播公司电台播出并在英国媒体上引起了轰动。"[1] 米尔斯受到英国新左翼的启发,发现了文化机器的政治潜力,发掘了知识分子变革社会的力量,并将"新左翼"一词引入了美国。"新左翼"一词本是英国马克思主义者从法国社会主义者中借用而来,以寻求超越资本主义、民主社会主义和苏联共产主义的替代方案,米尔斯则使这个词走出欧洲,对其传播发挥了关键作用。

米尔斯对知识分子和文化力量的强调对 20 世纪 60—70 年代的全球新左翼提供了启发。他对文化在政治中的重要性的强调为此后美国社会的激进主义研究引入了一种新的文化主义范式,给新左翼理论家和活动家提供了重要灵感。而米尔斯的这些创见,则与英国新左翼紧密相连,从这一角度可以瞥见英国新左翼对全球新左翼的深远影响。从关注的议题上看,英国新左翼运动与西方广泛意义上流行的新左翼运动侧重点不太相同,例如前者关注的重点主要是政治制度变革,而 20 世纪 60 年代末在美国流行的新左翼运动则表达了更多的社会公正诉求,例如女权运动、黑人民权运动、同性恋运动等。但从某种程度上说,英国新左翼运动开启了 20 世纪中后期西方新左翼运动的序幕,作为西方新左翼运动的前奏,它开启了战后资本主

---

[1] Daniel Geary, "'Becoming International Again': C. Wright Mills and the Emergence of a Global New Left, 1956–1962", *The Journal of American History*, Vol. 95, No. 3, 2008, p. 720.

义社会的反思风潮，它的立场倾向、组织方式和研究对象后来成为国际新左翼运动的关注焦点，尤其是英国新左翼主张的将政治与社会文化相结合，通过文化、艺术表达政治主张的形式，在20世纪后期成为西方左翼表达社会不公正的流行方式。

◇ 第二节　苏共二十大、波匈事件与苏伊士运河危机

一般认为，1956年苏共二十大赫鲁晓夫《秘密报告》的揭露、波匈事件的爆发和苏伊士运河危机是英国新左翼运动爆发的导火索和直接原因。

一　苏共二十大上的赫鲁晓夫《秘密报告》及其影响

1956年2月，苏共召开二十大，赫鲁晓夫在会上作了中央委员会的《总结报告》。1956年2月25日，在苏共二十大召开的最后一天凌晨，赫鲁晓夫召集苏联共产党以及波兰和匈牙利的党代表举行内部会议，作了《关于个人崇拜及其后果》的报告。由于此报告不公开，所以当时被称为《秘密报告》。《秘密报告》主要围绕对斯大林的批判展开，正是这一报告掀起了批判个人崇拜和斯大林的高潮。会后，苏共中央要求在全国范围内，包括各级党组织、基层机构、思想界、文艺界中传达《秘密报告》的内容，开展了一系列批判斯大林及其个人崇拜的运动。美国中情局设法获得了《秘密报告》的全文并刊登在1956年6月4日的《纽约时报》上。由此，《秘密报告》在苏联乃至全世界都事实上公开了。其实，苏共批判斯大林并不是始于苏共二十大，早在斯大林去世后的1953年的苏共中央七中全会上，就出现了对个人迷信的批评。阿里斯托夫在苏共二十大所作的资格审查委员会报告上指出："1953年召开的苏共中央委员会七月全会揭发了因个人崇

拜而对党的最重要领导原则的严重破坏,并要求从上到下贯彻执行列宁关于党的集体领导和全面提高党组织的积极性、主动性和首创精神的指示。"[1]赫鲁晓夫在苏共二十大上所作的《总结报告》中也谈及个人崇拜问题,间接批判了斯大林。"为了大力发挥党员和全体劳动人民的创造积极性,中央委员会采取的办法是广泛地解释马克思列宁主义怎样理解个人在历史上的作用。它坚决反对和马克思列宁主义精神不相容的个人崇拜,因为个人崇拜把这个或那个活动家变成创造奇迹的英雄,而同时缩小党和群众的作用,降低他们的创造积极性。个人崇拜流行的结果就降低了党的集体领导作用,有时给我们的工作带来了严重的损失。"[2] 但是直接、尖锐、强烈地表达对斯大林不满的,主要是在《秘密报告》中。《秘密报告》的主要内容包括揭露和批判了对斯大林的个人迷信、揭露和批判了斯大林违反法制、进行大规模镇压的错误;揭露和批判了斯大林在卫国战争中的错误;揭露和批判了斯大林在民族问题上的错误;揭露和批判了斯大林在处理苏联同南斯拉夫关系方面的错误;揭露和批判了斯大林在经济工作中的错误;揭露和批判了斯大林违背集体领导原则,实行个人专断。[3] 到 20 世纪 50 年代,斯大林模式越来越无法满足苏联经济的持续发展需求,赫鲁晓夫上台后试图对苏联的经济发展模式进行转型,但首先他必须保证自身地位免受旧的利益团体的冲击,因此赫鲁晓夫对斯大林的批评其实也是出于破除斯大林崇拜、确立自身领导地位的考虑。

苏共二十大上赫鲁晓夫所作的《秘密报告》对苏联及社会主义阵营造成了巨大影响,引发了一系列连锁反应。苏共二十大刚结束不久,1956 年 3

---

[1] 《苏联共产党第二十次代表大会文件汇编》(上),人民出版社 1960 年版,第 149 页。

[2] 《苏联共产党第二十次代表大会文件汇编》(上),人民出版社 1960 年版,第 113—114 页。

[3] 参见陈之骅、吴恩远、马龙闪主编《苏联兴亡史纲》,中国社会科学出版社 2016 年版,第 364—366 页。

月5日,格鲁吉亚首都第比利斯和其他一些城市就发生了大规模的示威和集会。格鲁吉亚是斯大林的故乡,赫鲁晓夫的《秘密报告》在格鲁吉亚引起了激烈反响,部分群众在保卫斯大林的口号下发起示威和集会。《劳动报》驻格鲁吉亚记者斯塔特尼科夫在1956年3月12日致《劳动报》主编布尔科夫的信中记述了该事件的场面:"教唆者们控制了讲台,更加不遗余力地用民族主义和反苏的演讲煽动人们。事态遂按照敌对分子所设想的那样发展起来。发言者的姓名照例都不宣布,或者宣布一个假名字。这些'演说家'毫无顾忌地发表挑动性的演说,内容基本上都是沙文主义和反苏性质的……3月9日,发生了不可思议的事。狂热情绪发展到了极限。在街上游荡的已不仅是青年,而且也有成年人。大多数劳动组合都停了工。小机关的职员都丢掉工作,走上街头。某些轻工业和食品工业的企业出现不上工的现象。简单地说,城市的正常生活遭到明显破坏。"[①] 运动持续数日,酿成了暴力流血冲突。

格鲁吉亚事件反映了苏共二十大后苏联内容复杂的政治形势。随后东欧一些国家以民众运动的形式表达了摆脱苏联控制的迫切意愿,这使社会主义国家之间的关系变得复杂,反映了苏共二十大在社会主义阵营中造成的深刻影响。第二次世界大战后,东欧各国先后以苏联为榜样,建立了类似苏联的高度集中的政治经济体制。一方面,这些东欧国家在战前受西欧影响较深,照搬苏联模式后引起"水土不服";另一方面,苏联通过各种国际机构的设立以及政治运动的开展,不断强化对东欧国家的控制,试图建立起以苏联为中心的安全体系。因此东欧国家的一些民众早已对苏联模式抱有质疑。斯大林去世后,东欧国家就发生了一些抗议苏联控制的民众骚乱,在苏共二十大之后,这种趋势愈加明显。其中最为典型的,是1956年6月发生在波兰的"波兹南事件"和1956年10月发生在匈牙利

[①] 沈志华主编:《苏联历史档案选编》第28卷,社会科学文献出版社2002年版,第204—206页。

的"匈牙利事件"。

二 波匈事件及其对西方左翼的冲击

苏共二十大以前,波兰就存在经济政治社会体制僵化、党群关系紧张等问题,苏共二十大引起的思想震荡又加剧了波兰统一工人党内的思想混乱和波兰社会的矛盾。关于波兰在苏共二十大后的党内状况,哥穆尔卡在1957年1月11日—12日与中国代表团谈话时有这样的表述:"二十大以后,部分党组织知道了赫鲁晓夫关于斯大林的报告后,国内政治局势开始尖锐化。这是影响波兰人民,在一定程度上也是影响工人阶级以及外国反动宣传的敏感的土壤。在这种背景下,在我们的波兹南爆发了事件……二十大以后,在党内开始分为两派:1. 改变现状,自力更生,依靠我们的政策(这一派没有什么具体的要求)。2. 另一派害怕对我们生活的任何改变都可能带来各种各样的后患:外来的干涉和国内反动势力的增强。这样的趋势,使党内发生斗争并使党和当时的领导工作有陷入瘫痪状态的可能。"[①] 1956年6月上旬,波兰西部城市波兹南市斯大林机车车辆厂的工人,提出了要求提高工资、降低物价、减税等经济诉求。在诉求遭到拒绝后,工人行动不断升级,越来越多的工人和学生加入抗议队伍中,诉求也提升为反对苏联控制、摆脱苏联模式、走独立自主的发展道路等带有政治和民族情感的口号。6月28日,波兹南发生了大规模的骚乱,企业员工罢工,街头爆发冲突造成死伤,和平示威演变为暴力事件,一些人开始冲击政府机关、广播电台等,气氛一度十分紧张。10月17日,波兰统一工人党中央政治局会议决定在19日的中央全会上推举哥穆尔卡为第一书记。10月19日,苏联代表团飞到华沙。苏联代表团与波兰领导人的交流出现了激烈分歧,最后苏

[①] 沈志华主编:《苏联历史档案选编》第27卷,社会科学文献出版社2002年版,第56—57页。

联方面同意哥穆尔卡担任波兰统一工人党的最高领导人，冲突才得到平息。

紧随苏波冲突之后的是"匈牙利事件"。战后苏联在匈牙利帮助建立了共产党领导的人民政权。以拉克西为首的亲苏领导人将苏联的体制照搬到匈牙利。1953年斯大林去世后，拉克西的统治受到了以纳吉为代表的改革派的挑战。苏共二十大后，匈牙利国内反拉克西情绪日益高涨，在匈牙利劳动人民党内和人民群众中迅速滋长了批判个人崇拜、反对教条主义的情绪。波兹南事件及苏波冲突加剧了这一影响。10月23日，匈牙利首都布达佩斯的青年学生举行示威游行，提出了政治经济体制改革、反对大国沙文主义等要求。在这一过程中不断有民众和工人加入，人数迅速增加至数十万人。紧张局势很快波及其他城市，全国各地都出现罢工，和平示威演变为暴动骚乱，一些人趁机闹事、挑起冲突、攻击国家机关和媒体部门，政治形势迅速恶化。米高扬和苏斯洛夫在1956年10月30日从布达佩斯发给苏共中央的电报中描述了布达佩斯的形势："全国（匈牙利）和布达佩斯市的政治形势不是好转而是变坏。这表现在如下方面：党的领导机关感到束手无策，党组织正在解体。流氓分子横行霸道，强占区党委，杀害共产党员。组建党的纠察队的工作进展缓慢，工厂停工。居民闲坐在家。铁路不运行，无赖大学生和其他叛乱分子改变策略，表现出十分猖獗。现在他们不开枪而是占领机关。例如，昨天夜间他们占领了中央党报的印刷厂和编辑部。"① 匈牙利事件持续到11月3日，这一事件加剧了国际共产主义运动内部的分裂。

"波兹南事件"和"匈牙利事件"十分尖锐地反映了苏共二十大在社会主义阵营中造成的剧烈影响，这些事件的发生一方面提出了突破苏联模式、进行社会主义改革、探索符合本国实际的社会主义建设道路的迫切性；另一方面也提出了如何正确处理社会主义阵营内的国家关系、反思大党大国

---

① 沈志华主编：《苏联历史档案选编》第27卷，社会科学文献出版社2002年版，第312页。

主义的重要课题。在国际共产主义和世界社会主义的历史中，1956年是一个重要的分水岭，在此之前，社会主义阵营主要以苏联为一个核心，而此后，社会主义国家间的关系变得微妙复杂起来，探寻适合本国国情的社会主义道路逐渐成为各国共产党的共识，社会主义也由此走上了多元发展的道路。所以对苏共二十大的历史评价，学界一般是有共识的。从当今来看，苏共二十大是20世纪社会主义进程的一个重大转折点。一方面，它暴露了苏联模式的问题，造成社会主义阵营的思想和政治混乱；另一方面，苏共二十大对解放思想、推动社会主义改革、促进国际共产主义运动的多元发展以及改变社会主义国家之间的关系又有客观上的积极意义，它开启了社会主义的改革进程，使人们加快思考苏联模式以外的社会主义道路，认识到各国应从本国实际出发探索适应时代发展、适合自身国情的社会主义革命和建设之路，认识到社会主义国家之间应当是平等合作互利的关系而不应该盲目服从一个中心。

苏共二十大和波匈事件的影响不仅波及社会主义国家，对西方国家共产党同样带来了巨大冲击。赫鲁晓夫的《秘密报告》流传到西方后，欧美左翼知识界和政党都极为震动，其中，英国共产党内出现了激烈的辩论。20世纪20年代以后，英国共产党获得了包括工人阶级、知识分子、哲学家、历史学家、科学家、艺术家和一些自由主义者在内的许多人的支持。马克思主义得到越来越多年轻知识分子的关注，许多人转向共产主义。第二次世界大战后西方资本主义国家经济恢复迅速，福利资本主义得到快速发展，消费资本主义膨胀，工人阶级的生活条件得到改善，中产阶级人数迅速增长。英国共产党却未能跟上时代和国家发展的步伐，没能洞察分析资本主义的新变化，仍然因循守旧，没能提出与时俱进的发展方针，引起党内一些知识分子的不满。苏共二十大以后，以萨维尔、汤普森为代表的一批知识分子对英共党内领导层进行批评，希望就党内存在的问题展开公开讨论，推动英共的自我革新，但是当时英共领导层的回应令一些英共党员十分失望。萨维尔曾表示，1956年"整个四月和五月，评论和批评不断增加，党的领导层以不情愿和非常零碎的方式，以谨慎和完全保守的方式回应，忽视了争论的中心问题……当时严肃的辩论被英国共产党领导人拒绝"①。汤普森直接表达了对英共二十四大的愤怒："我从来没有见过像我们的第二十四次党代会这样令人痛心的会议。这是我们党历史上最大的骗局。到目前为止，他们对我们都没有一个正面的回应：没有向普通百姓道歉，没有自我批评，没有向英国人民道歉，没有表明马克思主义者的观点，不承认我们党低估了知识和意识形态工作，也不承诺放开党内民主。"② 为推动英共党内风气的改变，萨维尔、汤普森等人出版了《理性者》刊物，推动相关讨论的发展，但在英共领导层的干预下，《理性者》仅出版了3期就被迫停刊。同年"波兹南事件"和"匈牙利事件"的爆发进一步刺激了英共党内的分裂，大批英共党员退党，数量多达当时英共党员总数的五分之一。"至1956年11月，英国33000名党员中有超过7000人退党，对传统的、亲苏的立场以及对历史唯物主义的简化论的理解给予猛烈抨击。共产党内一部分对马克思主义深信不疑的知识分子，特别是较年轻的学者，义无反顾地提出要重新回到马克思的观点，从而形成了对英国自身传统马克思主义的'敌对'和反叛群体，并产生了后来影响深远的《新左派评论》刊物，逐渐使其成长为新马克思主义的理论阵地。围绕《新左派评论》的一批历史学家，倡导回到马克思、准确理解马克思主义的内容和'从下层看历史'的研究方法，他们呼唤大众意识，倡导一种合法政治力量的民族的、开放的、共产主义的自由主义。党内理性的科学主义者与自由主义分子之间的争论，

---

① John Saville, "Edward Thompson, The Communist Party and 1956", *Socialist Register*, 1994, p. 22.

② John Saville, "Edward Thompson, The Communist Party and 1956", *Socialist Register*, 1994, p. 23.

不仅为新左派与老左派的截然二分埋下了种子，也预示着新左派的诞生。"①霍布斯鲍姆曾回忆："在1957年重新站稳脚步之后，英国共产党已经流失了四分之一的党员、其机关报《每日工人报》三分之一的员工，从20世纪30年代到40年代残存至今的共产党知识分子也多半一去不返……英国共产党员在一年多的时间内，于政治生活上处于集体精神崩溃的边缘。""在英国，1956年大地震的主要影响，就是让3万名共产党员产生了可怕的影响，并让原已规模不大的极左派势力四分五裂。……激进的年轻人现在有了不同的左派团体可供选择。'历史学家小组'则未能顺利度过危机，而小组内大多尚未因为对斯大林的坏印象而受到牵连的批评者，已开始重新组织起来——换言之，就是试图建立某种'新左派'。"②其实一开始，这些英共党内的知识分子的目标只是推动改革，希望推动英共向更好的方向发展，而不是削弱英共的力量。但是他们的诉求并没有得到重视，因为在当时的英共领导层看来，在党面临巨大的外部压力时，改革显得不切实际，因而他们从政党改革转向寻求一种替代的社会主义。英共的分裂和当时工党左翼的式微使传统左翼的影响力衰减，迫使一些知识分子重新思考和探索社会主义。这些知识分子希望能够在共产党和工党之外寻找到新的实现社会主义的道路，这样的诉求直接推动了新左翼运动的诞生。

三　苏伊士运河危机及其对世界秩序变革的标志意义

如果说苏共二十大和波匈事件促使英共党内持不同政见的知识分子开始寻求苏联共产主义以外的社会主义道路，那么苏伊士运河危机则使英国的左翼知识分子认清英国政府"共识政治"的伪善，意识到寻求超越资本

---

① 乔瑞金等：《英国的新马克思主义》，人民出版社2013年版，第6页。
② ［英］霍布斯鲍姆：《趣味横生的时光：我的20世纪人生》，周全译，中信出版社2010年版，第249—250、256页。

主义的新社会主义道路的迫切需求。1956年7月26日，时任埃及总统纳赛尔（Gamal Abdel Nasser）宣布埃及将苏伊士运河国有化。但当时苏伊士运河公司的大部分股份都由英国和法国持有，此举相当于剥夺了英法两国对苏伊士运河的控制权，因而引起英法的强烈不满。苏伊士运河是连接欧洲、亚洲、非洲的交通要道，具有十分重要的地缘战略价值，为重新夺得对苏伊士运河的控制权，时任英国首相安东尼·艾登（Robert Anthony Eden）联合法国以及与埃及积怨已久的以色列，于1956年10月对埃及西奈半岛发动了军事进攻，史称"苏伊士运河危机"（也被称为"第二次中东战争"）。英、法、以此举被视为帝国主义和殖民主义行径，遭到了国际社会的普遍指责，美国、苏联等国都向英、法、以施压，勒令其停止侵略行为。当然美国与苏联各有不同考虑，美国希望借此削弱英国、法国的影响力，拉拢刚从殖民主义下解放出来的一些亚非拉国家，苏联则希望借此危机淡化国内与国际社会对匈牙利事件的关注。英国本希望英联邦国家给予支持，然而事与愿违。"战争打响后，英国指望英联邦国家会挺身而出，像在两次世界大战中那样鼎力相助。但除澳大利亚、新西兰口头上表示站在英国一边外，加拿大主张联合国部队去维护运河区和平，言外之意是不支持英法的干预。锡兰表示反对英国的侵略政策，而印度和巴基斯坦则对英国的入侵予以谴责。这场战争给英国的声誉造成重大打击。"[①] 最后在强大的压力下，英、法、以被迫停止军事行动，苏伊士运河危机遂告结束。

此事件直接导致了英国艾登政府的垮台。"第二次世界大战结束时，埃及、伊拉克和约旦由亲英君主统治。成千上万的英国军队驻扎在这整个地区。通往印度及其他地区的苏伊士运河，牢牢掌握在英国人手中。仅仅十多年后，埃及的君主政体就被纳赛尔领导的民族主义军官推翻，英国军队在当地长期的游击战和大规模示威活动后被迫离开苏伊士运河，民众的压

[①] 钱乘旦、陈晓律、陈祖洲、潘兴明：《日落斜阳——20世纪英国》，华东师范大学出版社1999年版，第337页。

力迫使约旦国王侯赛因（Hussein of Jordan）解雇了阿拉伯军团的英国指挥官约翰·巴戈特·格鲁布（John Bagot Glubb）。只有伊拉克政府仍然一如既往地屈从于英国的利益。正是在伊拉克，英国官员希望找到一种力量来制衡中东地区日益高涨的民族主义浪潮。伊拉克总理努里·赛义德（Nuri al-Said）是《巴格达条约》（Baghdad Pact）的设计者。该军事联盟条约于1955年签署，将伊拉克、伊朗、土耳其、巴基斯坦和英国联系在一起，目的是遏制阿拉伯民族主义，削弱苏联在中东的影响力。艾登相信，对纳赛尔的迅速打击会使天平向有利于英国的方向倾斜。苏伊士运河危机的结果使艾登的希望破灭。英、法、以三国政府策划的夺取运河、推翻纳赛尔政权的阴谋以耻辱性的失败而告终。1956年11月，在一周的时间里，英国政府由于汽油配给政策的出台、英镑贬值、与美国的'特殊关系'破裂、内阁分裂而面临着来自公众的恐慌，抗议活动在全国和中东各地蔓延。1957年1月，艾登由于苏伊士运河行动的挫败而以疾病为由辞职。"[1] 更为深刻的是，它象征着大英帝国的终结，标志着美国彻底取代英国成为新任西方霸主，英国从此在国际体系中沦为一个依附于美国的地区性国家。苏伊士运河危机"具有高度的象征意义。失败的英法联军迅速占领苏伊士运河这一事件，使人们对英国在世界所处地位的认识与'二战'刚结束时相比有了很大变化；并且随着大英帝国势力的不断衰退，一个国家的新型身份和自我形象仍然有待于进一步建构"[2]。

苏伊士运河危机在英国造成了深刻的政治和社会分裂，它使一些知识分子对西方资本主义彻底失望，虽然第二次世界大战后西方资本主义经济快速发展、人民生活水平得到提高，但是帝国主义、剥削压迫与不平等并

---

[1] Anne Alexander, "Suez and the high tide of Arab nationalism", *International Socialism*, Vol. 112, No. 3, 2006.

[2] [英]迈克尔·肯尼：《第一代英国新左派》，李永新、陈剑译，凤凰传媒出版集团、江苏人民出版社2010年版，第7页。

未因此消失，它迫使知识分子们反思资本主义的问题，重新思考和探索国家的未来发展道路。1956年的苏伊士运河危机、苏共二十大上赫鲁晓夫所作的《秘密报告》和波匈事件共同催化了英国左翼的分裂。作为新左翼运动的亲历者，斯图亚特·霍尔曾回忆，"'匈牙利事件'和'苏伊士运河事件'是分水岭，标志着政治冰冻期的结束。新左翼就是在这两件事情的余波中诞生的。它试图在这两种隐喻之间设定第三种政治空间。对我们那一代的左翼来说，它的出现意味着冷战时期的强制沉默和政治僵局的终结，意味着有可能突破性地形成一种新的社会主义设想"①。这些事件客观上为独立的政治力量的出现打开了空间，推动了一个反思资本主义、苏联社会主义与西方民主社会主义的"新左翼"群体的出现，他们试图在西方资本主义、苏联社会主义和民主社会主义之间发展出第三条路线，描绘出新的社会主义图景。

◇第三节　英国的国际地位、国家发展与思想传统

英国新左翼运动虽然是在苏共二十大、波匈事件和苏伊士运河危机的直接影响下诞生，但它也建立在深层次的英国内在根源上。第二次世界大战后英国国际地位的衰落和"丰裕社会"的形成，引发了国内政治、经济、社会环境的变化，这些新变化促使一些知识分子开始进行批判性反思，也引发了国内政治图景的重构。而本土的激进主义思想传统则赋予了这些知识分子丰富的思想资源，使其有机会将新思想与老传统进行创造性结合。新左翼运动和新左翼思想正是基于这样的基础而产生。

---

① ［英］斯图亚特·霍尔：《第一代新左翼的生平与时代》，王晓曼译、孙乐强校，《国外理论动态》2011年第11期。

一 英国主导地位的丧失和以美国为首的新帝国主义的兴起

第二次世界大战后西方政治格局发生的最重要的变化之一,就是英国在西方资本主义世界中主导地位的失去和以美国为首的新帝国主义的形成。其中的标志性事件,便是前文提及的苏伊士运河危机。苏伊士运河危机是英国殖民主义历史和20世纪国际关系演变的重要转折点,它暴露了老牌殖民主义和旧帝国主义已经难以为继,旧式的殖民方式已经成为过去。更为讽刺的是,它使大英帝国走向了终结的命运,显露了美国已取代英国成为资本主义世界新的霸主,而英国从一个世界霸权大国变为一个地区国家,从此以后只能依附于美国。此后英国在世界上呈现的面貌主要是协同美国承担所谓的"世界警察"角色,但实际上英国的影响力已很难超出欧洲。伴随英国国际地位衰落和世界民族解放运动兴起而来的,是英国的去殖民化浪潮。早在19世纪末20世纪初,英国相继在原殖民地加拿大、澳大利亚、新西兰、南非成立自治领时起,英国的去殖民化进程就已悄然开始。在第一次世界大战期间,这些自治领为英国提供了大量人力、物力支持,其民族意识大大增强,希望获得更多自主权利,提升国际地位。1931年,英国通过《威斯敏斯特法案》,规定加拿大、澳大利亚、新西兰、南非这几个白人自治领与英国共同组成英联邦(Commonwealth of Nations)。自治领拥有独立主权,与英国地位平等,共同拥护英国国王为国家元首,但这一时期在英联邦内英国实质上仍居于主导地位。

第二次世界大战结束后世界格局发生巨变,以苏联为首的社会主义阵营形成,民族解放运动得到大发展,一些在第二次世界大战期间参与战争的殖民地民族意识空前增强,纷纷要求获得独立主权。1947年,印度和巴基斯坦宣布独立。1948年,缅甸和锡兰也相继独立。这些非白人殖民地的相继独立意味着战后的英联邦不再是一个单一的白人共同体,而演变成一个包含不同种族、文化、民族和政体的联合体。而且英国对英联邦成员国的加入条件也明显放松，它规定只要承认英国君主是英联邦国家名义上的元首和国家联合的象征，即可成为英联邦成员国。这就为后来独立的英国殖民地加入英联邦提供了便利。英国之所以愿意放手让殖民地独立，其根源就在于自身综合实力的衰退。一方面，第二次世界大战给英国造成了重大损失，冷战格局的形成又使英国面临着巨大的军事防务支出；另一方面，战后英国国内福利制度的推行使政府需要有高额的社会福利方面的开支，因此英国不再有多余的财力和军事实力去维持庞大的大英帝国。如果说战后初期英国仍维持着表面上的体面，那么1956年苏伊士运河危机则促发了大英帝国的全面终结。此后，中东、非洲地区都纷纷出现独立运动，去殖民化浪潮如多米诺骨牌般爆发，民族解放运动蓬勃兴起。此前英国的去殖民化方针是以平稳过渡、逐步撤出为主，苏伊士运河危机后，英国为尽快甩开彼时对其来说已是沉重包袱的殖民地，加速了殖民地的独立进程，力求尽快向英联邦全面转变。到20世纪60年代，非洲几乎所有的英国殖民地都获得了独立，大英帝国分崩离析。英国仅以英联邦之名维持着与前殖民地之间的联系，但英联邦与大英帝国有质的区别。在大英帝国内，殖民地与宗主国之间的关系是从属性的，宗主国居于绝对统治地位，殖民地没有主权。而在英联邦内，成员国之间地位平等，都拥有独立主权，英国无法再像以往那般发号施令。英联邦成员国之前联系较为松散，没有设置统领式的权力机关，凝聚力和向心力十分有限。随着国际地位的衰落，英国在英联邦内的影响力下降，英联邦成员国也并未视英国为"大哥"，因此英联邦实际上只是一个名义上的国际组织，在国际事务中并未发挥重要作用。曾长期高居霸权地位、号称是"日不落"的英国，彻底失去了它的帝国，但是如何在国际地位衰落的大环境下重新找到英国需要扮演的角色，却是摆在英国人面前的难题，大国主义的思维惯性和现实实力的力不从心从此成为英国人挥之不去的梦魇。这样的迷茫与困惑在此后相当长一段时间内都困扰着英国政客与知识分子，并影响了英国民众的思想走向。

二 英国向福利资本主义国家的转变及其政治社会影响

除了国际地位的衰落，第二次世界大战后英国的另一重大变化是由自由资本主义国家向福利资本主义国家转变。1945年，英国工党上台执政，推行国有化政策和福利制度。此前，1942年12月，由英国经济学家威廉·贝弗里奇（William Beveridge）编写的《贝弗里奇报告》（Beveridge Report）发布，受到民众广泛关注。这份报告勾画了战后"新英国"的蓝图，提出建立一个包罗万象的社会福利保障体系的计划，为公民提供一套"从摇篮到坟墓"的社会福利制度，使所有英国公民都有权利享受社会福利制度的保障。工党借此获得了1945年大选的胜利，之后陆续推出了福利法案，包括"家庭津贴法案"（1945年）、"国民保险（产业性伤害）法案"（1946年）、"国民保险法案"（1946年）、"国民卫生服务法案"（1946年）、"国家援助法案"（1948年）等。工党的福利制度建设初期成效比较显著，"到了1948年秋，已有93%的国民登记接受免费医疗"，"政府在1946—1948年间，建成48万套住宅，解决了数百万居民的困难"[1]。在国有化方面，工党政府将一些重要产业例如能源、民航、通信等企业收归国有，对其他消费品生产部门和一般企业则仍维持私有状态，实质上推行的是一种混合经济体制。"在经过短暂的战后恢复以后，从1951年至1973年，英国实行以需求管理为主要手段，以充分就业为主要目标的经济政策。经济平均以2.2%的增长率向前发展，失业率维持在贝弗里奇提出的3%的目标以下。这一时期，尤其是50、60年代，是英国历史上前所未有的经济增长时期。"[2] 这段时

---

[1] 阎照祥：《英国史》，人民出版社2014年版，第361页。
[2] 钱乘旦、陈晓律、陈祖洲、潘兴明：《日落斜阳——20世纪英国》，华东师范大学出版社1999年版，第138页。

期，英国经济发展较快，失业率较低，人民的生活水平得到提高，因此这段时期的英国社会被称为"丰裕社会"。1951年保守党在大选中获胜后，继续推行工党政府的混合经济政策和社会福利政策。在此后相当长时间，保守党和工党不论哪个政党上台，都继续推行着相似的经济和福利政策，这被称为"共识政治"（Consensus Politics），也被称为"巴茨克尔主义"（Butskellism）。"巴茨克尔主义"一词来源于保守党和工党的财政大臣理查德·巴特勒（R. A. Butler）和休·盖茨克尔（Hugh Gaitskell）的姓，被用来表明战后两党的政策共识。"共识政治"的内涵是政府和政党对于国家和社会政策有基本一致的意见，在第二次世界大战后的英国，"共识政治"主要体现为工党与保守党都默认将凯恩斯主义与贝弗里奇的福利主义的结合作为制定政策的基础。具体表现为，对内都同意推行混合经济体制和由政府保障的全面的社会福利制度，对外同意与美国结成特殊伙伴关系，反对苏联，将大英帝国转变为英联邦。两党只在具体政策的实行程度和方法上有所分歧，在基本原则上二者基本一致。关于共识政治形成的原因，有学者分析这其中既有深厚的历史渊源和理论依据，也有着复杂的政治背景和社会基础。"历史上，英国已多次出现两党或多党合作的事实，而两次世界大战中的联合政府则是它们成功合作的范例。理论上，进化论哲学、费边主义、集体主义以及凯恩斯主义和其他民主社会主义思想，为它酿造出不太刺激的'混合饮料'。政治上，历史悠久的议会体制、在法治轨道上运行的两党制和不容忽略的选民意向，迫使任何政党都不得漠视多数民众所关注的重大问题。而战后英国产业结构的变化和中产阶级的壮大，以及由此所引起的两党阶级利益的接近，则为共识政治的产生和长期存在，提供了极为重要的社会阶级基础。"[1]

"共识政治"虽然在一段时期内使英国社会保持了相对稳定，但也带来

---

[1] 阎照祥：《英国史》，人民出版社2014年版，第366页。

了一个后果——工党内的修正主义思潮影响不断扩大,党内分歧和冲突日益激烈。工党内的修正主义思想早已有之,工党的重要理论基础费边主义与民主社会主义思想就有许多相似之处。1956年,工党理论家安东尼·克罗斯兰(Anthony Crosland)发表了《社会主义的未来》一书,对修正主义理论做了全面辩护,对公有制、国有化、工人阶级政党等传统社会主义理念提出质疑,主张全面推行混合经济制度,强调个人自由,以道德追求作为社会主义的最终目标:"我们的理想(至少我的理想),是实现一个完全混合所有制的社会——一个具有多样的、分散的、多元的、不同质的所有制形式的社会,一个政府、国有企业、合作社、工会、国家金融机构、养老基金、基金会,以及千千万万个家庭都参与其中的社会。……国家拥有所有企业资本并不是实现社会主义社会、建立社会平等、增加社会福利、消除阶级差别的条件。在现有制度安排中,不公平的是私人财富分配;通过多元经济就可以像通过完全国有经济一样治愈这个毛病,而且前者在社会满意度与权利分散方面会带来更好的结果。""随着传统目标的逐渐实现,旧式不公平的日渐消逝,以及社会变得越来越民主化,我们应该把注意力逐渐转向从长远来看更加重要的其他领域——比如,个人自由、幸福,以及培养休闲、美、优雅、愉悦、激情等文化追求,总之,一切适当的追求,无论它们高尚、庸俗,还是怪异,都将有助于构成丰富多彩的个人生活和家庭生活。""现在是该进行反叛的时候了:要更加强调私人生活,强调自由与不同政见,强调文化、美、休闲和娱乐。现在,完全的节制与真正的按部就班,对于社会主义乌托邦来说并不是一个适当的路标。"[①] 有学者甚至认为工党的理论和政策不能被称为社会主义的版本,称为"工会主义"或许更为合适。"工会的社会主义可谓英国社会主义的主流版本,其发生相对较晚且独具特色。实际上,便有人质疑究竟能否称之为'社会主义',而

[①] [英]克罗斯兰:《社会主义的未来》,轩传树、朱美荣、张寒译,上海人民出版社2011年版,第323、337、340—341页。

更欣赏使用'工会主义'这个术语来描述工党的意识形态。……工会的观点和利益主宰着早期的英国工党,借用厄尔斯特·贝文形象的说法,'工党乃是从工会运动中破茧而出的'。主要进行议会活动的工党成立的宗旨即在保护日渐壮大的劳工运动的利益。不过,绝大部分工联主义者对于工资和工作条件的改善抱有更大的兴趣。他们希望在现存的资本主义社会中通过'自由的集体谈判'达到自己的目的,而不是推翻现存社会。""工党在实践中倾向于实行渐进式的议会改革而非经济、社会与政治秩序的全盘变革。对于工党来说,社会主义只是一种遥远的理想,必须依赖议会中的多数派,通过一步一步的渐进改革而实现。包括马克思主义、辛迪加主义、基尔特社会主义、合作主义以及地方社会主义在内的其他社会主义形式则被边缘化了。有批评意见认为,工党更倾向于议会主义而不是社会主义,其温和的工联主义和改良主义纲领不宜背负'社会主义'之名,最好称之为'工会主义'。"[①]工党的修正主义倾向加剧了党内分裂和其他左翼人士的不满。工党左翼通常支持扩大国有化、反对核武器、推行单边核裁军,大多反对加入欧洲共同体,工党右翼则通常反对进一步的国有化、主张发展核武器、支持北约、支持加入欧洲共同体等。随着福利制度的推行,工党尤其是工党右翼逐渐不再以实现社会主义作为党的目标,而只满足于福利政策的层面。党内分裂对工党的大选表现产生严重负面影响,工党在 20 世纪 50 年代的几次大选中都败北,与其内部分歧有很大关系。长期的"共识政治"也使人们对工党逐渐失去信心,因为工党引以为豪的福利制度已能够被保守党自如使用。在 20 世纪 30 年代,工党与保守党在原则和具体政策方面是有明显不同的,但到 20 世纪 50 年代以后,它们之间的差异逐渐减小。工党推行的"福利社会主义"与后来保守党的"福利资本主义"之间边界模糊,两党几乎没有实质性的分歧,甚至存在同质化倾向。工党的独特性日渐减

---

① [英]比尔·考克瑟、林顿·罗宾斯、罗伯特·里奇:《当代英国政治》(第 4 版),孔新峰、蒋鲲译,孔新峰校,北京大学出版社 2007 年版,第 102、103 页。

弱，作为一个左翼政党的特征逐渐弱化，又制定不出新的政策，对选举表现的过度注重导致工党行为的机会主义和实用主义倾向。这些都使得工党左翼人士和一些亲工党的左翼知识分子感到强烈的焦虑和挫败，迫切希望提出新的改变现状的方案。

战后英国的福利主义和"共识政治"对英国社会带来的另一重要影响是阶级政治的衰落和青年激进主义的兴起。福利资本主义的发展在一段时间内的确提升了包括工人阶级在内的人们的生活水平。到20世纪中后期，以信息、科技、服务为主要支柱的新经济结构逐渐取代以往以动力、机械为支柱的传统工业体系。伴随而来的是工人阶级内部结构的变化，由于技术部门、非体力劳动部门逐渐成为主流，传统的体力劳动工人、非技术工人数量明显下降，脑力劳动工人、技术工人所占比例逐渐上升，而技术工人不论是在工作强度、工作环境还是收入水平上较之传统的非技术工人都有显著改善，因此造成一种印象，工人阶级的整体生活水平得到了提高。过去英国的"工联主义"所追求的主要就是工人阶级经济条件的改善，而不热衷于政治改革，第二次世界大战后工人阶级收入的提升迎合了"工联主义"的经济诉求，造成工人阶级的政治热情持续消退。

此外，由于经济结构和收入方式的变化，英国的上层阶级和中间阶级的阶级构成发生转变，上层阶级和中间阶级之间的界限日益模糊。以往英国的上层阶级多是传统土地贵族、乡绅、地主阶级，随着工业革命的发展，土地不再是获得财富的唯一依靠，一些依靠资本起家的资本家也进入了上层阶级的行列，银行家、企业主、企业高管等也纷纷进入了"上流社会"。新科技革命的兴起更是使越来越多的专业人士如权威科学家和技术专家、高级律师和法官、文化艺术体育名流等也有了挤入上层社会的机会。选举制度的逐步普及使非贵族出身的平民阶层也有机会参与选举甚至成为高级官员，例如曾任英国首相的詹姆士·麦克唐纳（James Ramsay MacDonald）和英国外交大臣的欧内斯特·贝文（Ernest Bevin）都出身草根。经济政治社会结构的变化使阶级政治和话语在英国悄然改变。有学者指出,"以阶级为基础的传统政治范畴和方法似乎越来越不足以解释英国社会的变化转型。正如工党在选举中连续失败(1951 年、1955 年和 1959 年)所表明的那样,在一个丰裕和核弹的时代,福利主义存在严重的局限性"[1]。讽刺的是,在看似普遍丰裕和繁荣的表象下其实是分配的不公和不平等的扩大。虽然战后的经济繁荣创造了前所未有的丰裕景象,但却没有挑战社会分配模式的问题。工人阶级的收入水平相比以往的确有所提升,但是与资本家相比却相距甚远。换句话说,增加的社会财富绝大多数都流入了资本家的口袋,工人阶级获得的只不过是九牛一毛。"丰裕社会的真正受益者是有钱投资的那些人。工人阶级的丰裕,只是实行分期付款的结果,而不是他们的财富真正增加了……在保守党执政期间(1951—1964 年),工人收益并不大……在漫长的 13 年中,工人的实际生活水平仅仅提高了 50%,而资本家持有的股票,实际价值却上涨了 183%(加上股票分红,增长了 225%)。两者无法相比……他们的工资占国民收入的比例从来没有提高。在保守党执政期间,工人工资所占比例一直是 42% 多一点。"[2] 一些工人阶级意识到了这一点,但是却无力改变阶级政治热情消退这一整体趋势。与之相反,一些受过良好教育的青年学生和知识分子发现了这一"丰裕社会"的真相,积极呼吁改变社会现状,反而成为战后英国社会运动的主要推动群体,青年运动成为一种反抗压迫的主要方式。这些以学生和知识分子为主的青年激进主义者构成了新左翼运动的主力。他们不满英国社会的现状,对物质主义价值观、日益增长的生活成本、分配不公等问题多有不满,老一辈的观念、行为已不再为新一代年轻人所接受,他们希望改变现实,以一种浪漫主义

---

[1] Sophie Scott - Brown, "An activist stage craft? Performative politics in the First British New Left (1956 - 1962)", History of European Ideas, Vol. 48, No. 1, 2022, p. 129.

[2] [英] 阿伦·斯克德、克里斯·库克:《战后英国政治史》,王子珍、秦新民译,世界知识出版社 1985 年版,第 178—179 页。

的情怀憧憬变革后的美好未来。这种对英国政治的幻灭感是新左翼兴起的重要原因。到20世纪50年代后期，国际上的苏伊士运河危机使人们看到了英国政治精英光鲜外表背后的腐败和软弱，国内的国有化和福利制度改革也并未带来原先人们所期望的彻底的改变，作为对这种失望和幻灭的直接回应，共产党内部持不同政见的人士、部分工党左翼、青年学生和左翼知识分子组成了一个新左翼团体。

三 英国的激进主义思想传统及其对新左翼的影响

在对新左翼运动缘起的探讨中，还有一点值得关注，便是英国的激进主义思想传统。许多新左翼思想家都受到英国激进主义思想传统的影响。"大概有三种主要的理论趋势构成了被称为英国新左派的思想主体：（1）持不同政见的共产主义，基于工人阶级文化、政治和其他19世纪的本土激进传统；（2）独立的社会主义，源于牛津剑桥中产阶级的激进主义和伦敦的民粹主义传统的融合；（3）理论马克思主义，受到古典国际主义和欧洲大陆马克思主义思潮的启发。"[1] "新左派并不是在它追求超越文化和传统的客观理解的梦想时才是强大的重要的，而是当它利用早期激进思想和实践的本土传统时才是如此。这些传统包括：20世纪20年代以来的行会社会主义者的思想；19世纪一些学者对工业资本主义的浪漫主义批判，比如威廉·莫里斯和威廉·布莱克；20世纪早期社会主义者的多元主义，如G. D. H. 柯尔和哈罗德·拉斯基；以及一些人的社会自由主义，如伦纳德·霍布豪斯和J. A. 霍布森。这些资源构成了一种丰富的折衷主义的遗产，被公认的英国自由化社会主义就是从这些资源中生发出来的。"[2] 作为新左翼重要代

---

[1] Linchun, *The British New Left*, Edinburgh: Edinburgh University Press, 1993, p. xiii.
[2] ［英］迈克尔·肯尼:《社会主义和民族性问题：英国新左派的经验教训》，王晓曼译，孙乐强校，《学海》2011年第2期。

表人物的汤普森就曾明确表示自己受到 19 世纪英国伦理社会主义者威廉·莫里斯（William Morris）的深刻影响。霍尔曾坦言 G. D. H 柯尔（G. D. H. Cole）对他们这一代社会主义者的影响，"G. D. H. 柯尔，他是一位严肃而又勇敢的独立老左翼，当时仍在牛津讲授政治学。虽然他是一位非常出色的欧洲社会主义历史学家和马克思主义信徒，但他的社会主义却根植于基尔特社会主义的协作和'工人控制'传统中。他批判了'马礼逊'式的民族化的官僚主义，这深刻影响了我们这一代社会主义者对社会主义政权形式的态度"①。

新左翼虽然以"新"为名，但这种"新"并不是颠覆了以往全部传统的"新"，恰恰相反，新左翼追求的，是对以往的一些社会主义传统的复归。新左翼十分推崇 20 世纪 30 年代的左翼，在他们看来，20 世纪 30 年代的英国是马克思主义思想得到快速发展的时期，涌现出了一批有成就的马克思主义理论家，尤其在马克思主义史学和文学方面颇有建树。"尽管条件不利，英国在 20 世纪 30 年代还是成为少数孕育出马克思主义历史学派的国家之一。我认为其中部分的原因是，由于英国中学第六年级的人文教育缺乏哲学课程，文学因而填补了这个真空。英国马克思派历史学者在刚起步的时候，多半是钻研文学或对文学怀有热情的年轻知识分子，后来才转而从事历史分析，诸如：克里斯托弗·希尔、维克多·基尔南、莱斯理·莫顿、E. P. 汤普森、雷蒙·威廉斯，以及我自己。"② 新左翼建立的社会主义论坛和俱乐部与 20 世纪 30 年代人民阵线时期的左翼书友会颇有相似之处。他们创立的、后来成为左翼刊物代表的《新左翼评论》，就被认为继承了 20 世纪 30 年代的激进杂志《左翼评论》（*Left Review*）的传统。新左翼批判 20

---

① ［英］斯图亚特·霍尔：《第一代新左翼的生平与时代》，王晓曼译，孙乐强校，《国外理论动态》2011 年第 11 期。

② ［英］霍布斯鲍姆：《趣味横生的时光：我的 20 世纪人生》，周全译，中信出版社 2010 年版，第 117 页。

世纪 50 年代的英国工党，认为工党陷入了对经济和社会福利政策的过度执着，而忽略了社会主义作为一种不同于资本主义的文明的原则目标，失去了推动社会主义运动的动力。他们批判英共盲目追随苏共，丢失了社会主义的道德理想。所以新左翼希望与传统左翼划清界限，一方面渴望改革工党建立的福利国家制度，另一方面也渴望复兴社会主义的文化与道德维度。因此，新左翼运动可以说是一群有志于改变社会的青年与知识分子，基于传统、立足现实、展望未来的产物。

第二章

英国新左翼运动的表现与转向

英国新左翼运动大概经历了三个历史阶段：1956—1961年是形成阶段，也是早期新左翼的活跃期，新左翼运动作为一场政治运动主要发生在这一时期；1962—1969年是新左翼的发展阶段，这个阶段新左翼运动在政治活动上的影响力减小，主要作为思想运动存在；1970—1977年为思想运动的深化即理论建设阶段，第二代新左翼大力译介欧陆马克思主义，对马克思主义在英国的传播起到了重要推动作用。作为代表了第二次世界大战后新激进主义政治的表现，到20世纪60年代初，由于核裁军运动的衰落、推动工党单边核裁军提议的失败以及新左翼自身的问题，新左翼政治运动陷入低谷，此后新左翼将重心转向思想领域，新左翼运动从政治运动转向思想运动。尽管新左翼介入现实政治的时间较为短暂，但他们为建立社会主义讨论组织、推动核裁军运动、动员工人阶级所做的努力仍是值得被记住的。

◇◇第一节 创立期刊、论坛、俱乐部、咖啡馆等推动新兴思想的讨论和传播

在新左翼运动刚兴起的几年，新左翼在政治运动方面倾注了许多热情。他们创立期刊、论坛、俱乐部、咖啡馆等推动新兴思想的讨论和传播，积极参与核裁军运动以影响现实政治，并试图通过工人阶级政治动员来扩大影响。

第二章 英国新左翼运动的表现与转向

一 《新理性者》《大学与左翼评论》《新左翼评论》等刊物的创立

新左翼运动的萌发最初是在新左翼期刊的创立中开始的。新左翼团体最早由两个期刊的编辑团体构成，这两个期刊分别是《新理性者》(*New Reasoner*)和《大学与左翼评论》(*University and Left Review*)。许多与新左翼相关的论坛、俱乐部、咖啡馆等都是由这两个期刊的编辑团体所创。《新理性者》创刊于1957年，它的前身是《理性者》(*Reasoner*)杂志。《理性者》由约翰·萨维尔和E.P.汤普森于1956年创立，其推出最初是为了在苏共二十大后推动英共党内自我批评和公开讨论的风气，为了讨论赫鲁晓夫所作的《秘密报告》在共产党内和国际共产主义运功中引起的反响以及反思，它表达了英共党内持不同政见的共产主义者的声音。《理性者》在1956年7月、9月、11月共出版了3期，刊载了汤普森、萨维尔、G. D. H 柯尔、多丽丝·莱辛（Doris Lessing）、罗纳德·米克（Ronald L. Meek）等当时英共党内外知名左翼知识分子的文章。但在出版3期后《理性者》就在英共领导层的干预下被迫停刊。此后萨维尔和汤普森退出了英国共产党，于1957年创立了《新理性者》这一独立左翼刊物作为讨论社会主义理论与实践的期刊出版。《新理性者》首次发表于1957年夏天，刊载了时评、小说、文学批评等，这一刊物希冀在英共党外创造自由的讨论空间，旨在推动独立的马克思主义立场，宣传社会主义人道主义思想。《新理性者》基本延续了《理性者》的政治立场和风格，每期都专门设立"争论"（Discussion）专栏，讨论当时左翼知识分子们关注的热点话题。当时这一事业吸引了许多左翼人士的支持，包括肯·亚历山大（Ken Alexander）、多丽丝·莱辛、默文·琼斯（Mervyn Jones）、迈克尔·巴拉特·布朗（Michael Barratt Brown）、拉尔夫·米利班德等。

《大学与左翼评论》同样创刊于1957年，由拉斐尔·塞缪尔、斯图亚特·霍尔等当时牛津大学的师生创办,最初的编辑者包括霍尔、塞缪尔、查尔斯·泰勒（Charles Taylor）等。与《新理性者》相似的是,《大学与左翼评论》同样是为回应1956年的政治危机产生的,但《大学与左翼评论》关注更多的是苏伊士运河危机。1956年,英国时任首相安东尼·艾登领导下的保守党政府参与策划了苏伊士运河事件,引起轩然大波,而工党对此只是进行了一些不温不火的抗议。这使当时英国的一些进步学生十分不满,其中以牛津大学劳工俱乐部为代表的一些学生以及一些对国家和社会现状不满的共产党员提出了一些新主张,即试图建立一个没有核武器的、超越冷战的社会主义英国。他们拒绝工党的改良主义,也质疑苏联模式的社会主义,他们大多支持核裁军运动和反殖民运动。因此,牛津大学的一些师生创办了《大学与左翼评论》,他们试图通过这一杂志传播他们的主张。《大学与左翼评论》最初的主体主要是来自牛津的左翼青年,他们试图复兴20世纪30年代的杂志《左翼评论》中的社会主义讨论的传统,擅长通过文化和艺术的方式来批评政府,注重文学和艺术的政治重要性。他们常常聚集在都市中的咖啡馆、书店、俱乐部讨论当时的政治问题,形成了一种独特的都市文化。因此这一群体的影响力很快扩展到牛津大学以外,影响到了伦敦和英国一些大城市的政治文化。《大学与左翼评论》的编辑团队大多是20多岁的知识分子和年轻学生,他们普遍缺乏政治经验,但他们关注大众文化,注重大众社会对于工人阶级文化和工党的影响。相比《新理性者》,《大学与左翼评论》的风格相对年轻和多元化。"这伙年轻的激进派虽说未像威廉斯和汤普森这代人那样,经历过人民阵线和反法西斯战争,而且他们与传统的劳工运动没有任何瓜葛,但他们认为,英国应当走社会主义道路,因此就思想和阅历而言,这伙年轻的闯将是新生代的左派力量。这本刊物是在匈牙利事件和苏伊士运河事件之后创办的,刊名中的'大学'表示创办者的身份和影响对象,刊名的后半部分则取自30年代名重一时的

第二章　英国新左翼运动的表现与转向 | 45

左派综合性刊物《左派评论》，显示出复兴激进传统的立场和决心。"① 这一群体代表着新一代激进知识分子的声音，旨在促进一种新的社会主义战略的形成。

在《大学与左翼评论》创立的过程中，塞缪尔发挥了关键作用。塞缪尔曾对这一杂志的目标和战略提出明确的方案。"杂志的设计应该吸引左翼人士，尤其是年轻左翼——以及更活跃的左翼学生。此外，如果我们能赋予它相当多的意识形态内容，它应该会吸引前大学左翼、前共产党人和仍在共产党内部战斗的自由共产党人（希尔和霍布斯鲍姆这样的人），以及一般的左翼知识分子。"② "我们最重要的任务之一将是在大学里为社会主义思想创造一个新的群众基础——极大地扩大那些对反思问题有强烈兴趣的人的数量，把讨论从目前只限于讨论工党、共产党和费边活动家的狭窄的圈子里解放出来。"③《大学与左翼评论》以反思现实政治为主要目的，以知识分子而不是工人阶级作为主要受众。为吸引更多读者，《大学与左翼评论》将一些抽象的理论转化为与当时的英国有关的热点问题。为此，塞缪尔邀请了一些在当时颇有名望的左翼知识分子为杂志撰稿，包括霍布斯鲍姆（Eric Hobsbawm）、萨特（Jean-Paul Sartre）、G. D. H. 柯尔、克劳德·布尔代、艾萨克·多伊彻（Isaac Deutscher）等。他们探讨的领域也十分广泛，包括政治经济学、阶级结构、教育、卫生、文学、艺术、城市规划等方方面面。不仅是内容，在刊物的装帧风格、字体设计等方面，它都尽可能丰富多样以吸引更多年轻读者的关注。相比《新理性者》端庄、肃穆的装帧风格和略显单一的议题，以及年龄相对较高的作者群体，《大学与左翼评

---

① 赵国新：《新左派的文化政治：雷蒙·威廉斯的文化理论》，外语与教学出版社2009年版，第57—58页。

② Ralph Samuel, "Letter to Stewart Hall", 15 November 1956, in Raphael Samuel Archive, Bishopsgate Institute, London, RS. 1: New Left/001, 1956.

③ Ralph Samuel, "Letter to Stewart Hall", 1 December 1956, in Raphael Samuel Archive, Bishopsgate Institute, London, RS. 1: New Left/001, 1956.

论》的内容和整体风格相对更为年轻化、更加大胆，对青年和流行文化给予了高度关注。

《新理性者》和《大学与左翼评论》这两个群体"都希望超越英国共产党和工党的政治主张，支持一种更为直接的政治激进主义，通过'超越冷战'来跨越冷战政治话语的边界"[1]。出于人力资本、运营经费等方面的考虑，同时考虑为左翼创造一个更加广阔的政治平台，《新理性者》和《大学与左翼评论》于1959年12月合并为《新左翼评论》，霍尔担任第一任主编，萨维尔担任编委会主任，汤普森和雷蒙德·威廉斯等任编委。尽管已经努力通过党派咖啡馆等为杂志提供收入，但《大学与左翼评论》在1958年底还是陷入了较为窘迫的财政困境。《新理性者》也缺乏可以全职为杂志工作的人力资源。1958年底，《新理性者》和《大学与左翼评论》编辑团体在沃特利大厅（Wortley Hall）举行了一次联合会议，萨维尔和汤普森等人都支持合并的提议。其实对于合并的提议一开始就有不同的声音，《大学与左翼评论》群体中有人认为《新理性者》有着过多的政治束缚，担心合并后自身会受到守旧狭隘的政治观点的阻碍，《新理性者》群体则认为《大学与左翼评论》给左翼增加了一些过于"时髦"的元素，两个团队之间的年龄差距也被认为可能成为二者不兼容的障碍。但是支持合并者仍然认为，可以尝试将《新理性者》的知识资源和经验与《大学与左翼评论》的创新相结合，从而促进左翼杂志蓬勃发展。两家刊物得以合并的更深层次的原因是，当时两个群体都被对方的主张所吸引。一方面，《大学与左翼评论》群体希望将社会主义政治与大众文化相结合，同时他们也在一定程度上认同汤普森的社会主义人道主义主张，对资本主义、殖民主义、核武器等现

---

[1] Holger Nehring, "'Out of Apathy' Genealogies of the British 'New Left' in a Transnational Context, 1956–1962", in Martin Klimke, Jacco Pekelder and Joachim Scharloth eds, *Between Prague Spring and French May Opposition and Revolt in Europe, 1960–1980*, New York·Oxford: Berghahn, 2013, p. 18.

实问题的控诉使他们与《新理性者》群体形成了共同语言。另一方面，汤普森当时也比较欣赏《大学与左翼评论》的大胆和充满活力的风格，这使他看到了构建一种不受党派限制的、在议会外实现新型社会主义政治的可能性。超越冷战的二元框架，克服冷战的"自由—共产主义"的二元逻辑是两代新左翼的共同诉求，因此对现实政治的不满和对未来政治的可能性探索使这两个群体在当时走到了一起。两个杂志刚合并为《新左翼评论》那一段时间，也是新左翼运动作为政治运动较为活跃的时期，因此它们刚一合并就取得了令人欣喜的效应。第一任主编霍尔当时对杂志风格进行了改变，相比《新理性者》和《大学与左翼评论》，《新左翼评论》杂志风格更加折中，因此吸引了不同的读者群体。此后，《新左翼评论》就成为新左翼运动的重要理论阵地，它旨在成为一本新的、有原则的、非教条的左翼讨论中心，为各类激进分子和知识分子提供一个自由的讨论平台。《理性者》《大学与左翼评论》《新左翼评论》的编辑团队构成了新左翼最初的核心成员。

二 以新左翼论坛推动社会主义讨论

为复兴20世纪30年代旧左翼的传统，新左翼创建了许多独立论坛。到1957年春天，新左翼已在英国伦敦、哈利法克斯、法夫、赫尔、泰恩塞德等地建立了多个地方论坛。"这些论坛的发展，连同他们公开宣称的对当代社会主义进行彻底研究的目标，导致许多人预测'等待已久的左翼的复兴'的到来。事实上，论坛运动最初取得了成功，1957年4月下旬在谢菲尔德的沃特利大厅举行了一次有136名代表参加的为期两天的雄心勃勃的全国会议。沃特利大厅会议是新左翼早期历史上的一个重大事件。这次论坛会议凝聚了社会主义者对苏伊士运河和匈牙利危机的各种反应。更重要的是，与会者提出了一个问题，即坚定的知识分子如何在左翼内部推动社会主义人道主义思想的深化和传播。虽然有些代表主张建立一个马克思主义组织，但最后达成的共识是，论坛的主要任务最好是恢复20世纪30年代旧左翼书友会的传统。"① 这些论坛允许各种不同信仰的社会主义者参与其中，除了新左翼，也有其他的"非正统共产主义者"。论坛的包容性一方面加快了它的发展速度，另一方面也使论坛内部不同利益群体之间斗争不断。因此在1957年10月第二次独立论坛的全国会议在伦敦召开之后不久，论坛运动就逐渐萎缩。

三 作为活动中心的新左翼俱乐部与咖啡馆

在新左翼运动中，新左翼俱乐部发挥了重要的连接作用。新左翼俱乐部可以说是新左翼运动的基层中心，新左翼通过在各地开设俱乐部使全国分散的社会主义力量团结起来，同时这些俱乐部也为政党官僚和派别提供了避难场所，为非党派的社会主义者发表不同政见提供了平台。在这些俱乐部中，较早成立的是伦敦《大学与左翼评论》俱乐部，"在《大学与左翼评论》第1期出版后不久，它就在一个周日下午举行了第一次'读者见面会'，接着就创办了伦敦《大学与左翼评论》俱乐部。在早些年，这一俱乐部（后来改为伦敦新左翼俱乐部）每次都吸引三四百名左翼听众来参加会议。一时间，它为那些没有正规政治信仰的人带来了极其重要的、生动的、经常富有争议的焦点。新左翼俱乐部与典型的左翼或宗派组织的区别在于，它的目的并不是招募成员，而是通过争吵、辩论、议论和教育探讨宽阔前线上的左翼政治文化。"② 俱乐部的优势在于它是一种非常灵活的组织形式，

---

① David Richard Holden, "The First New Left in Britain 1956—1962", Ph. D. dissertation, University of Wisconsin – Madison, 1976, p. 201.

② [英] 斯图亚特·霍尔：《第一代新左翼的生平与时代》，王晓曼译，孙乐强校，《国外理论动态》2011年第11期。

俱乐部的成员多样、议题范围广，组织模式比较宽松，这使俱乐部这样的形式能够较快地在全国范围内传播。在最活跃的时候，新左翼在英国伦敦、曼彻斯特、谢菲尔德、卡迪夫、爱丁堡、法夫等多个城市都建立了相关的俱乐部。新左翼还尝试在一些较为贫困的地区建立俱乐部，试图增加与工人阶级和底层民众的接触，例如诺丁山俱乐部。"这个俱乐部是为了回应1958年的种族骚乱而成立的。诺丁山这个地区人口比较多样化，贫困程度高，就业不稳定，青年犯罪率高，大多社区发展的常用干预措施在这里都遇到了阻力。《大学与左翼评论》在这里建立俱乐部，试图通过提供组织支持来鼓励社区内部出现领导力量，而他们的努力也在一定程度上证明了在干预社区发展方面社区自我指导的重要性。诺丁山俱乐部是《大学与左翼评论》群体试图与大学之外的新兴的、后工业的工人阶级接触的尝试。"[1]新左翼俱乐部的创立与期刊、论坛相似，都是源于20世纪30年代左翼读书俱乐部的怀旧记忆。它们既为传统左翼知识分子提供了思想碰撞的平台，也为当时的青年人提供了一个将激进政治文化与社会主义相结合的讨论场所。当时英国北部地区由于有较为浓厚的劳工传统，因此北部地区的俱乐部大多以工人运动为导向。而南部地区受新兴都市文化影响较深，俱乐部也展现出明显的前卫、年轻的风格，主要由一些青年社会主义者、无党派左翼人士、参与核裁军运动的青年自发地组织起来，表达了年轻人对改变现状、创造新社会的渴望。在新左翼运动最为活跃的几年，全国曾有几十个新左翼俱乐部，这些俱乐部倡导自由思考、自由讨论，推动了社会主义理论的深入发展。但是，俱乐部的活动往往只局限于理论探讨的范畴内，而较少介入现实政治中，俱乐部中的高谈阔论、豪情壮志多数时候仅限于知识分子的美好理想中。

与新左翼俱乐部同期出现的，还有新左翼咖啡馆，其中最有名的当数

---

[1] Sophie Scott-Brown, "An activist stage craft? Performative politics in the First British New Left (1956–1962)", *History of European Ideas*, Vol. 48, No. 1, 2022, p. 137.

党派咖啡馆（Partisan Coffee House）。党派咖啡馆是塞缪尔在霍尔和霍布斯鲍姆的帮助下于1958年创立的，位于伦敦苏豪（Soho）区，创立这一咖啡馆的最初目的一方面和俱乐部一样，是为了给左翼知识分子们提供思考、辩论的场所。咖啡馆是向所有人开放的，"人们可以来喝维也纳咖啡、喝老式豌豆汤、进行辩论，晚上还可以欣赏爵士乐。从演讲者和表演者的预订到桌子的布局（六到八人一组，以最大限度地进行私密的小组讨论）都考虑到了，甚至菜单的设计也考虑到了不同的群体，包括国际友人、无产阶级、普通人、犹太侨民等，目的就是为了美食多元化"①。另一方面，也有通过咖啡馆向《大学与左翼评论》筹集资金的考量。党派咖啡馆曾经吸引了许多左翼青年，一度在伦敦时尚的苏豪中心重现了左翼咖啡馆文化。在咖啡馆中，人们谈论的问题涵盖了当时国内外最热门的政治话题，包括苏共二十大赫鲁晓夫的秘密演讲、波匈事件、核裁军运动、对工党和英共的政策建议等。他们也谈论前沿的文化艺术问题，包括电影、音乐、诗歌等，展现出咖啡馆对文化的广泛包容。咖啡馆甚至一度被视为英国20世纪50年代末到60年代反主流文化的避风港。曾大力支持创立党派咖啡馆的霍布斯鲍姆评价，党派咖啡馆"象征着1956年以后，早期'新左派'融合了意识形态、不切实际以及浪漫梦想的行事风格"②。党派咖啡馆当时可以说是新左翼的精神家园，它对新言论、新思维的包容，对促进社会主义思想的碰撞曾起到了积极的推动作用。

新左翼在创立期刊、论坛、俱乐部、咖啡馆等方面的努力有力促进了新兴思想的讨论和传播，但是这些努力并不是为了另立政治宗派，这一点，汤普森在《新理性者》上发表的文章《新左翼》（*The New Left*）中曾有明

---

① Sophie Scott-Brown, "An activist stage craft? Performative politics in the First British New Left (1956–1962)", *History of European Ideas*, Vol. 48, No. 1, 2022, p. 137.

② ［英］霍布斯鲍姆：《趣味横生的时光：我的20世纪人生》，周全译，中信出版社2010年版，第257页。

确表述：

"英国的新左翼没有为那些现在掌权的人提供另一个派别、政党或领导层；在目前的过渡时期，它必须继续抵制任何这样做的诱惑。一旦走上派系主义进程，非但不能使社会主义运动重新统一，反而会使社会主义运动进一步分裂；这将进一步加剧战后一代与该运动的疏远；无论如何，既有的官僚机构都不能受到自己方法的有效挑战——它们拥有所有的宣传资源和不正当的影响力，它们将压制或粉碎所有与其权力相抗衡的强大竞争者。

但新左翼决不能以正义的反政治纯粹主义立场置身于劳工运动及其眼前的关注和斗争之外。当然，大多数与新左翼有积极联系的人将是工党和工会运动的积极成员。工人运动内部或边缘已经存在许多有价值的组织和压力团体——社会主义胜利运动、殖民自由运动、非洲机构和许多其他组织——它们将得到社会主义者的支持。新左翼并没有把自身标榜为这些领域组织的替代组织；相反，它为这些现有组织内外的人提供了两种东西——具体的思想宣传和某些实用服务（期刊、俱乐部、学校等）。新左翼的区别在于它与党内派系主义传统的决裂，以及它以全体人民为目标的开放结社、社会主义教育和活动传统的复兴。它将停止愚弄人们，即国际或内部问题将由现有的议会工党解决，或通过一系列选举竞争，由稍微更'左翼'的候选人来解决。它将打破费边传统的行政观念，坚持社会主义只能通过充分调动人民的积极性从下往上进行建设。它将坚持认为，工人运动不是一种东西，而需要男人和女人共同的努力；劳动人民不是经济和文化条件的被动接受者，而是智力和道德的存在。在权力机构、正统和制度的建立中，它将通过理性的论证和道德挑战来吸引人们。它将通过呼吁人类的全部利益和潜力，并在产业工人、科学和艺术专家之间建立新的沟通渠道，来对抗旧左翼的庸俗唯物主义和反智主义。它将不再把社会主义的实现推迟到'革命后'的假设时期，而是将寻求在当前，特别是在工人阶级生活的伟大中心，促进更丰富的社区意识的发展——社会主义青年运动（如果需要，为半自治运动）、普通的国际交往和社会活动。

在组织形式中，新左翼将借鉴左翼书友会运动的经验。出版物、左翼俱乐部以及更持续的教育和会议计划：宣传，独立或与现有组织合作进行。这些活动将激发工人运动中的社会主义热情，并为活跃在工人运动中的社会主义者提供共同的方向和目标；但与此同时，俱乐部和讨论中心将是官僚机构无法干涉的地方，在那里，主动权仍掌握在普通民众手中。如果官僚机构的反应是诅咒和取缔，俱乐部和出版物将继续存在，由不属于任何党派但打算为整个运动提供服务的社会主义者组成。由于他们不适应议会政治的运作，因此不需要受到政治考虑和谨慎保密的限制。由于他们在权力机构中没有职位，他们不会引起派系的注意。由于他们的组织者没有政治野心，他们将不会受到通常的政党纪律的约束。他们的影响将渗透到工人运动中；但由于这种影响来自思想，它将逃避行政控制。官僚机构将掌握机器；但新左翼将掌握机器与年轻一代之间的通行证。"①

新左翼运动的主要目的，在于推动社会主义理论与实践的公开讨论，恢复社会主义的优良传统，寻求在苏联共产主义和西方民主社会主义之外的社会主义道路。它在思想上的追求甚至高于它对现实政治的介入之心，这样的目的也在一定程度上限制了新左翼运动的发展。新左翼把主要精力都集中在扩大论坛、讨论小组的数量上，但对这些组织的架构设计却没有太多关注。这些新左翼运动中大大小小的活动，相互之间需要有建立连接

---

① E. P. Thompson, "The New Left", *The New Reasoner*, Vol. 9, No. 2, 1959, pp. 15 - 17.

的纽带，需要一个有组织的机构来保持团结，然而对宗派主义的拒斥使新左翼并不愿在这一点上多做努力，从而导致新左翼缺乏固定的、统一的政治立场和团结英国社会主义者的现实能力。

◇◇第二节 积极参与核裁军运动以影响现实政治

当谈及新左翼运动时，核裁军运动是不能被忽视的。核裁军运动是20世纪50年代后期开始的反对使用核武器、倡导英国进行单边核裁军、倡导国际核裁军的运动，是20世纪中后期英国最重要的和平运动之一，它有一个同名组织"核裁军运动"（Campaign for Nuclear Disarmament，CND）。核裁军运动形成于1957年，由于美国和苏联在冷战期间开展激烈的核武器竞赛，英国也卷入其中，于是在英国出现了民众自发组织的反军备竞赛、反对核武器的运动，核裁军运动便是其中之一。1958年这一组织举行了一场大规模反战、反核游行，由伦敦开始到英国核武器研究中心奥尔德玛斯顿（Aldermaston）村，全程84公里，声势浩大，到1960年核裁军运动参与人数多达10万人。核裁军运动从一开始就是新左翼运动必不可少的一部分，这并不是说核裁军运动与新左翼运动完全相同，但核裁军运动在很多方面都与新左翼的努力密切相关，它是新左翼在政治运动方面的主要活动领域之一。除了创立期刊、论坛、俱乐部、咖啡馆等，新左翼通过积极参与核裁军运动吸引了许多追随者，在《新理性者》《大学与左翼评论》的文章中有相当一部分与核裁军运动有关。核裁军运动是那些对传统政党政治不满或不信任但却热衷于政治的无党派年轻人和左翼青年通向现实政治的重要连接，游行和集会成功地将他们的不满转化为一种强有力的形式。雷蒙德·威廉斯表示："核裁军运动很快提供了一场共同的运动，在那些早期的奥尔德玛斯顿示威游行中，我遇见到很多经年未见的人，特别是那些有共产党背景的人，像是分离十多年的人们沿着各种各样的道路偶遇了。核裁军运动提供了那种聚焦的重心，人们突然更加接近了，包括当时正在兴起的年青一代。"① 核裁军运动作为第二次世界大战后英国重要的激进主义政治运动，对新左翼运动曾产生显著影响，二者在人员上有相当程度的重叠，新左翼积极介入策划、参与到核裁军运动中，新左翼运动也曾一度通过核裁军运动而活跃起来。新左翼还曾试图通过核裁军运动推动英国工党内部的单边核裁军决议进而重塑工党，改变其冷战战略。冷战期间英国工党尤其是工党右翼在外交和军事上几乎是追随美国，新左翼希望通过核裁军运动来改变工党右翼的政策主张。

但作为一种民众自发组织的社会运动，核裁军运动的局限也是十分明显的。首先，是运动内部的领导分歧，核裁军运动的领导层虽然大多是左翼，但是左翼之间观点也互有分歧，核裁军运动中有一些较为保守的领袖，对一些观念前卫、激进的青年不甚认同，对运动内部的一些倡议进行严格限制，这导致一些人的不满，进而引起了核裁军运动的分裂，一部分人独立出来成立了"百人委员会"，主张采取更为激进的直接行动。其次，核裁军运动起初是个单一议题运动，但在运动发展中，对于是将其局限于单一议题运动的范围内，还是扩大其政治目标、争取更为广泛的政治运动，内部意见不一。最后，新左翼虽然看到工党内部有单边核裁军的支持者，试图通过核裁军运动影响工党决策，通过与工党左翼的合作来影响现实政治，但却没有足够的能力来吸引工人阶级支持核裁军运动，也没有相应的实力可对工党右翼造成实质影响。

---

① ［英］雷蒙德·威廉斯：《政治与文学》，樊柯、王卫芬译，河南大学出版社2010 年版，第 372—373 页。

◇ 第三节 通过工人阶级政治动员扩大影响

在动员工人阶级方面，虽然新左翼并未产生广泛的、显著的社会影响，但值得一提的是，新左翼曾在"法夫社会主义联盟"（Fife Socialist League）的建立中发挥重要作用。法夫社会主义联盟可以说是20世纪50年代末60年代初少有的具有新左翼影响印记的政治组织，它的创立者是法夫的一位矿工劳伦斯·戴利（Lawrence Daly）。劳伦斯·戴利是新左翼最早期的一批支持者之一，在1956年《理性者》出版时，他就是最为坚定的支持者，他赞赏汤普森的社会主义人道主义思想，希望新左翼可以形成一支新的英国共产主义力量，重新振兴英国的劳工运动。1957年2月，戴利创立了法夫社会主义联盟，试图创建一个新的工人阶级政治团体。他联系汤普森和萨维尔，希望他们可以成为这一新组织的核心成员，并和自己一起将法夫社会主义联盟建设成为具有选举竞争力的组织。汤普森等人十分支持戴利参加选举，在1959年戴利参与竞选活动的过程中给予他竞选资金和人员方面的大力支持。因此法夫社会主义联盟的政治主张也体现出了明显的新左翼倾向，例如强调扩大公有制、深化福利制度、发展新兴产业、要求议会权力下放、主张英国放弃核武器、削减军费、支持去殖民化等。戴利曾经试图在扩大法夫社会主义联盟影响力的同时使新左翼成为一支全国范围内的新社会主义力量，但由于新左翼内部对于当时的政治形势、自身发展路线的意见分歧较大，戴利的计划受阻，之后他对新左翼的期望也随之破灭。1962年，戴利希望建立一个新的"社会主义者协会"来作为一个全国性组织的前身，以突破法夫社会主义联盟的地域性限制，为此他曾寻求汤普森的帮助。但当时汤普森正忙于新左翼内部的纷争，无暇顾及。后来戴利改变了自己的立场，转而支持工党，法夫社会主义联盟的影响力也随之减弱，最终解散。

法夫社会主义联盟的命运也表现出新左翼在抱负和现实中面临的矛盾困境。对此，玛德琳·戴维斯曾有评价："英国新左翼在工人阶级和劳工运动政治中缺乏影响力，经常被当作它的政治弱点的证据，这被认为与它在思想和理论问题上的明显优势形成不利对比。然而，新左翼努力为其思想建立社会基础的实质却很少被审视。1956年至1968年这段时期，新左翼参与工人阶级的政治动员比通常认为的更持久和重要。新左翼在法夫社会主义联盟中发挥了关键作用，试图建立一个新左翼中的'工业翼'，并在工人阶级组织和社区中从事社会主义教育和鼓动工作。虽然没有产生一些参与者所设想的'政治突破'，但这些活动为当地和社区历史创造了重要的联系和资源。对这些活动的密切关注能使人们对新左翼的激进主义及其对英国政治经济的贡献有更全面的认识。"①

◇◇第四节　从"政治运动"转向"思想运动"
——传播载体《新左翼评论》

到20世纪60年代初以后，由于核裁军运动的衰落、推动工党单边核裁军提议的失败以及新左翼自身的问题，新左翼的政治运动陷入低潮，此后新左翼将重心转向了思想运动，并以《新左翼评论》为重要传播载体来扩大影响力。

---

① Madeleine Davis, "'Among the Ordinary People': New Left Involvement in Working Class Political Mobilisation 1956 - 1968", *History Workshop Journal*, Vol. 86, No. 5, 2018, p. 133.

一　核裁军运动的衰落与推动工党单边核裁军提议的失败

前文提及，新左翼运动的兴起与核裁军运动紧密相连，可以说从一开始，新左翼的成长就与核裁军运动有关，它的兴起、发展、衰落都离不开核裁军运动的发展轨迹。到 20 世纪 60 年代初，核裁军运动陷入低谷，相应地，新左翼受其影响也在政治运动方面后继乏力。对新左翼的信心影响更大的，是在 1961 年的工党大会上，新左翼联合工党左翼提出的单边核裁军提议被否决，工党右翼再次占据上风。在 20 世纪 50—60 年代，关于核裁军问题的争议是工党内分歧最大的问题之一，工党左翼主张单边核裁军、削减军费，工党右翼则主张发展核武器、提升军费投入。1960 年秋开始，工党右翼领袖盖茨克尔就在英国各地开展演说，试图说服党内人士和民众反对左翼提出的单边核裁军的提议。由于单边核裁军的提议在更深层次上涉及对工党右翼所持的整体冷战战略的质疑，因此右翼为争夺党内话语权必须要对此予以反击。在工会和地方工党组织内的盖茨克尔的支持者成立了一个名为"民主社会主义运动"的团体，将反对单边核裁军的党内骨干和工会领导人组织起来。这个团体虽然不像核裁军运动那样进行群众性的示威游行，但是通过不断游说，它获得了许多支持者。因此，在 1961 年的工党年会上，反对单边核裁军的提议以多数票通过。这对新左翼的打击是巨大的，单边核裁军提议的失败直接使新左翼寄希望于与工党左翼合作的愿望破灭，此后新左翼不论是对核裁军运动还是对于与工党的合作，都几乎不再抱以热情。在 20 世纪 50 年代中后期，有部分工党人士反感工党领导层在第二次世界大战后采取的实用主义和保守主义的态度，他们在道德维度和文化维度上与当时的新左翼有着相似之处，因此对新左翼运动予以支持。而新左翼则认为可借此机会将工党改造为他们心目中的社会主义政党，因此热情地加入改革工党的行动中，他们曾经认为推动核裁军运动和单边核裁军提议，有望使工党迈向更民主、更社会主义的方向，工党将会吸收社会主义群众运动的愿望，新左翼也将有更好、更丰富的参与现实政治的渠道，然而现实的失败使新左翼的希望破灭了。

二　新左翼政治运动衰落的内在原因

除外部因素外，新左翼自身也存在许多问题。首先是诉求与能力的不匹配。新左翼提出了许多挑战工党、工会和劳工运动传统的观点，包括对工党的内外政策的批评、对工会缺乏政治目标的批判等，却没能提出相应的替代方案。新左翼倡导社会主义人道主义，但却未找到将社会主义人道主义的文化和道德导向转化为现实计划的有效方式。他们也曾提出一些具体的计划，比如工资问题、住房问题等，但是缺乏足够的能力和资源来实现他们的主张。加之新左翼没有建构出一套完整的、可行的政治主张，导致自身十分容易受到其他左翼的影响。在政治运动方面，新左翼只是进行了一个试图"重塑"左翼以及建立一个新左翼网络的短暂尝试。

其次是大众政治与书生气质的矛盾。新左翼的激进政治行动尝试，将一些以往不受关注的边缘化的问题，纳入社会主义的话题论域中。论坛、俱乐部、咖啡馆使许多人有机会参与到政治讨论中，根据自身兴趣讨论各种话题，从而使许多青年真正体验到参与到政治社会中的感觉。但是新左翼的这些活动形式和组织结构仍带有十分浓厚的书生气息，大众政治的讨论往往沦为学生之间的意气之争，进而影响了新左翼的凝聚力。新左翼运动的参与主体是知识分子和学生，他们本身也把发展更多知识分子投身社会主义事业作为目标，所以在政治观点上往往带有较为浓厚的书卷气。

最后是新左翼代表人物自身对思想的追求远高于对政治运动的热情。新左翼的主要推动者如汤普森等人并不期望将新左翼组织变为一个替代性的派别或政党。因为他们认为这样做不仅不会促进社会主义运动的统一，反而会加剧社会主义运动的分裂。阿拉斯代尔·麦金泰尔曾表示,"新左翼的特征并不是持有一套公认的教条,而是一种更难描述的东西,一种思想框架"①。比起建立一套组织架构,新左翼更倾向于一种思想上的革新。

1961年以后,随着激进政治运动的退却,新左翼的政治运动热情也明显下降。新左翼内部出现明显的分化趋势,一些人从政治运动中退出,走入大学讲坛,全心投入学术研究中,也有人转向欧洲大陆寻求新的思想资源。总之,此后新左翼几乎放弃了在英国政治舞台上的直接动员,而转向了为英国社会主义寻求新的理论基础与思想灵感的道路。

三 新左翼思想的传播载体——《新左翼评论》

《新左翼评论》创立于1959年12月,在新左翼政治运动活跃期间,《新左翼评论》就作为新左翼关键的理论阵地和广大左翼的交流平台而存在。在新左翼政治运动衰退、思想运动兴起的进程中,《新左翼评论》更是作为新左翼思想的主要传播载体发挥了重要作用。

(一)《新左翼评论》的困局与佩里·安德森的改革

伴随着新左翼政治运动的衰落和政治热情的消减,《新左翼评论》也曾有一段时间陷入困境。1962年,在一段时间的热销之后,《新左翼评论》销量下降、读者减少、内部问题频出,主编霍尔不堪压力提出辞职。

从内部来看,《新左翼评论》从创刊一开始就存在许多问题。比如编委会人数太多,来自英国不同地方,拥有不同的经历,编委之间意见难以协调。新左翼的民间社团也有不同的政治传统和政治倾向,缺乏统一的领导。而新左翼的领导者不愿承担明确的、有力的领导角色,因为他们认为这与

---

① Alasdair MacIntyre, "The New Left", *Labour Review*, Vol. 4, No. 3, 1959, p. 99.

劳工运动中民主和平等这一目标是相反的。《新左翼评论》原意是将新左翼运动凝聚为一场统一和有效的政治运动，但是实际上作为《新左翼评论》合并来源的《新理性者》和《大学与左翼评论》两个群体事实上从没有真正融合在一起。《新左翼评论》管理和编辑团队主要是由《新理性者》和《大学与左翼评论》两个群体构成，这两个群体之间的分歧使《新左翼评论》内部一度纷争不断。"《新左翼评论》与其说是真正的政治融合，不如说是《大学与左翼评论》和《新理性者》在技术和财政上的困难所需要的互助的产物。"①

在组织层面，尽管《新左翼评论》刚推出时反响很热烈，但在《新理性者》和《大学与左翼评论》融合的过程中，仍存在一些限制因素，降低了新杂志的效率和连贯性。新的编辑委员会由两家母刊的26人组成，因此，对任何特定问题的意见范围都相当广泛。董事会成员也分散在不同地区，很少开会，所以董事会即使只是作为一个讨论论坛运行起来也较为困难，更不用说作为一个有效行动或理论确定的中心了。《新左翼评论》没能够提供一个统一的标准，为多样化的新左翼运动提供具有一致性的实际指导，反而加深了本应该在合并后缓和的分歧。《新左翼评论》的董事会成员基本上与杂志的销量没有什么关系，繁多的杂志事物几乎都压在霍尔一人身上，董事会也没有为凝聚新左翼运动和《新左翼评论》发挥什么有效的领导作用。②虽然《新左翼评论》是表达新左翼思想的阵地，但由于缺乏集中和有效的组织机构，《新左翼评论》编辑无法按照任何特定的组织策略来进行宣传工作，这对杂志的传播造成了很大限制。

在观念层面，两个群体存在政治代际差异和政治理念的不同。在代际

---

① David Richard Holden, "The First New Left in Britain 1956 – 1962", Ph. D. dissertation, University of Wisconsin – Madison, 1976, p. 248.

② David Richard Holden, "The First New Left in Britain 1956 – 1962", Ph. D. dissertation, University of Wisconsin – Madison, 1976, pp. 251 – 252.

差异方面,《新理性者》和《大学与左翼评论》分别属于战前一代和战后一代,生活经历上的差异导致政治风格的明显不同。两个群体在编创人员、作者群和读者群上都存在较大差异。《新理性者》的编委会大多都是已有一定学术地位的前共产党员,作者以资历较深的前共产党员和前亲共产党知识分子为主,他们大多有参加战争和工人教育的经历。读者主要集中在英共曾经发展良好的英格兰中北部工业区,有工人运动文化传统。《大学与左翼评论》的主要编创人员基本是在战后成长起来的一代人,是以牛津大学为中心的左翼青年,作者群比较多样,包括新老左翼、独立的社会主义者、前共产党员、工党社会主义者、自由主义者等。读者群集中在以牛津—伦敦为中心的更开放的英格兰南部,包括各个阶层的读者。在政治理念方面,新理性主义者团体主要关注的是恢复自由意志主义和人道主义的共产主义传统——汤普森雄辩地将其描述为"社会主义人道主义"。他们没有借鉴国外的其他人道主义马克思主义思潮,而是主要借鉴了英国本土的激进传统,尤其是文学和浪漫主义激进主义以及英国的文化和道德批判传统,威廉·莫里斯是关键的影响因素。他们认为这些因素是对马克思主义和共产主义传统的补充。新理性主义者团体在人民阵线时期就加入了英国共产党,他们对英国工人阶级和劳工运动政治也有兴趣。[1]《大学与左翼评论》的群体则更加专注于战后西方资本主义状况的变化,主要致力于追求适应性更加广泛的、更折中的、更符合当时英国需求的社会主义。他们主张将新左翼政治与文化实践联系起来,推动一些社会活动,通过这些实践活动来实现与现实政治的融合。因为他们认为社会主义不应当是自上而下地被强加给人民的,只有在作为一种生活方式被人们真正接纳时社会主义才会实现。他们参与了各种进步社会运动,比如核裁军运动、反对种族主义运动等。

---

[1] Madeleine Davis, "The Origins of the British New Left", in Martin Klimke and Joachim Scharloth eds., *1968 in Europe: A History of Protest and Activism, 1956–1977*, New York: Palgrave Macmillan, 2008, p. 46.

《大学与左翼评论》群体还特别关注在战后资本主义的丰裕社会中，工人阶级的意识变化。比起传统的资本剥削视角，他们更关注消费文化导致的文化异化问题。因此他们研究消费文化，试图探究社会主义能否以及如何在大众消费时代生存下来。相比于《新理性者》群体，《大学与左翼评论》群体对马克思主义的态度更多的只是将其作为一种分析工具来使用。雷蒙德·威廉斯表示："《大学与左翼评论》倾向于把冷战时期的冲突视为已经过去的事情。他们更关注当代英国迅速变化的社会正在发生的事情。而《新理性者》更接近正统马克思主义的传统，而不太接近英国社会正在发生的变化。这一时期出现了适应消费资本主义的主导文化风格，出现了各种性质新颖的杂志、广告、电视节目和政治竞选活动。'新左翼'的文化干预，尽管在当时是不完整的，但它概述了对资本主义新阶段的一种必要的新分析。"①

《新左翼评论》在新左翼思想的传播上的确是可圈可点的，在《新左翼评论》第一期中，汤普森宣称："对于那些积极创造思想并组织其传播的人来说，《新左翼评论》是英国社会主义历史上最严肃、最持久的尝试。"② 但构成《新左翼评论》的两个群体之间问题重重，内外困境的叠加使得新左翼内部原本就存在的政治和理论冲突激化，内部分化更加严重。迫于压力，霍尔不得已提出了辞职，《新左翼评论》陷入窘境。此时，年轻富有活力且家境富裕的佩里·安德森出资缓解了《新左翼评论》的财政危机，并接替霍尔担任主编一职。安德森一上任便着手对杂志进行改革。此后《新左翼评论》的发展便带上了深深的安德森印记，在之后的几十年时间里，安德森作为《新左翼评论》的核心领袖对其思想走向、关注议题等方面发挥了

---

① Raymond Williams, *Politics and Letters: Interviews with New Left Review*, London: Verso, 2015, p. 362.

② E. P. Thompson, "The Point of Production", *New Left Review I*, Vol. 1, No. 1, 1960, p. 70.

至关重要的影响。1961年以后，新左翼政治运动逐渐消退，更多的是作为思想运动而存在，《新左翼评论》作为新左翼思想的主要阵地集中展现了20世纪后半叶新左翼的思想走向和关注重心的演变历程，成为认识和理解新左翼思想的重要窗口。

（二）作为新左翼思想运动阵地的《新左翼评论》

在20世纪60—70年代末新左翼思想较为活跃的时期，《新左翼评论》上刊发了大量相关文章，关注的重点议题包括对西方马克思主义的引介和阐释、对资本主义世界的持续批判性考察、对苏联东欧的现实社会主义问题的关注、对世界激进运动的兴趣、对英国社会主义的探索和英国本土马克思主义的创新等几个方面。

第一，对西方马克思主义的引介是《新左翼评论》在20世纪60—70年代最为重要的议题之一，其直接原因是以安德森为代表的第二代新左翼对汤普森等人的文化主义和经验主义的不满。[①] 出于对英国本土思想传统的质疑，第二代新左翼决心转向欧洲大陆马克思主义，通过探索科学的马克思主义来为英国的社会主义寻找新的理论和实践基础。因此，安德森担任《新左翼评论》主编之后，大力引入欧洲大陆思想资源，尤其是欧陆马克思主义，安德森将之称为"西方马克思主义"。在20世纪60年代，《新左翼评论》对西方马克思主义进行了一系列介绍、翻译和阐释，西方马克思主义也被视为新左翼拒绝苏联共产主义和民主社会主义的重要资源。《新左翼评论》重点关注的欧洲大陆思想家包括阿尔都塞（Louis Althusser）、葛兰西（Gramsci Antonio）、卢卡奇（Georg Lukacs）、阿多诺（Theodor Adorno）、普兰查斯（Nicos Poulantzas）、萨特、拉康（Jacques Lacan）、科莱蒂（Lucio Colletti）、马尔库塞（Herbert Marcuse）、哈贝马斯（Jurgen Habermas）、多

---

① 关于第一代和第二代新左翼的分歧，将在本书第六章中详细展开。

伊彻等人。其中，在20世纪60年代中后期，期刊主要以对欧陆思想家的介绍和翻译为主。[①] 如刊登了阿多诺的《社会学和心理学Ⅰ》和《社会学和心理学Ⅱ》，萨特的《帝国主义道德》《种族灭绝》《思想行程》，阿尔都塞的《矛盾和过度决定》《弗洛伊德和拉康》，普兰查斯的《英国的马克思主义政治理论》《资本主义国家的问题》，科莱蒂的《社会主义社会的权力和民主》，多伊彻的《未完成的革命：1917—1967》《德国和马克思主义》，等等。到20世纪70年代，《新左翼评论》进一步对西方马克思主义进行持续、深入的宣传，这一时期期刊对西方马克思主义不仅是只停留在译介的层面，而是更多发表了对相关理论的理解文章。如加雷斯·斯特德曼·琼斯（Gareth Stedman Jones）发表了《早期卢卡奇的马克思主义：一种评估》一文，对卢卡奇《历史与阶级意识》一书的理论进行了分析和批判；诺曼·杰拉（Norman Geras）在《阿尔都塞的马克思主义：叙述与评价》中对阿尔都塞的主要作品进行了批判性评估；皮埃尔·维拉尔（Pierre Vilar）在《马克思主义历史，正在形成的历史：迈向与阿尔都塞的对话》中也谈了对阿尔都塞结构主义的理解；瓦伦蒂诺·格拉塔纳（Valentino Gerratana）的《阿尔都塞与斯大林主义》则探讨了阿尔都塞对解决斯大林主义问题的尝试；佩里·安德森发表了《安东尼奥·葛兰西的二律背反》一文，深入分析了葛兰西的霸权理论；杰奎琳·罗斯（Jacqueline Rose）、朱丽叶·米切尔（Juliet Mitchell）、露西安·雷伊（Lucien Rey）、大卫·拉姆尼（David Rumney）等人也都发表了关于弗洛伊德及其理论的分析文章。总的来说，

---

① 对欧陆思想家进行简介的主要文章有"Presentation Of Althusser", *New Left Review I*, Vol. 41, No. 1, 1967; "Introduction To Poulantzas", *New Left Review I*, Vol. 43, No. 3, 1967; "Presentation Of Adorno", *New Left Review I*, Vol. 46, No. 6, 1967; "Introduction To Gramsci 1919 – 1920", *New Left Review I*, Vol. 51, No. 5, 1968; "Introduction To Jacques Lacan", *New Left Review I*, Vol. 51, No. 5, 1968; "Introduction To Colletti", *New Left Review I*, *New Left Review I*, Vol. 56, No. 4, 1969; "Critical Theory: The Philosophy Of Marcuse", *New Left Review I*, Vol. 57, No. 5, 1969。

通过从20世纪60年代到70年代的一系列译介和阐释,《新左翼评论》使越来越多的欧洲大陆思想资源传入英国,为英国思想的丰富和拓展做出了难能可贵的贡献。

第二,在《新左翼评论》的主题中,对资本主义世界的持续批判性考察始终是其重点论题。20世纪60—70年代《新左翼评论》发表了大量对资产阶级民主、民族主义、社会阶级结构以及世界经济衰退等问题的批判文章。一类是从总体上对资本主义经济、政治、社会进行分析和批判的,如J. H. 韦斯特加德(J. H. Westergaard)在《没有阶级的资本主义?》中从财富不平等、机会不平等、职业结构的变化、权力分配、阶级等方面对当代资本主义进行了批判;罗宾·默里(Robin Murray)在《资本和民族国家的全球化》中分析了第二次世界大战后国际体系的形成与民族国家的衰落;鲍勃·罗索恩(Bob Rowthorn)在《七十年代的帝国主义——团结还是竞争?》中分析了20世纪70年代的经济趋势对帝国主义集团的统一及独立国家自治的影响;比尔·沃伦(Bill Warren)在《帝国主义和资本主义工业化》中分析了第三世界国家工业化的状况以及对帝国主义的依赖问题;沃利·塞科姆(Wally Seccombe)在《资本主义下的家庭主妇和她的劳动》中对资本主义环境下的家庭与生产的关系、劳工与资本的关系、对家务劳动作为一种必要但非生产性劳动的看法以及家政劳动与生产力发展的关系发表了批判性分析;欧内斯特·曼德尔(Ernest Mandel)在《晚期资本主义的工业周期》中集中论述了第二次世界大战后晚期资本主义生产周期的具体特征,包括扩张和通货膨胀、提高信用额度、国家干预、信贷政策、债务积累、金本位等,通过对晚期资本主义工业周期的分析,曼德尔得出结论:第二次世界大战后晚期资本主义的重大经济扩张没有解决资本主义生产模式的根本内部矛盾。另一类则着重批判某个资本主义国家的状况,其中以英美资本主义批判为主,如汤姆·奈恩在《劳工帝国主义》中批判了英国工党在新帝国主义秩序中表现出的劳工帝国主义问题和面对现实资本主义矛盾的无力；肯·亚历山大和约翰·休斯（John Hughes）在《捍卫收入政策战略》中批判了英国工党的收入政策问题并提出策略建议；罗宾·布莱克本（Robin Blackburn）在《不平等和剥削》中从财富和收入分配视角对英国社会现状进行批判，并以"剥削的社会学"来讽刺了英国资产阶级对工人阶级的剥削和压迫；在《希思政府：英国资本主义的新道路》中，布莱克本又批判了希思政府的所谓英国资本主义的新路线；安东尼·巴内特（Anthony Barnett）在《阶级斗争和希思政府》中也对英国希思政府时期的工人罢工、斗争问题进行了分析和评价；曼德尔则在《美国要去哪里？》中提出了七种破坏美国资本主义经济和资产阶级秩序的社会平衡的历史根源和现实矛盾；米歇尔·阿格列塔（Michel Aglietta）在《美国资本主义扩张的阶段》中也梳理了20世纪美国资本主义在不同阶段的扩张形式。

第三，关于苏联、东欧的现实社会主义问题也是《新左翼评论》持续关注的重点领域。《新左翼评论》曾发表了许多评论苏联和东欧的经济体制、国家制度以及文化意识的文章。有从总体上梳理国际共产主义概况的，比如多伊彻在《共产主义的三大潮流》中评价了20世纪60年代国际共产主义运动中的三股主要潮流：左翼的毛泽东主义、中部的赫鲁晓夫主义，以及以铁托、托利亚蒂等人为代表的右翼。有重点探讨苏联问题的，如塔玛拉·多伊彻（Tamara Deutscher）在《苏联的知识反对派》中关注了苏联持不同政见者的情况；萨特在《一个国家的社会主义》中从苏联领导层的冲突、整个苏联社会的冲突等方面分析了苏联社会主义存在的问题；曼德尔在《关于苏联国家的本质》中对苏联官僚制的问题也做了分析。有侧重探讨东欧问题的，如鲁道夫·巴赫罗（Rudolf Bahro）在《东欧的替代方案》中提出了一种对现实存在的社会主义的激进共产主义替代方案及其实现方式；吉里·佩里坎（Jiri Pelikan）在《捷克斯洛伐克争取社会主义的斗争》中记录了捷克斯洛伐克共产党人吉里·佩里坎对捷克斯洛伐克社会主义发展道路、共产党的历史、党派斗争、工人阶级与资产阶级之间的关系、工人权力、布拉格之春等问题的看法；《新左翼评论》编辑部也在《波兰文件》中评论了1971年波兰工人罢工和工人起义事件。

第四，伴随着20世纪60年代中后期世界范围内激进运动的兴起，《新左翼评论》对当时具有影响力的激进运动如学生运动、工人运动、越南战争等也给予了极大关注，并以政治经济学、比较社会学和阶级分析的视角对其进行追踪和分析。《新左翼评论》关注的范围遍及世界，包括欧美、东欧、亚洲、中东、非洲和拉美等。关于欧美国家激进运动的代表性文章有：曼德尔在《五月的教训》中分析了1968年法国"五月风暴"事件，从新资本主义和西方无产阶级革命行动的客观可能性、帝国主义国家的革命类型、五月革命的核心战略问题、群众的自发性、权力的二元性和革命组织、参与、自决和工人控制等方面分析了"五月风暴"的经验教训；安德烈·格洛克斯曼（Andre Glucksmann）在《1968年法国的战略与革命》中提出五月斗争公开表明了整个现代生产力对资产阶级生产关系的反抗；J. M. 文森特（J. M. Vincent）在《修正主义及其历史》中认为，法国1968年"五月革命"对群众的集体无意识、对社会众多阶层释放的能量、对新旧等级结构的冲击产生了深远的影响，但它的标志也是基础和顶峰时期的一种政治虚弱，必须注意不要将其所有方面理想化，或相信它是一个可以忠实复制的模式，如果要确保胜利的条件，就必须取得政治进步，打破各组织的政治实践；安东尼·巴内特在《革命性学生运动》中探讨了在英国发生革命性学生运动的可能性，他提出学生可以成为革命者，大学是晚期资产阶级社会的战略性和脆弱因素；美国民主社会学生会（Students for a Democratic Society，SDS）在《关于黑豹党的决议》中对美国社会的现状进行了尖锐批判并提出了黑豹党的作用、目标和任务。关于东欧激进运动的代表文章有：帕维尔·托马莱克（Pavel Tomalek）的《布拉格学生罢工》、D. 帕拉米尼克（D. Plamenic）的《贝尔格莱德学生起义》等。关于亚洲激进运动的代表文章有：W. E. 威尔莫特（W. E. Willmott）的《柬埔寨》、罗伯特·柯蒂斯（Robert Curtis）的《马来西亚和印度尼西亚》、霍布斯鲍姆的《越南和游击战的动态》、切·格瓦拉（Che Guevara）的《越南绝不能孤单》、戈兰·瑟伯恩（Göran Therborn）的《从彼得格勒到西贡》、奥斯瓦尔德·斯塔克（Oswald Stack）的《印度现实》、维克多·基尔南（Victor Kiernan）的《印度和工党》等。关于中东激进运动的代表文章有：多伊彻的《关于以阿战争》的访谈、弗雷德·哈利迪（Fred Halliday）的《阿富汗的革命》、埃里克·鲁洛（Eric Rouleau）的《叙利亚之谜》等。关于非洲激进运动的代表文章有：罗杰·默里（Roger Murray）的《非洲的军事主义》、泽农·梅里达（Zenon Merida）的《埃塞俄比亚》、康纳·克鲁斯·奥布莱恩（Conor Cruise O'brien）的《刚果、联合国和查塔姆大厦》、阿努埃尔·阿卜杜勒－马莱克（Anouar Abdel－Malek）的《纳赛尔埃及的危机》、罗杰·默里的《关于加纳的第二个想法》等。关于拉美激进运动的代表文章有：雷吉斯·德布雷（Régis Debray）的《拉丁美洲：长征》、詹姆斯·佩特拉斯（James Petras）的《协调反革命：拉丁美洲的新阶段》《多米尼加共和国：革命和恢复》和《智利》、罗宾·布莱克本的《古巴革命序幕》、奥克塔维奥·伊安尼（Octavio Ianni）的《巴西的政治进程和经济发展Ⅰ》和《巴西的政治进程和经济发展Ⅱ》、H. 奥兰多·帕特森（H. Orlando Patterson）的《外部历史：今日牙买加》、艾伦·杨（Allen Young）的《巴拉圭和斯特罗伊斯纳政权》《玻利维亚》和《圭亚那》等。

第五，对英国社会主义的探索同样是这一阶段《新左翼评论》十分重视的议题。虽然政治运动的热情不再，但新左翼始终没有放弃在对现实资本主义与社会主义的反思中思考适合英国的社会主义道路。在20世纪60年代中期，新左翼在引进欧洲大陆马克思主义之余，对英国本土也给予了相当程度的关注，由此引发了关于英国历史问题的两代新左翼的争论。如佩里·安德森发表了一系列文章阐明了他关于英国历史与现实的观点：在

《当前危机的起源》中，安德森从17世纪以来英国资本主义社会的形成和发展来剖析英国面临的种种危机，得出了英国革命是欧洲最不纯粹的资产阶级革命、工业资产阶级从一开始就两极分化、英国社会结构没有受到外部冲击等观点；在《五十年代的左翼》中，安德森分析了20世纪50年代英国左翼的发展状况和英国社会主义的斗争情况，提出新左翼是20世纪50年代所有这些潮流和冲突的十字路口；在《社会主义和伪经验主义》中，安德森回击了汤普森关于英格兰特殊性的观点以及汤普森的批评；在《民族文化的组成部分》中，安德森从文化、结构、哲学经济、政治、历史、心理学、社会学、美学、人类学、文学等方面全面批判了英国民族文化中存在的问题。汤姆·奈恩（Tom Nairn）也发表了多篇文章呼应安德森的观点，形成了"安德森—奈恩命题"：在《英国工人阶级》一文中，奈恩支持并进一步阐发了英国资产阶级革命不成熟论；在《工党的性质Ⅰ》和《工党的性质Ⅱ》中，奈恩评价了工党及其工党社会主义的缺陷。此外，拉尔夫·米利班德也在《社会主义中心提案草案》中提出在英国建立社会主义中心的建议；雷蒙德·威廉斯（Raymond Williams）在《英国左翼》中则评价了英国工党、共产党等主要左翼派别，并赞扬了新左翼的工作，认为新左翼成功地定义了文化危机从而开辟了新的政治视角。

第六，对英国本土马克思主义的创新也体现在了这一阶段的《新左翼评论》中，尤其在英国的文化马克思主义、文化唯物主义理论的建构方面，《新左翼评论》刊载了一系列文章。雷蒙德·威廉斯在《马克思主义文化理论的基础和上层建筑》中从上层建筑、生产力、霸权、新兴文化、实践、消费理论等方面解读和重构了马克思主义文化理论。之后，威廉斯的学生特里·伊格尔顿（Terry Eagleton）发表了《批评与政治：雷蒙德·威廉斯的工作》一文，对威廉斯的工作尤其是在文化研究上的成就进行了质疑，他提出威廉斯早期作品的含义是显而易见的："共同文化"在某种意义上已经存在，但正在受到"暴力和欺诈"的反对。伊格尔顿认为人类确实创造了共同的意义和价值观，但这个共同的过程随后被强加的政治霸权所阻碍和分裂。该命题涉及在"共同"概念中从"事实"到"价值"的逻辑滑坡。因为，宣称个人共同创造价值，并不一定意味着他们创造了合作价值。它还意味着一种天真的历史主义意识形态概念，将其简化为霸权阶级从上强加给社会形成的统一世界观。伊格尔顿还批判威廉斯的政治观念的理想主义倾向是左翼改革派知识分子脱离工人阶级的结果，但威廉斯的作品仍然受到了工人阶级意识形态特征的影响。威廉斯与工人阶级和知识分子的矛盾关系，既包含了学术主义的异化，又包含了意识形态的共通，就像以往革命知识分子与无产阶级之间经典关系的再现。同年，针对伊格尔顿对威廉斯的批判，安东尼·巴内特发表了《雷蒙德·威廉斯和马克思主义：对特里·伊格尔顿的反驳》一文对伊格尔顿进行反批判。巴内特提出，文化研究是历史唯物主义的重要组成部分，文化斗争是革命实践中艰巨、苛刻和至关重要的一部分，在英国，威廉斯主导了"文化批评"领域，伊格尔顿对威廉斯的判断，无论是文学还是政治都是严重错误的。此后，威廉斯发表了《自1945年以来关于英国马克思主义的说明》和《唯物主义的问题》，对战后英国马克思主义发展进行了总结，并重申了他的文化唯物主义观点。

（三）拥抱多元化思想的《新左翼评论》

20世纪70年代末以后，随着新自由主义的兴起和全球左翼运动的退潮，新左翼的思想运动也走向了衰微，加之后来老一代新左翼思想家的逐渐离去，《新左翼评论》进入了漫长的调整期。20世纪80年代，《新左翼评论》的编辑委员会进行了重组，大约有一半在20世纪60年代中期加入的人退出了，一些新的编辑加入。罗宾·布莱克本于1983年接任该杂志的编辑，并一直担任该职位至1999年。此后，虽然老一辈新左翼思想家的影响力减弱，但《新左翼评论》依然活跃在左翼思想舞台中。为适应内外环境的转变，20世纪80年代以后的《新左翼评论》走向了对多元化思想的拥抱。

首先，对于传统左翼领域，《新左翼评论》继续保持关注，包括当代世界资本主义研究、对现实社会主义的反思以及对欧洲左翼的追踪等。关于当代资本主义研究主要涉及20世纪80年代以后的资本主义新变化，包括对晚期资本主义的文化逻辑的思考、对新自由主义的考察、对收入不平等的调查以及对全球经济学的分析等，代表性文章有：弗雷德里克·詹明信（Fredric Jameson）的《后现代主义，或晚期资本主义的文化逻辑》、罗伯特·布伦纳（Robert Brenner）和马克·格里克（Mark Glick）的《监管方法：理论和历史》、乔瓦尼·阿里吉（Giovanni Arrighi）的《世界收入不平等和社会主义的未来》、安德鲁·格林（Andrew Glyn）的《稳定的代价：20世纪80年代的发达资本主义国家》等。关于对现实社会主义的反思与前景的讨论主要涵盖了社会主义改革问题、计划与市场的关系、后共产主义、后冷战时代的世界秩序等问题，主要文章有：罗宾·默里的《所有权、控制权和市场》、曼德尔的《市场社会主义的神话》、鲍里斯·卡加里茨基（Boris Kagarlitsky）的《改革：变革的辩证法》、保罗·奥尔巴赫（Paul Auerbach）等的《从实际存在的资本主义过渡》、拉尔夫·米利班德的《对共产主义政权危机的反思》、弗雷德·哈利迪（Fred Halliday）的《冷战的结束》、罗宾·布莱克本的《世纪末：崩溃后的社会主义》、彼得·沃伦的《我们的后共产主义：卡尔·考茨基的遗产》等。在对欧洲左翼的追踪方面，《新左翼评论》刊载的文章较为系统地研究了包括法国、德国、瑞典、意大利、西班牙、丹麦、挪威等欧洲国家左翼的轨迹，如乔纳斯·庞图森（Jonas Pontusson）的《瑞典社会民主的背后和超越》、尼尔斯·芬·克里斯蒂安森（Niels Finn Christiansen）的《丹麦：田园诗的终结》、戴安娜·约翰斯通（Diana Johnstone）的《法国左翼是如何爱上炸弹的》、拉尔夫·米利班德的《英国的新修正主义》、帕特里克·卡米勒（Patrick Camiller）的《大西洋秩序中的西班牙社会主义》等文。

其次,《新左翼评论》在 20 世纪 80 年代以后开始较多地关注传统理论视域外的多元化思想,表现出向新兴哲学社会理论的文化转向。如关于和平主义、女权主义、生态主义、后现代主义等主题的文章数量显著增加。肯·科茨(Ken Coates)的《和平运动和社会主义》、米歇尔·巴雷特(Michele Barrett)的《威尔和威尔逊论女性主义政治》、萨比娜·洛维邦德(Sabina Lovibond)的《女权主义和后现代主义》、泰德·本顿(Ted Benton)的《马克思主义和自然极限:生态批评和重建》、瑞尼尔·格伦德曼(Reiner Grundmann)的《马克思主义的生态挑战》等文在这些方面作了许多探讨。到 20 世纪末,《新左翼评论》还对社会进化论、世界体系理论表现出了关注。迈克尔·拉斯汀(Michael Rustin)的《新的社会进化论?》和 W. G. 鲁西曼(W. G. Runciman)的《社会进化论:对迈克尔·拉斯汀的回复》讨论了社会进化论的问题。伊曼纽尔·沃勒斯坦的《欧洲中心主义及其化身:社会科学的困境》《质疑欧洲中心主义:对格雷格·麦克伦南的答复》通过批判欧洲中心主义阐发了世界体系理论。进入 21 世纪以后,《新左翼评论》涉及的议题更加广阔,涵盖了诗词、美学、文学、艺术等广泛文化领域和宗教、人口统计学、阶级和性别、环境政治等丰富的哲学社会理论。彼得·比尔格(Peter Bürger)、弗雷德里克·詹明信、特里·伊格尔顿、朱利安·斯泰拉布拉斯(Julian Stallabrass)、马尔科姆·布尔(Malcolm Bull)等人不时在《新左翼评论》上开展关于美学的讨论。佛朗哥·莫雷蒂(Franco Moretti)的《关于世界文学的猜想》、萨伯里·哈菲兹(Sabry Hafez)的《小说、政治和伊斯兰教》、彼得·沃伦(Peter Wollen)的《电影的字母表》、伊曼纽尔·特雷(Emmanuel Terray)的《法律与政治》、乔治·蒙比奥特(George Monbiot)的《环境反馈》、雅各布·柯林斯(Jacob Collins)的《人类学转变? 现代法国思想中看不见的范式》、斯文·吕蒂肯(Sven Lütticken)的《电视后的表演艺术》等文章从多维度探讨了文学、艺术、法律、环境、社会等方方面面的问题。这一时期的《新左翼评论》显示出了对多元文化的强烈兴趣，其涉猎的广阔领域使《新左翼评论》焕发出了更新的生命力。

最后，进入21世纪以后《新左翼评论》加大了对国际经济政治新动态的研究，呈现出鲜明的国际主义导向，尤其在对美国帝国主义行径的批判、对新自由主义和金融危机的批判以及对资本主义经济政治新形态等问题上给予了重点关注。关于美国的帝国主义行径，《新左翼评论》在21世纪初刊登了许多对美国入侵伊拉克、阿富汗等中东国家的批判文章，如安德森的《武力和同意》，塔里克·阿里（Tariq Ali）的《限制伊拉克》《重新殖民伊拉克》《中东的中间点？》《阿富汗：美好战争的幻影》，苏珊·沃特金斯（Susan Watkins）的《底格里斯的维希》等，这些文章将美国的入侵行为视为美国帝国主义霸权的表现。也有剖析美国主导的国际体系问题的，如彼得·戈万（Peter Gowan）的《权力的计算》《美国：联合国》，戈帕尔·巴拉克里希南（Gopal Balakrishnan）的《战争算法》《战争状态》，苏珊·沃特金斯的《核不抗议条约》等。2008年国际金融危机发生后，《新左翼评论》刊登了大量对新自由主义的批判和对金融危机及其原因进行分析的文章，如罗宾·布莱克本的《次贷危机》《危机2.0》，罗伯特·韦德（Robert Wade）的《金融制度更迭？》，彼得·戈万的《心脏地带的危机：新华尔街制度的后果》，威廉·戴维斯（William Davies）的《新的新自由主义》，大卫·科茨（David Kotz）的《新自由主义时代的结束？——美国资本主义的危机和重建》，等等。在批判新自由主义和金融危机之外，近年来《新左翼评论》也刊登了一些思考资本主义经济政治新变化的文章，关于世界经济政治格局变革、数字资本主义与社会主义、民粹主义等热点问题的文章明显增加。如苏珊·沃特金斯在2010年发表的《新左翼评论》社论《移动的沙子》对21世纪第二个十年的新自由主义和世界经济政治的变化进行了预测，戈兰·瑟伯恩的《一个进步的时代？》《不平等与世界政治格局》对全球新变化和不平等的世界政治格局发表了看法。马尔科·德埃拉莫（Marco D'eramo）的《他们，人民》、叶夫根尼·莫罗佐夫（Evgeny Morozov）的《数字社会主义？大数据时代的计算辩论》、蒂莫西·埃里克·斯特伦（Timothy Erik Ström）的《资本和网络学》等文章则探讨了民粹主义、数字社会主义、数字资本主义等近年来颇受关注的新兴问题。

《新左翼评论》是作为新左翼的理论阵地诞生的，在发展历程中它始终面临着两对张力，一方面是左翼的理想主义与现实困境的矛盾，另一方面是作为左翼坚持社会主义理念与作为期刊必须维持存续目标的平衡。这两对张力始终影响着《新左翼评论》的命运。虽然新左翼已经成为历史，但是作为西方世界最知名的左翼刊物之一，《新左翼评论》仍然承载着世界上诸多左翼社会主义者的理想。只是相比于新左翼运动繁荣时期承担着理论塑造者的使命，现在的《新左翼评论》展现的更多是对现实的被动回应者的形象。对于《新左翼评论》而言，在保持左翼期刊特色、延续自身特质与适应不断变化的世界经济政治环境之间保持平衡，在此基础上成为左翼的新理论建构平台，或许是开拓发展空间、重拾往日风采的关键突破口。

第 三 章

英国新左翼人物群像

在英国新左翼的主要人物中,有 E. P. 汤普森、约翰·萨维尔、雷蒙德·威廉斯、斯图亚特·霍尔、拉尔夫·米利班德、拉斐尔·塞缪尔、阿拉斯代尔·麦金泰尔、佩里·安德森、汤姆·奈恩等。这其中又可以大致分为两代新左翼,第一代新左翼以 E. P. 汤普森、约翰·萨维尔、雷蒙德·威廉斯等为主要代表;第二代新左翼则以斯图亚特·霍尔、拉斐尔·塞缪尔、佩里·安德森等为主要代表。本章选择这六位代表人物,对他们的人生经历、与新左翼运动的关系以及两代新左翼之间的差异作一分析。

◇◇ 第一节 第一代英国新左翼

一 E. P. 汤普森

E. P. 汤普森(1924—1993)(以下简称"汤普森")是 20 世纪享誉世界的马克思主义史学家、文学家、社会主义者与和平主义运动家,也是新左翼的创立者之一。汤普森于 1924 年出生在英格兰的一个卫理公会传教士家庭,早年曾在剑桥大学学习并加入英国共产党。在第二次世界大战期间汤普森应征入伍,在北非、意大利和法国参加作战。汤普森是一位具有人文关怀的社会主义思想家和活动家，他对底层民众的同理心在年少时期就已形成。在汤普森的人生观的建立过程中，他的父亲和哥哥发挥了十分重要的作用，甚至可以说他们塑造了早期的汤普森。汤普森的父兄对底层人民的同情、对第三世界国家民族解放运动的关注使汤普森从小深受感染，这为他后来成长为一名左翼知识分子奠定了基础。汤普森的父亲爱德华·约翰·汤普森（Edward John Thompson）是一名卫理公会传教士，曾在印度工作多年，与印度圣雄甘地（Mahatma Gandhi）、尼赫鲁（Jawaharlal Nehru）和泰戈尔（Rabindranath Tagore）都有往来。约翰·汤普森是一位深受激进主义和英国传统自由主义影响的知识分子。在印度多年的任职经历使他对印度历史、文化颇为了解也十分欣赏，他同情殖民地人民，并对英帝国主义在殖民地的统治产生质疑和不满，不过那时他仍相信英国资本主义和帝国主义的进步潜能，但是在第一次世界大战后他的想法变得激进，转向支持印度独立。汤普森父亲的身上体现了19—20世纪英国知识分子特有的"矛盾性"，即交织着对英国历史文化的热爱和对彼时国家现实的不满。他在政治上支持殖民地的民族解放运动，但又没能脱离精英主义的窠臼，从未将工人阶级视为变革的潜在动力，而是将社会变革的希望寄托于知识分子。

如果说汤普森的父亲赋予了汤普森激进主义、自由主义以及矛盾的"英国性"，那么汤普森的哥哥弗兰克·汤普森（Frank Thompson）则给予了汤普森关于共产主义的启蒙。弗兰克·汤普森曾就读于牛津大学，在学术、文学、社交等方面都有着不俗的成绩，在那期间他加入了英国共产党，成为一名坚定的反法西斯主义战士，但在第二次世界大战中不幸牺牲。1934年，为对抗法西斯主义，也因为此前"阶级对抗阶级"（Class Against Class）政策的失败，斯大林提出建立广泛的"人民阵线"（Popular Fronts），并在1935年共产国际第七次代表大会上通过。"人民阵线"允许各国共产党人和其他社会主义政党以及反对法西斯的力量合作，建立广泛的反法西斯联盟。这一政策意味着共产党放弃了此前的阶级对抗政策,以团结合作之姿态吸收广大不同阶级、阶层的人群,它使各国共产党人和其他社会主义政党以及反法西斯主义力量得以合作,组成广泛的反法西斯联盟。因此,"人民阵线"政策对广大知识分子产生了吸引力。第二次世界大战期间,社会主义信念跨越阶级和国界,拥有了前所未有的信奉者和支持者。在英国,共产党被视为英国激进传统和文明精华的保卫者,因此受到很多年轻人的欢迎,许多年轻力量被吸引加入英国共产党,汤普森和他的哥哥就在其中。"英国共产党在1930年代中期采取的人民阵线政策鼓励了英国自由主义、浪漫主义和马克思主义的传统理念的融合。英共通过援引威廉·莫里斯、掘地派、年轻的柯勒律治和斯大林,并呼吁建立一个反对法西斯主义,反对战争和'垄断资本主义'的国家联盟,赢得了许多知识分子的支持,这些知识分子对当前的政治制度无力应对大萧条和法西斯主义的崛起而深感失望。共产党和国际共运看起来就像是'20世纪的诺亚方舟',即便这个世界发生革命,它们或许也能保存英国和欧洲文明的精华。'英雄的十年'在很多方面都是汤普森一生中最富戏剧性也最为重要的时光。正是在这十年中,汤普森开始具有政治上的认识,体验了战时共产党的热情专注,指挥了一个坦克分队参加解放意大利的战役,承受了他深爱的哥哥和父亲的亡故,也分享了艾德礼政府在英国赢得大选,以及东欧建立起新的'人民民主制度'所带来的欢欣鼓舞。"[1] 在哥哥的影响下,汤普森于1942年加入英国共产党,并参加了北非和意大利的战役。战争经历使汤普森对西方文明和制度的信仰幻灭,带给他强烈的愤怒感,燃起了汤普森重构社会的雄心壮志。同时,这期间各种各样的政治传统和新兴思想交融,产生了影响了一整代知识分子的意识形态,这在此后几十年一直引导着汤普森的思想与活动。

---

[1] [新]斯科特·汉密尔顿:《理论的危机:E. P. 汤普森、新左派和战后英国政治》,程祥钰译,上海人民出版社2018年版,第358—359页。

战争结束后，汤普森回到剑桥大学继续学业。在剑桥大学学习的过程中，汤普森结识了许多志同道合的朋友，与他们一同积极参与左翼政治活动。20世纪30—50年代，牛津大学、剑桥大学一度成为英国青年左翼的聚集地，剑桥大学还拥有一个联合了工党和左翼各派的社会主义俱乐部，这为英国优秀的青年知识分子提供了积极参与左翼政治的平台。年轻的汤普森在这里汲取了知识，收获了朋友，也确立了此后几十年一直坚守的人生信念。1946年汤普森从剑桥大学毕业，1948年他成为利兹大学成人教育系的一名教师。在那时共产党人找到一份正式的教员工作并不容易，汤普森能获得此职位据说是由于一位在柏林大学教授现代史的朋友提供了帮助。同年，汤普森与多罗西·塞尔（Dorothy Sale）结婚，多罗西也是一位历史学家和社会主义者，她与汤普森于剑桥大学相识，他们既是伴侣也是终身的合作伙伴。汤普森与多罗西在利兹大学所在的西约克郡地区生活了十多年，这个地区是英国工人阶级激进主义的重要温床之一，正是在这里，汤普森产生了对工人阶级的强烈热情。在1956年之前，汤普森已经成为约克郡地区知名的社会主义者与和平运动家，并成为该地区共产党地区委员会委员。在这段时间，汤普森出版了他的第一本著作《威廉·莫里斯：从浪漫到革命》（*William Morris: Romantic to Revolutionary*, 1955）。威廉·莫里斯是19世纪英国著名的社会主义者和艺术家，汤普森深受其影响，他将莫里斯视为英国传统中最伟大的共产主义道德家。

1956年赫鲁晓夫《秘密报告》的传出以及波匈事件使各国共产党在国际共产主义运动路线上发生分歧，英国共产党内部因此发生分裂。由于英共领导层拒绝对苏共二十大所涉及的历史和政治问题进行正面回应，英共党内的共产主义报纸杂志也拒绝发表相关文章，汤普森和萨维尔等人决定自行出版一份党内刊物《理性者》，倡导党内的自由讨论和辩论。《理性者》从1956年7月到11月初出版了三期，目的是在英共党内提供一个自由讨论的平台，他们希望客观评估斯大林主义的历史及其对世界各地共产党的影响。但是这一努力没有得到英共领导层的认同,在第三期出版后《理性者》便被迫停刊。汤普森、萨维尔和肯·亚历山大等人一致认为,必须要使英共的领导层决策和组织结构发生改变,允许党内自由讨论和辩论,否则就有必要离开党自己独立开展活动。汤普森给萨维尔写信表示:"如果有必要,我们必须离开党,成立一个小型的马克思主义教育同盟。"①《理性者》停刊后,汤普森、萨维尔和一众英共党员退党,之后汤普森和萨维尔等人创办了《新理性者》杂志,成为独立的马克思主义者和新左翼。1959年《新理性者》和《大学与左翼评论》合并成为《新左翼评论》。汤普森在这些刊物上发表了《新左翼》(The New Left)《社会主义人道主义:致非利士人书》(Socialist Humanism: An Epistle to the Philistines)等多篇文章,为新左翼造势,引发了很大反响。在新左翼的主要政治运动中,比如创立新左翼刊物、建立俱乐部、参加核裁军运动、支持法夫社会主义联盟等活动,都能发现汤普森积极活动的身影。在新左翼政治运动退潮后,汤普森也和其他一些新左翼一样,转向学术思想领域。但在20世纪60年代后期西方新左翼运动浪潮兴起时,汤普森曾短暂地再度活跃起来,他与雷蒙德·威廉斯和多萝西·汤普森等合作撰写了《五一宣言》(May Day Manifesto, 1968),该宣言试图创建一个明确植根于马克思主义传统、但与共产党和工党不同的新左翼宏图。20世纪60年代到70年代末80年代初,汤普森和以佩里·安德森为代表的第二代新左翼展开了长达近二十年的论战。20世纪80年代之后,汤普森又从学术领域回到政治领域,成为欧洲最著名的反核活动家之一。20世纪80年代初期,出于对北约和华沙条约组织在欧洲部署导弹的担忧和抗议,汤普森积极投身到反核运动中。汤普森不仅希望借此消除核武器,更希望结束冷战,他的愿景是通过抓住大众意识崛起的时刻重塑欧洲,恢复和平与自由。为此,他不断发表演讲、出版书籍、起草核裁军呼

---

① John Saville, "Edward Thompson, The Communist Party and 1956", *Socialist Register*, 1994, p. 23.

吁书、批判冷战对和平的威胁等，这些使汤普森成为当时颇受欢迎的反核活动家。1993年8月，汤普森因病去世，享年69岁。

　　汤普森是一个极富才华的人，他有着浪漫主义的梦想乌托邦，尽管他的政治计划并不成功，但是他的政治追求促使他写作了许多著作，这些著作使他成为一名知名的历史学家、文学家和左翼活动家并被人们铭记。汤普森一生著述颇丰，除了《威廉·莫里斯：从浪漫主义到革命》以外，还有《英国工人阶级的形成》（The Making of the English Working Class, 1963）、《辉格党与猎人：黑人法案的起源》（Whigs and Hunters: The Origin of the Black Act, 1975）、《理论的贫困及其他论文》（The Poverty of Theory and Other Essays, 1978）、《共有的习惯：传统大众文化研究》（Customs in Common: Studies in Traditional Popular Culture, 1991）等。其中《英国工人阶级的形成》奠定了汤普森在马克思主义史学研究领域的学术盛名。在《英国工人阶级的形成》中，他强调了人的主动性、信念和道德在工人阶级身份建构中的重要作用。这本书是战后影响力最大的历史学著作之一，它大大促进了"自下而上"的人民历史观及其学术方法的传播。霍布斯鲍姆曾高度评价汤普森的这本代表作："这本书像彩虹一样突然出现在历史的地平线上，它的影响力主要归功于其书写时的非凡而深刻的激情，以及对一项事业的承诺，这让读者感到兴奋和鼓舞，同时也让正统机构感到惊讶。尽管美国艺术与科学学院于1979年授予汤普森荣誉外籍院士的称号，但政治意识形态上的抵制使汤普森直到1992年才当选为英国科学院院士。他的学识、智力的独创性、文学和意识形态的感染力，以及纯粹的明星气质，都体现在艺术和人文学科索引中，该索引将他记录为20世纪100位被引用次数最多的作家之一，也是被称为'历史学家'的4位作家中被引用次数最多的。可能没有哪本书比《英国工人阶级的形成》产生的影响更突然、更大。这种影响不仅限于英语国家。尽管他的语言完全是英语，而且——直到他领导欧洲核裁军运动之前——对英吉利海峡对岸的事务缺乏同情，他还是成为了巴黎人类科学之家组织的社会历史圆桌会议的主要成员,布尔迪厄社会科学研究活动的重要贡献者,他至少对另外两个欧洲国家的社会历史学家产生了重大影响。"[1] 汤普森认可马克思主义的基本理念,他反对"教条的马克思主义",认为马克思主义应当是与实践、与具体的历史和时代相联系的。在汤普森早期的思想中,最能代表他在马克思主义研究领域成就的当属社会主义人道主义思想[2],社会主义人道主义思想在汤普森的倡导下一度成为英国新左翼的核心思想。此后在汤普森的著述中,都能看出对人、道德和经验的关注始终是他关心的主题,他提倡通过大众的力量和道德的作用来对抗强权和霸权。此外,汤普森重视本民族的民族性与特殊性,强调马克思主义传统与英国的激进自由主义和浪漫主义传统之间的关联,主张创立一种有英国特色的马克思主义。汤普森还十分重视历史和文化对人民的影响,他坚持的大众历史和大众文化为战后英国"文化马克思主义"的形成奠定了重要的理论基础。

二 约翰·萨维尔

约翰·萨维尔(1916—2009)(以下简称"萨维尔")是英国知名的劳工历史、经济历史学家和社会主义者,与汤普森同为英国新左翼的创始人。萨维尔比汤普森大8岁,于1916年出生于英格兰林肯郡,他的父亲是林肯郡的一名希腊工程师,在萨维尔出生后不久,他的父亲被召入希腊服兵役,之后在战争中丧生。1934年,萨维尔进入伦敦经济学院学习经济地理学专业,并在那里加入了英国共产党,那时伦敦经济学院与牛津大学、剑桥大学同为英国大学中社会主义运动的活跃中心。在学校里,萨维尔加入了社

---

[1] E. J. Hobsbawm, "In Memoriam: E. P. Thompson (1924 – 1993)", *International Labor and Working – Class History*, Vol. 46, No. 2, 1994, pp. 5 – 6.

[2] 关于"社会主义人道主义思想"的分析将在本书第五章展开。

会主义协会，积极参与各种左翼活动，成为伦敦经济学院一名活跃的学生共产主义活动组织者。1937年萨维尔从伦敦经济学院毕业，之后他短暂地担任过代课教师，曾在民主控制联盟（Union of Democratic Control）的中国团结运动中从事志愿工作，也为录音机公司和家居用品公司工作过等。其间他与英国全国失业工人运动（National Unemployed Workers' Movement）建立了联系，参加了伦敦海德公园示威游行和牛津广场游行等。1940年，萨维尔应征入伍，刚入伍的三年他在英国的防空炮台服役，之后于1943—1946年到印度服役，在印度他结识了尼赫鲁和印度共产党人。

在军队的经历是除了伦敦经济学院以外促使萨维尔快速成长的第二个重要因素，这段岁月使萨维尔深刻地认识到英国社会的激烈阶级矛盾和帝国主义的残酷，英国在印度的所作所为使他看到了英帝国主义在印度根深蒂固的种族压迫和剥削。在印度期间，萨维尔与印度共产党人联系频繁，他积极协助印度共产党制作小册子和党报《人民战争》（People's War），在这过程中他看到了共产党人的自我奉献和自我牺牲的精神。这些经历拓展了萨维尔的政治视野，使他坚定地投入社会主义运动中。正因他目睹了帝国主义的残酷和卑劣，感受到了社会主义的号召力，所以在他后来的人生中，他始终对社会主义抱有信念，对工人阶级报以同情。战争结束后，萨维尔于1947年获得赫尔大学经济史的教职，此后他一直在此工作直到退休。在这期间他参与了许多政治活动，包括接手赫尔当地的共产党党务工作，担任英苏友好协会赫尔分会的主席，连续多年为赫尔的工会会员和工人举办演讲课程，为工人阶级学生授课等，他公开声援工人阶级，与一些激进主义者一直保持着密切联系。

萨维尔曾于1946年加入英国共产党历史学家小组，与克里斯托弗·希尔（Christopher Hill）、多纳·托尔（Dona Torr）、维克多·基尔南（Victor Kiernan）、莱斯利·莫顿（Leslie Morton）、霍布斯鲍姆、E. P. 汤普森、多罗西·汤普森等人定期展开研讨。萨维尔是这个小组中最为活跃的成员之一，这个小组的成员后来大多都成为杰出的马克思主义历史学家。共产党历史学家小组的经历是影响萨维尔的第三个重要因素，小组的研究经历帮助萨维尔深入了解了英国的宪章运动、劳工历史及其相关问题，为此后几十年萨维尔的学术研究重点打下了扎实的根基，更重要的是，它奠定了此后萨维尔学术研究的方法论基础——"自下而上"的人民历史观。

1956年的苏共二十大、波匈事件和苏伊士运河危机对萨维尔人生际遇的影响同样是巨大的。由于相似的人生经历，萨维尔与汤普森在社会主义理念上有着相近的原则，也因此他们成为创立新左翼时密切的合作伙伴。萨维尔对此曾表示："汤普森和我互相补充了彼此的优点。我需要说明的是，当时我意识到，我一个人不可能完成像《理性者》这样的杂志的出版工作——我既缺乏经验，也缺乏编辑方面的想象力——而我相信爱德华是可以成功的，只要他能够吸引足够的当地劳动力来完成其中涉及的许多杂务：也就是编辑方面的事情。我仍然认为我是正确的。但既然我们联合起来了，我们就组成了一个有用的、激动人心的工作团队。相比起对待其他人，我们对待彼此的想法并没有少一点挑剔，而且我们在很多情况下的讨论都很粗鲁和粗暴。在《理性者》杂志推行期间，我们从未就任何一个重要问题从一开始就达成一致意见。我们总是不得不争论和讨论我们的战术和战略，但无论我们面临什么样的压力，我们总是能把事情谈清楚。很自然地，在承认彼此对社会主义事业的承诺的基础上，我们之间存在着潜在的尊重和信任。如果没有这些，我们就不会坚持下去；但是有了信任和感情，我们就可以完全坦诚和坦率。"[①] 萨维尔和汤普森在对工党和苏共二十大后对英共的批判上有着一致的态度。对工党，本土工人运动中的裙带关系和腐败问题使他们对工党社会主义失去信心。对英共，他们在苏共二十大后意识到保证党内公开自由讨论和辩论的重要性，并期望在党内实行变

---

① John Saville, "The Twentieth Congress and the British Communist Party", *Socialist Register*, 1976, p. 17.

革。1956年3月,萨维尔致信时任英共总书记哈里·波利特(Harry Pollitt):"我对苏联社会的某些方面的批评比对官方党派路线的批评要严重得多。但我从来没有公开提出过这些批评,除非是以更温和的形式。我现在相信,正如我一直相信的那样,这些都是暂时的现象,而且我一如既往地对俄国社会主义的长期发展充满信心。但现在我很清楚,虽然我认为我是为了工人阶级国际主义的总体利益而遏制我的批评,但我错了。我相信,如果苏联以外的共产党能更严厉一些,那么苏联内争取更大民主的力量就会得到加强,而不是像实际上那样被削弱;今天整个世界的运动将会更加强大,因为它将建立在诚实的意见而不是双重的想法的基础上。我坚信共产主义对世界问题的答案,我珍视我的英共党员身份,但我再也不会毫无疑问地接受任何政治立场。党内民主的扩大,对我来说,意味着对党的工作负有更多的个人责任。"① 起初萨维尔和汤普森并没有打算脱离英共,他们所期望的只是推动党内的改革,因此他与汤普森共同发行了《理性者》。但是几个月后,他们意识到他们面临的是一个不能接受他们努力变革的官僚政党。1956年9月英共中央要求萨维尔和汤普森等人停止出版《理性者》。他们意识到他们的努力并不会影响英共领导层的决策,所以在《理性者》第三期出版之后他们被迫退出了英共。对此,后来萨维尔回忆道:"我们无意推动一个分裂的政党;我们也不希望看到共产党人和前共产党人在相互指责中浪费精力。时代首先要求一场新的思想运动,超越党派障碍,在原则而不是机会主义的基础上把社会主义者团结在一起。……为此目的,我们自己将推动出版讨论小册子,并与希望在新年初期创办无党派的新的社会主义期刊的其他人保持联系。在我们看来,前共产主义者应该团结一致,并应该主动组成地方社会团体,向所有人开放,不分党派,以便在每个地方的社会主义宣传中心、理论和政策讨论中心以及有组织的劳工运动

---

① John Saville, "Edward Thompson, The Communist Party and 1956", *Socialist Register*, 1994, p. 22. 原文有删节。

成员的实际活动中保持活力。"①

退党以后，萨维尔和汤普森创立了《新理性者》，1959年底《新理性者》与《大学与左翼评论》合并为《新左翼评论》。但由于新左翼内部的纷争，萨维尔认为《新左翼评论》不再能代表《新理性者》最初的目标，于是他退出了《新左翼评论》。1964年，他与伦敦经济学院的社会主义者拉尔夫·米利班德创办了《社会主义纪事》(Socialist Register) 杂志，此后20多年他一直担任这个年刊的编辑，《社会主义纪事》也成为西方左翼社会主义的重要理论阵地之一。在新左翼运动中，萨维尔积极发行期刊、组建俱乐部，在1959年大选期间，他和汤普森为法夫社会主义联盟的候选人劳伦斯·戴利提供大力支持。在新左翼的政治运动陷入低潮时，萨维尔依然尽己所能支持底层人民和工人，例如在1963年为改善赫尔市李斯特街贫困租户的生活条件而奔走、1966年参加了英国全国海员工会的罢工、1984年在约克郡工人罢工期间在十多所大学发表演讲为工人筹款等。可以说萨维尔终其一生都是坚定的社会主义者。在萨维尔的自传式著作《左翼回忆录》(Memoirs from the Left, 2003) 中，他回忆了自己的人生经历。"萨维尔的回忆录追溯了他作为共产党及其历史学家小组成员直至1956年的经历；他在1956年后英国新左翼的形成中发挥了关键作用；以及在接下来的四分之一个世纪里，他与拉尔夫·米利班德共同担任《社会主义纪事》的编辑。回忆录显示的是，在他退休后的几十年里，萨维尔一直是一位敬业的、鼓舞人心的社会主义历史学家和活动家。"② 2009年，萨维尔在英国谢菲尔德去世。

在萨维尔的研究中，劳工历史和劳工问题是他的重要关注点。由于年

---

① John Saville, "Edward Thompson, The Communist Party and 1956", Socialist Register, 1994, p. 31. 原文有删节。

② Paul Blackledge, "A Life on the Left", International Socialism, Vol. 105, No. 1, 2005.

轻时的生活与学习经历，萨维尔对劳工研究十分感兴趣，他重视底层人民的历史和经验，注重从人民和工人的角度研究历史。他于1958年创立了"劳工历史研究协会"（Society for the Study of Labour History），在20世纪60年代末帮助建立了"口述历史协会"（Oral History Society），作为主要编写者编了三卷本《劳工史文集》（Essays in Labour History）（分别于1960年、1971年、1977年出版），并主持编撰了劳工领域的巨著《劳工传记辞典》（Dictionary of Labour Biography）（1972年到2000年萨维尔共编辑出版了10卷）。从赫尔大学退休后，萨维尔笔耕不辍，继续写了《1848：英国国家和宪章运动》（1848: The British State and the Chartist Movement, 1987）、《英国劳工运动》（The Labour Movement in Britain, 1988）、《连续性的政治：英国外交政策和工党政府1945—1946》（The Politics of Continuity: British Foreign Policy and the Labour Government 1945—1946, 1993）、《资本主义国家的巩固，1800—1850》（The Consolidation of the Capitalist State, 1800—1850, 1994）等著作。他为劳工研究所做的突出贡献推进和丰富了一个更加广阔的学术领域，也为后人开展劳工问题研究奠定了良好的基础。

三 雷蒙德·威廉斯

雷蒙德·威廉斯（1921—1988）（以下简称"威廉斯"）是著名的社会主义文学家、文化理论家、文学评论家，也是英国新左翼的重要代表人物。他于1921年出生于英国威尔士的一个乡村潘迪（Pandy）。他的父亲是一名铁路搬运工人，在第一次世界大战期间参军入伍，复员后成为一名铁路信号工人。由于威廉斯的祖父支持工党，他的父亲从小就接触了社会主义文化，后来还成为村里工党支部的领导，所以威廉斯成长于一个社会主义者家庭，从很小的时候就接触政治活动了。也由于工人家庭的成长经历，在威廉斯后来的文学创作中，他始终对工人阶级的处境给予了特殊的关注。

1937年，威廉斯加入了阿尔加伯尼的"左翼图书俱乐部"。通过"左翼图书俱乐部"的阅读经历，威廉斯了解了帝国主义、殖民主义、西班牙内战和中国革命等。1939年，威廉斯入学剑桥大学三一学院，学习英语语言文学专业。入学后不久，威廉斯就加入了剑桥大学的社会主义俱乐部，社会主义俱乐部当时是剑桥大学里左翼的大联合组织。在这里，威廉斯感受到了生机勃勃的社群文化，参加了政治活动，经常在俱乐部中用餐、观看电影、结交朋友，学习了马克思列宁主义著作如《资本论》《社会主义从空想到科学的发展》《反杜林论》《国家与革命》《苏共党史》等。俱乐部成为威廉斯在剑桥大学除了三一学院以外的第二个家园。在加入社会主义俱乐部之后不久，威廉斯就加入了英国共产党，由于是英文系学生，他被安排在一个作家小组里参与写作党的宣传材料。在剑桥大学，威廉斯还担任了大学学生会主席、《剑桥大学校报》和左翼杂志《瞭望》的编辑、共产党组织的人民大会的斗士等。

1941年7月，威廉斯应召加入英国皇家信号部队，之后被委任到皇家炮兵部队服役，在第二次世界大战期间曾随军团奔赴诺曼底、参加先头部队解放布鲁塞尔等。参加战争的经历使英国统治阶级的无能形象和社会主义的种子在威廉斯心中持续发展，战争的惨烈留下的深刻记忆成为威廉斯后来投身于和平运动的重要影响因素，海外作战也使威廉斯有机会拓展视野、深刻认识到帝国主义和殖民主义的卑劣和民族解放运动的意义。威廉斯在1941年入伍前不久就脱离了英国共产党，但是威廉斯的政治立场并没有因为与组织的疏远而改变，而只是跳出了剑桥大学特定的共产主义环境，拥抱了一个更为广阔的世界。1945年10月，威廉斯重返剑桥大学，与参战前在剑桥大学的学业相比，重返剑桥大学后威廉斯投入了大量精力在学术研究上，尤其对文化政治观念研究方面进行了深入研究。他与克利福德·柯林斯（Clifford Collins）和沃尔夫·曼考维兹（Wolf Mankowitz）共同创办了《政治与文学》（*Politics and Letters*）期刊，试图将激进左翼和利维斯主义的文学批评结合起来。但由于资金问题和编辑之间的争执,《政治与文学》于1948年停刊。从剑桥大学获得学士学位后,威廉斯受聘担任牛津大学校外成人教育教师,他搬到了萨塞克斯郡,为工人教育协会开设了英语文学、戏剧、文化和环境等课程,帮助那些未能接受正规大学教育的工人阶级学习人文社会科学知识,引导他们认识变革社会的意义。那时包括威廉斯和汤普森在内的许多左翼学者都愿意投身到成人教育的事业中以传播他们的左翼政治理想、推动社会变革。这样的经历也帮助他们更加深入地了解了工人阶级和社会底层人民,促使他们写出了流传后世的经典著作,如前文提到的汤普森的《英国工人阶级的形成》,威廉斯也于1956年完成了他的著名代表作《文化与社会》(Culture and Society)并于1958年出版,此书奠定了战后英国文化研究的基础。

1953年的东德动乱、1956年的匈牙利事件对威廉斯也产生了极大震动。他积极加入了新左翼的队伍,包括作为核裁军运动成员参加了奥尔德玛斯顿示威游行,到《大学与左翼评论》俱乐部发表演讲,加入了《新左翼评论》编委会,等等,威廉斯发表的作品也在新左翼中获得了许多读者。相比于汤普森、萨维尔以及后来的佩里·安德森等人,威廉斯在新左翼中的定位比较特殊。在个人经历方面他接近汤普森、萨维尔等第一代新左翼,但在兴趣和观点上他又更接近霍尔、安德森等第二代新左翼。本书根据年龄阶段、成长经历将威廉斯划为第一代新左翼之列。但综合来看,或许将威廉斯定位为第一代、第二代新左翼的过渡人物更为恰当。对于与两代新左翼之间的关系,威廉斯曾说:"当时我与这两代人相联系的悖谬处境是,按照年龄我属于那个已经离开共产党的群体,但在关注的东西方面,我实际上更为接近发起《高校与左派评论》(笔者注:《大学与左翼评论》)的那个群体。《新智者》(笔者注:《新理性者》)在我看来是一份更为坚实的刊物,通过一场运动内部的持不同政见者与争论涵盖的国际性范围而产生影响。它包含了对马克思主义当代情形的讨论、严肃的历史和哲学短文。

《高校与左派评论》通常被认为是生动的,但分量较轻,然而对我而言,其重要性在于它致力于某些问题——大众文化问题、生活方式问题等等……当时基本上是年青一代具有我的趣味,而较为年长的一代实际上更多地具有我的经验和风格。"①或许正因为这样的特殊性,威廉斯可以和汤普森和安德森等人都保持着较为和谐的关系。尽管新左翼内部分歧较大,威廉斯却是少有的能够获得新左翼内部一致认可的人物。"雷蒙·威廉斯,这位英国新左派知识分子精神之父,无论在学界,还是在舆论界,以其深厚的学养,严谨的私人生活,谦冲自抑的行事做派,一直为人称许,即便他的论敌,也要颔首感佩,这不能不说是异数。自20世纪五六十年代英国新左派崛起以来,威廉斯一直被视为精神导师。"②20世纪60年代后期左翼运动再度活跃起来时,威廉斯与霍尔和汤普森共同担任主笔起草了《五一宣言》,表达了社会主义的理想。威廉斯曾回忆《五一宣言》的写作过程:"我自己差不多写了(笔者注:《五一宣言》)1967年版的全部,不过在那份草稿的最后阶段,在许多广泛出席的会议上(那像是再次重新组成了早先的'新左派董事会')存在着非常良好支持的讨论。后来在我们自己印刷的1967年版问世之后,企鹅出版社建议出版一个平装本。这次我被安排为主笔,但是与第一版相比,尽管爱德华和斯图亚特不是正式的主笔,实际上他们为第二版《宣言》贡献了更多的内容。几位新人进来写第二版的某些部分:一群人常常聚在这里在周末工作,起草不同的章节。后来我终于把所有这些变成一个单一的文本,就像一项重写的工作一样。最终的各章在最后一刻由我们三个人在我的家里完成,以赶在1968年5月出版这部宣言。我们希望《宣言》会在工人运动中得到广泛的讨论,激励创立'左派俱乐部'

---

① [英]雷蒙德·威廉斯:《政治与文学》,樊柯、王卫芬译,河南大学出版社2010年版,第373—374页。
② 赵国新:《新左派的文化政治:雷蒙·威廉斯的文化理论》,外语教学与研究出版社2009年版,第2页。

论坛，人们可以从中开始形成政治辩论和政治行动的实际公共中心，同时也不用放弃他们自己在现存政治组织中的成员资格。"①

在20世纪70、80年代，威廉斯又参与了英国的反越战运动、女权运动和新社会运动等。他毕生都在关注社会底层人民的命运，坚持为工人阶级权益奔走，积极参与到公共事务中。1988年，威廉斯因病去世，享年66岁。威廉斯一生论著颇丰，出版了超过四十部论著，包括《从易卜生到艾略特的戏剧》(Drama from Ibsen to Eliot, 1952)、《文化与社会》、《漫长的革命》(The Long Revolution, 1961)、《奥威尔》(Orwell, 1971)、《关键词：文化与社会词汇》(Keywords：A Vocabulary of Culture and Society, 1976)、《马克思主义和文学》(Marxism and literature, 1977)、《唯物主义和文化问题：精选论文》(Problems in materialism and culture：selected essays, 1980)等知名著作。威廉斯的论著涉猎广泛、旁征博引，堪称第二次世界大战后英国最具有影响力的文化思想家和左翼文化学者。他掀起了研究大众文化、探讨文化现象与当代资本主义社会关系的热潮，提出了"文化唯物主义理论"，强调了社会生产和社会历史对于文化研究的重要性。"威廉斯于利维斯精英主义文化观（只有伟大的文学作品才算是文化）之外，另辟蹊径，扩大文化的范围，为流行文化正了名，认为它们也体现出社会意义，承载着社会的价值观念，这种另类的思想举措是文化研究诞生的前提和取得合法地位的基础。文化唯物论一方面是对利维斯派专注文本轻视社会历史背景的批评方式的反动，另一方面它也是对正统马克思主义文化理论的扬弃，其唯物之处在于，它强调社会生产、历史语境对于文化生产的重要性。"② 威廉斯在文化研究方面的成就为文化理论提供了新的思想资源并开拓了理解文

---

① [英]雷蒙德·威廉斯：《政治与文学》，樊柯、王卫芬译，河南大学出版社2010年版，第386页。

② 赵国新：《新左派的文化政治：雷蒙·威廉斯的文化理论》，外语教学与研究出版社2009年版，第24页。

化的新维度,有力推进了战后西方马克思主义文化理论的发展。

◇第二节 第二代英国新左翼

一 斯图亚特·霍尔

斯图亚特·霍尔(1932—2014)(以下简称"霍尔")是牙买加裔英国马克思主义文化理论家、社会学家和政治活动家,《大学与左翼评论》的创始人和《新左翼评论》的首任主编。他与雷蒙德·威廉斯和理查德·霍加特(Richard Hoggart)被称为英国文化研究和伯明翰文化学派的代表人物。霍尔于1932年出生于牙买加金斯敦的一个中产阶级家庭,少年时期就读于牙买加的精英学校牙买加学院(该校校友包括多位牙买加总理),接受了良好的教育。1951年霍尔获得罗德奖学金进入牛津大学学习英国文学。在牛津大学期间,霍尔阅读了马克思的著作,在政治立场上走向了左翼,同时"第三世界"国家的出身背景使霍尔对殖民问题十分关注,他逐渐对政治问题产生了浓厚的兴趣,与牛津大学左翼的接触越来越频繁。在20世纪50年代风起云涌的运动中,霍尔热情地参与到"突破冷战思维"的问题辩论中,例如"随着保守主义的复兴,工党和左翼的未来是什么?福利国家和战后资本主义的性质是什么?在早期'富裕'的10年中,文化的改变对英国社会产生了什么样的影响?赫鲁晓夫在苏共二十大上的《秘密报告》加速了这些争论的步伐。如果没有这些前期'准备',就不可能有对'1956年事件'的反应,也不可能形成新左翼。也就是在前期准备中,许多人慢慢地获得了自信,参与到那些质疑正统的政治争论条例和跨越现存组织界限的对话当中"①。在新左翼运动中,霍尔帮助创立了《大学与左翼评论》刊物和《大学与左翼评论》俱乐部,参与核裁军运动,担任《新左翼评论》主编,成为具有影响力的新左翼公共知识分子。虽然霍尔不曾加入左翼政党,但他仍以独立社会主义者的身份投入复兴左翼的浪潮中。从牛津大学毕业后,霍尔到伦敦一所现代中学任教师,同时像威廉斯、汤普森等人一样担任了成人教育的教师。1961年,霍尔成为伦敦大学切尔西学院的一名电影和媒体讲师。

由于新左翼政治运动的退潮和《新左翼评论》编辑工作的巨大压力,霍尔于1962年辞去了《新左翼评论》主编一职。1964年,霍尔应霍加特邀请加入了英国第一个文化研究中心——伯明翰大学"当代文化研究中心"(Center for Contemporary Cultural Studies,CCCS),一直为其工作至1979年。1968年霍尔成为该中心主任,领导该中心大力开展文化研究,为推动文化研究成为一门专业学科付出良多。这期间他写了许多有影响力的论著,如《定位马克思:评价与背离》(*Situating Marx: Evaluations and Departures*,1972)和《电视话语中的编码与解码》(*Encoding and Decoding in the Television Discourse*,1973)等。在求学期间,霍尔就对文化和种族问题有着强烈的兴趣,这一兴趣或许源于他的出身和成长经历,有色人种的身份使他在融入英国白人社会时产生困惑,这种类似于"边缘人"或者说"最熟悉的陌生人"的文化疏离的体验对霍尔的研究导向产生了长远影响。关于文化研究的初衷,霍尔曾有过一段深刻的论述:"现实的世界、历史的世界、政治的世界,都与文化有着莫大的关联。然而,我们并不能简单地说文化反映了这个世界。文化与世界相联系,而在不知不觉中,在某种深层次的层面上,我们无法直接地将此世界解码至彼世界。这便须要经过一个神秘的疆域,一个由经验而生的艺术,与此同时,差异由经验所致并具判断性地

---

① [英]斯图亚特·霍尔:《第一代新左翼的生平与时代》,王晓曼译,孙乐强校,《国外理论动态》2011年第11期。

反映于艺术上的神秘之地。这是社会界与象征界看不见的十字路口。我们须要向后退一步,通过想象直抵文化的疆土。有时,人们对我说,文化研究认为文化就是一切,而我认为不尽然。我觉得文化是非常重要的,甚至'重要'一词都无法形容它的重要性——它是最本质的、基础的。但是,它也是在众多其他事物之中的——你无法不对资本、战争,以及如何活在当下等问题感兴趣。一切在物质世界的实践存在,无疑都有代表其意义与价值的象征。一切事物在存在的同时被象征着。如果你想要进入涉及人类深层情感的人们难于理解的问题时,你必须转向文化。人们并不了解是什么让他们如此畏惧差异。他们并不知道是什么让他们本能地对那些在外表上、思想上与其不同的人产生防备。这到底是什么呢?它将他们带入了彼处,然而那不是一个你可以通过与他们理论而到达的地方(你曾经试图用'种族偏见是荒谬的'为由规劝他人抛弃偏见吗?算了吧)。对于差异恐惧的普遍性反应,通常是将他者与我们区分开来,从身体社会中将其象征之物驱逐出境,以达到可以用我们最深处的恐惧与幻想对他者进行再造的目的。因此,如果你对一个艰难地尝试着如何在差异中共存的社会感兴趣,认识到这个社会是如何由各种相悖之物构成的,你必须了解文化是如何起作用的。所以,我对那些身处异乡的人们感兴趣。他们和本地人有着不同的成长路线,而现在他们同样遭遇着差异性的难题。在这个难解之局中,人们向往着平等和公平。吸引我的是人们在想象些什么,如何想象,如何在想象中表达自我。在视觉与书写的领域中,如何通过比喻叙述着他们自身与社会的故事。我致力于通过这些视像、梦想、噩梦、创伤与恐惧来观察这个广阔的社会。因此,我转向了视觉文化研究。"[1] 在伯明翰大学的研究经历也帮助霍尔深入认识和理解了种族问题对社会的影响。他认为,"这些研究帮助我们了解了1970年代英国的状况,并展示了社会多棱镜中种族的一

---

[1] [英]比尔·施瓦兹:《接受差异——斯图亚特·霍尔访谈录》,丁珂文译,《文化研究》2014年秋第20辑。

面，即种族作为一种主题重新被提及。这并不是说，1970年代日益加剧的政治与社会危机都与种族相关，而是说，在战争期间乃至战后的这段时期，撒切尔主义将种族和犯罪置于话题的中心位置，用以唤起与操控民众的社会民主情感。并且这也为同一时期发生的种种其他现象提供了一种有迹可循的征兆。这不仅仅是新左派在政治上是否取得胜利的问题，它关乎政治与文化的深层改变，一种新的历史阶段的转换。此时此刻，一旦左派没有意识到正在进行的这场变革的深度，将会束手就擒。我们将会不得不在那些尚无自证的领域汲汲营营。"①

1979年霍尔成为开放大学的社会学教授，他开设了一系列社会学和传播学课程，并继续进行文化理论研究，写作了《复兴的艰难之路》(The Hard Road to Renewal, 1988)、《现代性的形成》(Formations of Modernity, 1992)、《文化认同问题》(Questions of Cultural Identity, 1996)和《文化表现与意义实践》(Cultural Representations and Signifying Practices, 1997)等知名论著，他与《今日马克思主义》(Marxism Today)和《探测：政治和文化杂志》(Soundings: A Journal of Politics and Culture)也都有着密切联系，曾是这些刊物的知识分子先锋。1997年霍尔从开放大学退休。他于2005年当选为英国科学院院士，并于2008年获得欧洲文化基金会玛格丽特公主奖。2014年，霍尔在伦敦去世，享年82岁。

亚历山大·卡列尼克斯(Alex Callinicos)曾评价霍尔，认为他一方面是以文化研究的奠基人被铭记，另一方面是以提出英国社会的少数族裔及其身份政治的问题而闻名。"在崇拜者中，他似乎主要以两种方式被记住。首先，他是文化研究知识学科的奠基人之一，尤其是在1968年至1979年间，他在伯明翰大学管理著名的当代文化研究中心期间。其次，近年来，作为一名作家，他从牙买加人的生活经历中摆脱出来，但从未完全适应在

---

① [英]比尔·施瓦兹：《接受差异——斯图亚特·霍尔访谈录》，丁珂文译，《文化研究》2014年秋第20辑。

英国的生活,以'英国黑人'的问题为主题,更广泛地探讨了帝国及其余波所创造的混合身份的政治和文化含义。"① 霍尔被公认为是"多元文化教父",他终其一生都在探索多元文化共生的问题,即来自不同语言、历史、文化背景的人们如何在不舍弃差异性和特殊性的前提下寻求共识、兼容发展,在承认我们生活于一个多元世界的条件下寻求共同点以避免争端。霍尔坚持文明之间应当是平等共生的,不应由某种文明凌驾于其他文明之上,即应以一种多元文化主义来取代文化霸权主义。霍尔对文化、身份和种族有着敏锐的观察,对文化与政治研究产生了巨大影响力,他对种族、性别、身份等方面的开创性看法甚至已经超出了学术界的范围,产生了深远的社会影响。

二 拉斐尔·塞缪尔

拉斐尔·塞缪尔(1934—1996)(以下简称"塞缪尔")是英国知名马克思主义历史学家、新左翼知识分子。塞缪尔出生于伦敦的一个犹太人家庭,他的家族经营着一家专营犹太文学的书店,他的父亲是一名律师,母亲是一名作曲家,也是一名政治活动家,他的叔叔是一位备受尊敬的希伯莱学者。塞缪尔的童年生活几乎是在母亲活跃的政治活动中度过的,因此他从小就得以接触到一些政治新闻和政党文献。家庭的犹太文化背景以及与母亲一起参加政党活动的经历共同塑造了塞缪尔的世界观和价值观,在他身上形成了追求平等的终身热情。塞缪尔在少年时还曾接触英国共产主义青年团在伦敦北部对工人阶级的教育,所以在塞缪尔进入大学前,他已经了解并学会分析一些政治现象。1952 年,塞缪尔获得奖学金进入牛津大学贝利奥尔学院学习现代史专业。在牛津大学学习期间,塞缪尔得到克里

---

① Alex Callinicos,"Stuart Hall in perspective",*International Socialism*,Vol. 142,No. 2,2014.

斯托弗·希尔的指导并加入了英国共产党历史学家小组，由此而成为一名马克思主义者，并成为以克里斯托弗·希尔为中心的一小群年轻共产主义者中的核心人物。同年，塞缪尔与共产党历史学家小组其他成员共同创办了《过去与现在》（*Past and Present*）杂志，引领了英国工人阶级历史研究的发展，这一杂志直到今天依然代表着西方工人历史研究和左翼研究的前沿。学习期间，他加入了牛津大学社会主义俱乐部、劳工俱乐部和G. D. H. 柯尔的社会主义研讨小组，并负责社会主义俱乐部杂志《牛津左翼》（*The Oxford Left*）的编辑工作，此外塞缪尔还积极地参与到一些跨党派运动中，可以说大学时期的塞缪尔是一位活跃的青年左翼。

苏共二十大以后，关于斯大林主义的政治辩论同样在牛津大学发生，塞缪尔作为主要组织者组织了社会主义俱乐部的讨论活动，他与彼得·塞奇威克（Peter Sedgwick）、霍尔以及一些活跃的独立左翼都投入这场辩论中。1956年的一系列事件撕裂了塞缪尔的政治世界，最终他与汤普森、萨维尔等人一样退出了英国共产党。之后塞缪尔在伦敦苏豪区创立了党派咖啡馆，成为新左翼聚会研讨的标志场所。塞缪尔也是《大学与左翼评论》和新左翼俱乐部的核心组织者。1957年，塞缪尔与霍尔、查尔斯·泰勒、加布里埃尔·皮尔森（Gabriel Pearson）等人共同创立了《大学与左翼评论》，其中塞缪尔与皮尔森是前共产党员，霍尔、泰勒则是独立社会主义者。塞缪尔也由此被认为是塑造了早期新左翼议程的重要人物。霍尔曾回忆塞缪尔为新左翼运动所做的种种，"新左翼的《大学与左翼评论》是一个更大群体的集体努力，在某种意义上，编辑只是其中的代表。但毫无疑问，在与《新理性者》合并之前，拉斐尔是它的引擎、政治动力和精神动力。他的政治意志、决心和精力是无限的。他说服某个倒霉的出版商替一群身无分文的学生（当时我们中有些人已经是研究生了）印刷了第一期的数千份；甚至在第一笔债务还没还清之前就重印了。在伦敦召集杂志读者聚会听多伊彻演讲——这是新左翼俱乐部运动的开端——也是他的主意，我们为此在布鲁姆斯伯里酒店租用的房间布局也是如此：他向我们保证，以一种介于巴黎左岸咖啡馆和第二次世界大战期间柏林卡巴莱夜总会场景之间的风格，随意安排大约60人围坐在桌子旁进行非正式的政治交流。当我们悠闲地吃完印度餐回来时，门外已经有700人不耐烦地排着队。在阿尔及利亚战争期间，他带了一群国际社会主义知识分子到伦敦参加一个名为'为欧洲呐喊'的会议，却没有足够的钱来支付国际电话费。买下并经营第一家后浓缩咖啡时代的左翼咖啡馆，作为在苏豪区为杂志和俱乐部提供资金的一种方式，也是他的主意。午夜，编辑委员会在泰勒的房间里庄严地对这一疯狂计划进行了决定性的投票，但被他那诱人的热情所淹没，最终，位于卡莱尔街7号的《大学与左翼评论》办公室和党派咖啡馆在拉斐尔的赞助人的支持下如期开业，拉斐尔负责厨房工作和菜单的准备。它的'食物清单'带有部分国际、部分无产阶级、部分地方性和部分犹太侨民的味道。"[1] 塞缪尔也是《新左翼评论》的创始人之一，但在《新理性者》和《大学与左翼评论》合并为《新左翼评论》之后，由于两代新左翼之间的分歧导致了新左翼内部激烈的争执，塞缪尔在那之后参与的强度有所减弱。他在《新左翼评论》上曾发表了一系列有关英国共产党的文章，引起了激烈的争论。这些文章在塞缪尔去世以后，被汇集成书以《英国共产主义的失落世界》(*The Lost World of British Communism*, 2006) 为名出版。

1962年，塞缪尔到牛津大学拉斯金学院工作。他在这里从1966年开始发起了一系列历史工作坊运动（History Workshop Movement），大力推动"自下而上"的历史研究方法，致力于从普通人的视角来看历史与社会，鼓励学生研究工人运动历史、妇女历史、帝国主义、英国大众文化等问题，他们定期举办历史工作坊研讨会，参加者有学生、教授、业余爱好者和对历史感兴趣的各类社会主义者。塞缪尔还于1975年创立了《历史工作坊期

---

[1] Stuart Hall, "Raphael Samuel: 1934 – 1996", *New Left Review I*, Vol. 221, No. 1, 1997, pp. 121 – 122.

刊》(History Workshop Journal),在 20 世纪 70 年代初期出版了 10 多本历史工作坊小册子。历史工作坊运动对工人阶级历史和大众历史的研究和写作产生了长远的影响,同时也是塞缪尔对自己青年时期的阶级和文化观念的反思。通过历史工作坊运动,塞缪尔对人民和大众历史有了更丰富和深刻的理解。这期间塞缪尔出版了《乡村生活与劳动》(Village Life and Labour, 1975)、《矿工、采石场工人和盐工》(Miners, Quarrymen and Saltworkers, 1977)、《人民历史与社会主义理论》(People's History and Socialist Theory, 1981)、《东区黑社会》(East End Underworld, 1981)等著作,着力于关注普通劳动人民的历史。在塞缪尔的著作中往往有大量的细节描写,通过这些细节描写塞缪尔试图重现普通大众的生活方式或思想,这对促进社会主义思想的复兴起到了推动作用。塞缪尔晚年对恢复文化、文物和人工制品的历史非常感兴趣,他将这些视为真实的、活生生的大众历史,为此出版了《记忆剧院(第 1 卷):当代文化中的过去和现在》(Theatres of Memory Volume 1: Past and Present in Contemporary Culture, 1994)、《记忆剧院(第 2 卷):岛屿故事:揭开英国的面纱》(Theatres of Memory Volume 2: Island Stories: Unravelling Britain, 1997)等著作。《新左翼评论》前主编罗宾·布莱克本对此给予了高度评价:"拉斐尔的精彩作品,在他的杰作《记忆剧院》中达到顶峰,这本书让人们重建了一种个人情感和政治议程,而这种情感和政治议程往往与他的朋友和同志们的情感和政治纲领相悖。虽然这些著作只能由共产党历史学家小组和被新左翼马克思主义塑造的人撰写,但它们却含蓄地挑战了进步、阶级形成和长期或短期革命的一些核心概念,这些概念与左翼的世界观相吻合。"① 在塞缪尔人生的最后一段时间,他来到东伦敦大学任教,创立了东伦敦大学历史研究中心,旨在研究 18 世纪以来伦敦的历史。1996 年塞缪尔去世后,东伦敦大学历史研究中心为纪念塞缪

---

① Robin Blackburn, "Raphael Samuel: The Politics of Thick Description", New Left Review I, Vol. 221, No. 1, 1997, p. 133.

尔在创建该中心中的作用,更名为拉斐尔·塞缪尔历史中心。

霍尔曾说:"塞缪尔是他那一代人中最杰出、最具有独创性的知识分子之一:一个具有深刻和复杂的说服力的终身社会主义者,一个充满激情、富有创造力和创新精神的社会历史学家,一个具有独特个人品质和与众不同的思想与精神的人。作为个人感情的一个标志,他最后称我们为'同志',我们认为他的英年早逝是一个无法弥补的损失。如果没有他的战略干预的远见和天赋,无论是诞生于 1956 年之后的第一代新左翼还是 20 世纪 70 年代的历史工作坊运动,可能都不会存在。"[1] 这段话对塞缪尔的政治和学术工作作了较为中肯的评价。作为一名历史学家,对共产主义的信念使塞缪尔反对个人主义,提倡一种集体主义,这在他对工人、移民、共产主义者的描述中都可以看出来,他认为集体主义塑造了阶级认同和政治忠诚,进而推动了大众斗争。相较于安德森,塞缪尔更为接近战前一代的英国马克思主义历史学研究传统,加入英国共产党和在共产党历史学家小组学习的经历为塞缪尔奠定了"自下而上的人民历史观"基础,他在此后的研究中始终坚持这一方法,这与安德森所主张的"自上而下的历史观"极为不同。英国共产党在人民阵线时代和第二次世界大战期间主张的英国民族主义和大众主义对塞缪尔产生了持久而深刻的影响。

三 佩里·安德森

佩里·安德森(1938—)(以下简称"安德森")是当代西方知名马克思主义思想家、历史学家和新左翼知识分子。他曾长期担任《新左翼评论》的主编,主导了 20 世纪 60 年代以后《新左翼评论》的发展方向。安德森于 1938 年出生于英国伦敦的一个家境宽裕的中产阶级家庭,是已故著名政

---

[1] Stuart Hall, "Raphael Samuel: 1934-1996", *New Left Review I*, Vol. 221, No. 1, 1997, p. 119.

治学家本尼迪克特·安德森（Benedict Anderson）的弟弟。安德森的父亲曾在20世纪30年代任职于中国海关，所以安德森幼时曾跟随父母居住于上海，少年时期安德森就读于伊顿公学，1956年入读牛津大学。安德森进入大学的这一年，正是社会主义和资本主义政治发生大变革的年份。如前文所述，汤普森、萨维尔、威廉斯、霍尔等比安德森年长的知识分子们彼时都已纷纷投入新左翼运动中。在牛津大学，社会主义俱乐部、《大学与左翼评论》杂志如火如荼地兴办，安德森正是在这样浓烈的左翼氛围中完成他的大学教育的。

1961年安德森加入刚合并不久的《新左翼评论》工作，1962年初生牛犊不怕虎的他接任霍尔成为《新左翼评论》的主编，此后他便成为《新左翼评论》的主要塑造者，也是作为思想运动的新左翼运动的主要推动者。在安德森以一名历史学家闻名以前，他就以活跃的新左翼知识分子和将欧洲大陆马克思主义引入英国的开路先锋为人所熟知。在安德森接任《新左翼评论》主编时，该杂志正面临极大的困境，在资金、杂志的发展方向等方面内部存在严重分歧，霍尔也因不堪压力而辞职。安德森出资解决了《新左翼评论》的资金困难，并对杂志进行了大刀阔斧的改革。一方面，安德森将阿尔都塞、萨特、葛兰西等欧洲大陆的思想传统引进英国，译介了大量欧洲大陆马克思主义理论论著。此前，新左翼的核心口号是"社会主义人道主义"，遵循的是以英国本土经验主义和文化主义为代表的理论传统。安德森对这一传统持保留态度，他认为英国之所以没能产生一流的思想家，就是由于英国缺乏"西方克思主义"的传统，而英国本土的经验主义和文化主义又存在明显不足，因此他试图通过引进欧陆传统来弥补和更新本土思想的缺陷。"《新左派评论》在这个时期的大部分工作，在某种意义上是有意识地致力于着手弥补本国的这种不足之处，其方式是：出版和讨论德国、法国和意大利最杰出的西方马克思主义理论家的著作，它这方面的工作在英国常常是最早的。这项计划有条不紊地进行到七十年代初才告结束。"① 为此安德森曾写过数篇文章来表达他的相关观点，包括《当代危机的起源》（*Origins of the Present Crisis*，1964）、《社会主义的策略问题》（*Problems and Socialist Strategy*，1965）等。著名的两代新左翼之争便来源于此。②

另一方面，安德森对英国马克思主义历史学传统予以发扬和改造，使《新左翼评论》得以保持其激进主义的政治倾向。"作为一份左派杂志，《新左派评论》自然有其倾向性，这不仅表现在它的激进的政治倾向上，而且表现在它的马克思主义历史学的理论倾向上，后者毫无疑问是由安德森着意塑造和引导出来的。安德森秉承英国马克思主义历史学的传统，肯定经济因素对社会历史发展归根到底的决定作用，但坚决反对经济决定论，因为在他看来，马克思主义不仅要研究人们依赖什么生活，更重要的是研究人们怎样生活，这样，文化传统、意识形态就必须和生产方式一样得到人们的重视。所以，回顾《新左派评论》40年来的政治问题研究，我们总是可以清楚地看到如下两点方法论特征：在生产方式的结构变迁中发掘阶级结构和政治结构的变化的深层原因，并在具体的文化传统和意识形态情景中对政党、政局的现状、未来进行微观分析。"③ 在安德森的领导下，《新左翼评论》重新焕发生机，很快成为引领欧美左翼研究的前沿阵地，至今都被公认为西方世界最重要的左翼刊物之一，为推动左翼思想的研究和传播提供了一个自由的平台，安德森也因大大提升了英国左翼理论界的水平和在公众领域中的影响力而成为新左翼运动和新左翼思想的领军人物。

安德森在20世纪70年代出版了《从古代到封建主义的过渡》（*Passa-*

---

① ［英］佩里·安德森：《西方马克思主义探讨》，高铦、文贯中、魏章玲译，高铦校，人民出版社1981年版，第4页。
② 关于两代新左翼的争论，将在本书第六章中详述。
③ ［英］佩里·安德森、帕屈克·卡米勒主编：《西方左派图绘》，张亮、吴勇立译，江苏人民出版社2002年版，第331页。

ges From Antiquity to Feudalism, 1974）和《绝对主义国家的系谱》（Lineages of the Absolutist State, 1974），这为安德森奠定了在历史社会学领域的学界地位。在这两本著作中，安德森提出了"自上而下地看历史"的观点，形成了与汤普森等原英国共产党历史学家小组的"自下而上的历史观"相对立的历史学研究范式。在这些论著中，安德森受到了欧洲大陆"结构主义的马克思主义"的影响，提出了历史结构是多样和复杂的，不应用线性的单一的进化历史观来评判历史的观点。之后安德森陆续发表了《西方马克思主义探讨》（Considerations on Western Marxism, 1977）、《英国马克思主义内部的争论》（Arguments within English Marxism, 1980）、《历史唯物主义的轨迹》（In the Tracks of Historical Materialism, 1983），使"西方马克思主义"作为一种学术传统和流派流传开来。在《西方马克思主义探讨》中，安德森比较详细地概述了"西方马克思主义"的发生、发展、主张、流派、特征和代表人物等，集中探讨了在十月革命后发展起来的马克思主义的形态结构，试图对当代马克思主义在世界各国的不同形态和它的国际命运作出更为公正的评价。这本书提出："西方马克思主义尽管存在种种内部分歧和对立，却仍然构成一种具有共同学术传统的理论。"[1] 该书是基于《新左翼评论》对欧陆传统大量引进的背景下写成的，初衷是为了总括《新左翼评论》传播西方马克思主义的整体情况，却在客观上推广了"西方马克思主义"作为一个总体概念的传播，国内学界接触和研究"西方马克思主义"就是始于安德森的这本书，可见其影响力。《英国马克思主义内部的争论》一书主要是为了回应汤普森1978年出版的《理论的贫困及其他论文》一书而写。汤普森在《理论的贫困及其他论文》中犀利地批判了"结构主义的马克思主义"传统，对此，安德森于1980年出版了《英国马克思主义内部的争论》一书对汤普森进行了全面的回应。该书为世界了解英国马克思主

---

[1] ［英］佩里·安德森：《西方马克思主义探讨》，高铦、文贯中、魏章玲译，高铦校，人民出版社1981年版，第7页。

义的历史、传统和问题提供了一个很好的窗口。在《历史唯物主义的轨迹》中，安德森高度肯定了马克思主义的历史作用，"马克思主义区别于其他社会主义思想传统在于：它是反对资本主义的斗争的激进主义的政治战斗号召，过去的劳工运动中，从不妥协的战斗原则这种精神来说，也曾有过可以相匹敌的种种趋势——例如西班牙的无政府主义；但作为社会变革的运动来说它没有取得任何功效。也有过显著的实际功效的运动，如处于全盛期的瑞典社会主义民主运动，但却不是有成就的激进主义。只有在马克思主义成为反对资本主义势力的指导思想的地方，资本主义才会败给这些势力。迄今所有成功的社会主义革命，都是在历史唯物主义旗帜指引下取得的"[①]。在这本书中安德森也对马克思主义在当代遭遇的挑战进行了深刻的分析。

20世纪80年代，安德森来到美国纽约社会研究新学院任教，后来加入加州大学洛杉矶分校，成为该校的历史学和社会学教授。这期间安德森笔耕不辍，继续写作了《交锋地带》（*A Zone of Engagement*，1992）、《后现代性的起源》（*The Origins of Postmodernity*，1998）、《思想的谱系：西方思潮左与右》（*Spectrum: From Right to Left in the World of Ideas*，2005）、《新的旧世界》（*The New Old World*，2009）、《印度意识形态》（*The Indian Ideology*，2012）、《美国的外交政策及其智囊》（*American Foreign Policy and Its Thinkers*，2014）、《巴西分裂：1964—2019》（*Brazil Apart: 1964 - 2019*，2019）等知名论著，在学界持续保持着广泛的影响力。

[①] ［英］佩里·安德森：《当代西方马克思主义》，余文烈译，东方出版社1989年版，第122页（笔者注：此版是根据伦敦新左翼书社1983年版《历史唯物主义的轨迹》译出）。

◇◇ 第三节　两代英国新左翼比较

除了以上六位代表人物外，新左翼还有许多其他知识分子，例如拉尔夫·米利班德、彼得·沃斯利（Cpeter Worsley）、汤姆·奈恩等。需要指出的是，严格来说新左翼并不是一个固定的学术政治团体，在不同时期有人加入、有人淡出，包括前文提及的几位代表人物在新左翼运动中活跃的时间也并不完全一致。因而，新左翼内部始终存在不同声音的较量。我们大体上将其分为第一代新左翼和第二代新左翼，两代新左翼在群体构成、政治观点上存在明显差异，但在对苏联共产主义和西方民主社会主义、资本主义的批判态度上又有共鸣，因而在特定的历史时期构成了特殊的"新左翼"群体。

首先，在群体构成上，两代新左翼在年龄阶段、个人经历和支持群体上都有所不同。第一代新左翼多数出生于20世纪30年代之前，如汤普森出生于1924年，萨维尔出生于1916年，威廉斯出生于1921年，米利班德出生于1924年。他们中的许多人都曾参与过20世纪30年代的政治运动如"人民阵线"运动和反法西斯运动，也曾参加过第二次世界大战，汤普森曾参加过意大利和北非战役，萨维尔曾在英国、印度服役，与印度的民族主义运动联系密切，威廉斯也曾参与到诺曼底、解放布鲁塞尔的战役中，米利班德则在英国皇家海军中服役过，所以他们大多都是在第二次世界大战中成长起来的一代。同时，他们与英国共产党的关系普遍更为紧密，汤普森、萨维尔、威廉斯等人都曾是英国共产党员，第一代新左翼大多都是前英国共产党员，他们由于1956年的一系列政治事件而退党。在支持群体方面，第一代新左翼的支持群体多数都来自英国共产党力量较强，具有更深厚的激进主义、劳工主义传统的英格兰中北部地区。由于第一代新左翼的政治背景，他们与工人阶级之间往往有着较多联系，对工人阶级抱有同情，多数都曾担任过成人教育教师，给无法进入大学的工人阶级授课、帮助工人提升文化水平和政治素养。汤普森在1956年之前已经是约克郡地区知名的共产主义者，萨维尔终身坚持为劳工权益奔走，包括参与组织罢工运动、帮助工人抗议不平等待遇等，威廉斯也曾参与过许多工人运动、新社会运动等。有些知识分子自身就有着工人阶级背景，如威廉斯就出身于工人家庭。第二代新左翼则多出生于20世纪30年代之后，如霍尔出生于1932年，塞缪尔出生于1934年，安德森出生于1938年，汤姆·奈恩出生于1932年。他们大多未经历过战争洗礼，也未参与过20世纪30年代的政治运动。第二次世界大战构成了两代新左翼之间的分界线，这不仅是时间上的分界，更是一种政治代际的分界。虽然新左翼是因应1956年的政治危机而出现，但第一代新左翼的形成主要是受到苏共二十大以及波匈事件的影响，而第二代新左翼则更多是对英国引发苏伊士运河危机的不满而产生。第二代新左翼大多在当时都是20多岁的年轻知识分子，他们"代表着新一代激进知识分子，他们太年轻从而没能被经济萧条和战争的经验塑造"，"他们的感情更接近于奥尔德玛斯顿村游行的核裁军运动反抗者的感情，而不是更接近于20世纪30年代的人民阵线党人的感情"[①]。在支持群体上，第二代新左翼与劳工运动联系不多，主要是以"牛津—伦敦"的知识分子、学生和中产阶级为主，霍尔、塞缪尔、安德森都曾是牛津大学社会主义俱乐部的活跃成员。这些人中既有前共产主义者，也有工党社会主义者、左翼自由主义者，以及不与任何传统左翼结盟的独立社会主义者。因此第二代新左翼的支持群体多来自以"牛津—伦敦"为中心的、对新兴文化接触更多的英格兰南部地区的青年知识分子。

其次，在政治倾向上，两代新左翼在文化传统、思维方式以及对待马

---

① ［美］丹尼斯·德沃金：《文化马克思主义在战后英国——历史学、新左派和文化研究的起源》，李凤丹译，人民出版社2008年版，第76页。

克思主义的态度上也有差异。第一代新左翼注重民族特性，重视文化和人的因素在社会发展中的作用，秉承的更多是英国本土的经验主义和文化主义传统。同时，由于曾经受到过共产主义理论的训练，他们的思维方式带着传统左翼的印记。第一代新左翼在退出英国共产党之后，大多依然对共产主义保有较为深厚的感情，在思想倾向上仍然留有列宁主义的痕迹。这从他们推崇20世纪30年代的左翼图书俱乐部、左翼刊物、联合阵线政策等方面就可以看出来，《新理性者》、新左翼俱乐部在很大程度上就是模仿20世纪30年代的左翼刊物和俱乐部而建。霍布斯鲍姆曾回忆了他们那一代人的共产主义情感："从政治角度来看，我实际入党的时间是1936年，属于反法西斯联盟与'人民阵线'时代。这直到今天都还继续决定了我政治上的思考路线。但从情感方面来说，身为1932年在柏林皈依共产主义的青少年，有一条几乎切不断的脐带拴住我所属的时代，让我们对世界革命及其根源——十月革命——产生了憧憬，而不计较自己对苏联的怀疑或批评。在我过来的那个地方以及在我所处时代加入此运动的人，比起后来于其他地点入党者更难断绝与共产党的关系。依据最后所做的分析，我猜想这就是我留在党内的原因。反正没有人强迫我离开，而主动离开的动机还不够强烈。"① 霍布斯鲍姆与汤普森、萨维尔等人同为共产党历史学家小组的成员，1956年政治危机后，霍布斯鲍姆选择了留在英共党内。虽然他没有加入新左翼，但是他对自己思想路线的总结某种程度上也同样适用于第一代新左翼。相较于第一代新左翼深厚的民族主义传统，第二代新左翼受到欧洲大陆马克思主义尤其是"结构主义的马克思主义"的影响较深。除了塞缪尔、皮尔森等少数人曾加入英国共产党以外，多数人都来自不同的社会主义甚至是自由主义阵营。霍尔在后来的回忆文章中指出英国新左翼代表了两种相关却又存在差异的传统的结合。他将第一种传统称为"共产主义

---

① ［英］霍布斯鲍姆：《趣味横生的时光：我的20世纪人生》，周全译，中信出版社2010年版，第262—264页。

的人道主义",第二种传统称为"独立的社会主义",这两种传统代表了"战前一代"与"战后一代"的代际差异,它们植根于两种不同的文化背景:"劳工主义"与"都市文化"的冲突。第一个传统主要以《新理性者》杂志和它的创始人萨维尔、汤普森夫妇为代表,第二个传统主要以20世纪50年代的左翼学生和《大学与左翼评论》群体为代表。第一代新左翼的思想资源是在英国共产党和人民阵线政治中形成的,他们形成了一种高度独立且富有原创性的对英国历史的解读,创立了一种与英国大众激进主义联系更为紧密的马克思主义政治学。第一代新左翼的基地在约克郡和工业发达的北部,他们有机地根植于一种地方性的政治文化——不仅是劳工运动文化,而且还包括组织文化,同时,他们强烈地质疑"伦敦"文化。第二代新左翼更多地属于一种"世界主义"或是"牛津—伦敦"文化。《大学与左翼评论》的成员都是现代主义者。作为来自殖民地的一员,霍尔本人也更加青睐于社会化的都市文化。[①] 在对待马克思主义的态度上,第一代新左翼更多地保留了马克思主义的思想特征,他们希望通过纠正苏联共产主义中的一些理论误区,通过挖掘马克思主义中的人道主义内核,并结合英国民族特性来创造性地发展马克思主义理论,使之获得新的发展动力。第一代新左翼提出了"社会主义人道主义",奠定了文化马克思主义的基础,他们将学术活动与政治斗争有机结合,重视文化分析和文化政治,为实现马克思主义在英国的本土化发展做出了重要的理论贡献。第二代新左翼由于来源的多样化,马克思主义只是他们接受的其中一种传统,他们希望通过吸收不同的理论资源来丰富英国本土的思想贫瘠状况,因此他们对新观念的吸收意愿更为强烈。例如佩里·安德森接管《新左翼评论》后,大量译介欧陆著作,试图在文化研究、历史学、政治学等领域推进英国马克思主义的结构主义转型,在客观上丰富了英国理论界的国际视野。

---

① [英]斯图亚特·霍尔:《第一代新左翼的生平与时代》,王晓曼译,孙乐强校,《国外理论动态》2011年第11期。

虽然两代新左翼存在一些不同，但是他们在一些基本原则和理念上是有一致性的。事实上，新左翼从来不是一个具有统一政治议程、统一组织的群体，它包括持不同政见的共产主义者、工党左翼知识分子、劳工主义者、独立社会主义者以及一些激进主义青年学生等。把他们联结在一起的，首先，是对当代资本主义现状的批判以及对民主社会主义和苏联共产主义解决方案的不满。1956年的一系列政治事件使这些拥有不同出身、不同教育背景、不同经历的人聚合起来，他们参加核裁军运动游行、组建俱乐部和论坛、开设咖啡馆，共同探讨社会主义的未来。新左翼作为一个统一整体的主要代表论著有《走出冷漠》《五一宣言》等，早期理论阵地有《新理性者》和《大学与左翼评论》，后来这二者合并为《新左翼评论》，这些都成为新左翼研究、传播思想的载体。其次，两代新左翼都认可一种"人道主义的社会主义"。这一理论虽然在《新理性者》中提出，但《大学与左翼评论》同样认可这一理念。新左翼"认为自己的政治立场——社会主义的人道主义——不仅仅是另一种社会主义策略；社会主义人道主义代表了基于整体生活方式和总体个人的另一种理论。他们基于文化和艺术以绝对优先的地位，因为这种实践与整体的人类生活是紧密相关的，并且因为文化设施和体制在人们生活中起着越来越重要的作用"[①]。两代新左翼都重视文化维度在整体的社会生活中的重要作用，他们都对文化问题给予了极大的关注，将文化视为与经济、政治同样重要的要素。汤普森对道德的强调直接源于他的文化主义观念，威廉斯与霍尔、霍加特后来更是开创了伯明翰文化学派。新左翼虽然不是传统意义上的统一团体，但正是这种同质和异质的双重张力造就了一个独特的"新左翼"。

---

① ［美］丹尼斯·德沃金：《文化马克思主义在战后英国——历史学、新左派和文化研究的起源》，李凤丹译，人民出版社2008年版，第86页。

第 四 章

批判立场：福利资本主义和新帝国主义

英国新左翼思想建立在对资本主义和新帝国主义的批判基础上。在资本主义批判方面，新左翼从第二次世界大战后的社会阶层变化、社会价值理念、丰裕社会（Affluent Society）、现代化（Modernization）、共识政治（Consensus Politics）、人文科学等角度揭露了消费资本主义和福利资本主义的问题，表明福利资本主义带来的繁荣只不过是一场短暂的幻象，颠覆了以往人们对战后资本主义"黄金时代"的认知。在对新帝国主义的批判方面，从帝国主义图谱的转变、国际化的经济殖民主义、"不发达"的意识形态和冷战等角度对新帝国主义进行了全方位分析和批判，并表明只有打破冷战格局下的新帝国主义和旧框架，才有可能重建新世界。

◇◇ 第一节　英国新左翼对福利资本主义的批判

新左翼对资本主义的批判集中于第二次世界大战后形成的福利资本主义。第一，英国社会阶级界限更加分明，形成自我分化的社会，社会价值理念趋向物质化。第二，消费资本主义和"丰裕社会"带来的繁荣只是一种幻象，繁荣背后存在着公共投入和私人投入的严重失衡，资本主义经济存在结构性缺陷，消费资本主义的意识形态统治了英国。第三，为福利资本主义辩护的"现代化"和"共识政治"，前者的实质是以改善低效、促进社会进步之名掩盖真正的社会矛盾；后者旨在营造出民主政治的假象以稳定资本主义制度。第四，以自由和理性为名的功利的人文科学，培养出冷漠和因循守旧的知识分子。知识分子必须觉醒，自觉承担起改变世界的责任。①

一 社会阶层的变化与社会价值理念的物质化

（一）资本主义的复兴和商人地位的提升

资本主义的发展曾经缔造了繁盛的大英帝国，但20世纪以降，资本主义制度问题频出，资本主义经济深陷危机，政府威望大不如前，第二次世界大战爆发前许多人甚至认为资本主义已经不再适用。战争结束后，凯恩斯主义指导下的福利资本主义使资本主义商业重新焕发生机，资本主义和保守主义重新恢复了在英国的中心地位，利润至上和个人主义再次成为社会的风向标。战后资本主义与战前资本主义相比最突出的特征是政府干预经济，商业和政治之间的界限被打破，而这二者之间的分离是维多利亚时代自由资本主义的最主要特征。拉斐尔·塞缪尔在《"混蛋的"资本主义》("Bastard" Capitalism）一文中详细对战后英国资本主义发生的新变化进行了剖析和批判。他指出维多利亚时代英国的企业一般以小型企业为主，其特征是资本相对不足，容易受到经济周期性衰退的影响，而战后商业和政治的结合使政府在经济发展中发挥更大的作用，同时为企业的发展提供了最佳保护伞。他将战后资本主义最突出的特征概括为政府干预经济，商业和政治之间的界限被打破，这种商业和政治的结合使政府在经济发展中发

---

① 参见黄斐《繁荣背后：英国新左翼对二战后福利资本主义的批判》，《福建论坛》（人文社会科学版）2018年第3期。

挥更大的作用。① 这类看法得到了多数人的认可,在凯恩斯主义的指导下,资本主义经济中出现了一种有趣的现象,即政府越干预,企业越强大,社会逐渐形成一种观念,政府应当对经济的发展和企业的兴衰承担更多责任。战后大企业的发展规模已经远远超过自由资本主义时代的商业巨头所能达到的极限,企业拥有强大的储备,并有能力不受到市场波动的太大影响。金融和工业,商业和政治的界限日渐模糊,商业巨头也越来越多地在政府和国家中发挥作用。塞缪尔进一步指出资本主义的复兴对社会阶层尤其是商人阶层地位的转变影响是非常明显的。在19世纪,商人不能被上流社会接受,商人阶层通常要经过两代或三代人才能获得社会的尊重和上流社会的认可。而到20世纪以后,商人逐渐开始挤入上层阶级,他们开始享有更多的威望,商人的盈利模式和生活方式为人所模仿,上流社会的成员不再仅限于皇室贵族,商人也可以通过财富的积累和对国家的贡献挤进上流社会。战后政治和经济之间更紧密的结合使商人阶层和政治家阶层走到了一起,商人的社会地位得以提升。

(二)变化中的英国社会阶层

在第二次世界大战以前,英国的社会阶层之间已经发生了某种变化。20世纪以后,英国社会的上层阶级和中层阶级之间的界限日益模糊,不少中等阶级如工商业巨头、高级专业人员、科学艺术领域的名流等都开始挤入上层圈子。"1886—1914年取得贵族头衔的200人中,超过三分之一来自'新富',即工业革命所创造的财富;三分之一来自他们对国家所做的贡献,如高级文官、高级军官、殖民地官员、高等法官等等;只有不到四分之一

---

① Raphael Samuel, "'Bastard' Capitalism", in Norman Birnbaum ed., *Out of Apathy*, London: Stevens & Sons Limited, 1960, pp. 26 – 27.

的人出身于古老的贵族世家。"① "20世纪收入的方式和社会经济地位发生分离,'上层'这个概念与土地乃至资本都不一定有直接联系;收入最高的人中,可以有体育与艺术界的超级明星。……20世纪,阶级结构变化的总趋势是:工人阶级逐渐缩小,中等阶级正在扩大,上等阶级也有所增加,但增加的幅度十分小。"② 战后这种变化更加明显。商人与政治家之间的联系日渐紧密,过去政治家进入商业领域往往被视作政治生涯失败后的不得已的选择,而战后商业和政治,商人和政治家之间越来越紧密地交织在一起,许多人兼具商人和政治家双重身份,社会的职业模式已发生转变。塞缪尔对英国社会阶层的变化进行了分析,他指出,过去即使在古典自由资本主义发展到巅峰的时期,商业也并不被认为是绅士们应该从事的职业。但是在战后英国,商业和商人的地位大为提升,传统的食利者阶层把财富的基础从传统的海外扩张、石油、钢铁、船业转向金融和工业企业。商人阶层与上层阶级从过去的对立发展为相互融合,商业成功成为一些人挤入上流社会的途径,而上流阶层人士也乐于通过商业活动获取更多的财富。商业已经成为特权生活的主要资金来源,同时成为上流阶层的人们的主要职业,上层阶级的商业活动主要集中在银行业和保险业,他们对商业世界发挥越来越多的影响。此外,公立学校的教育目标也发生变化,从以往的"为上帝和国家服务"的教条中解放出来。公立学校的毕业生更倾向于从事商业活动,而在过去,军队和政府部门才是年轻毕业生的首选;对企业而言,许多企业通过各类资助支持学校教育,以此吸引更多人才,促进科学教育的发展,从而推动工业进步,这种做法也使得企业的社会声望进一步

---

① John Stevenson, *British Society 1914-1945*, London: Penguin Books, 1990, p. 30. 转引自钱乘旦、陈晓律、陈祖洲、潘兴明《日落斜阳——20世纪英国》,华东师范大学出版社1999年版,第186页。

② 钱乘旦、陈晓律、陈祖洲、潘兴明:《日落斜阳——20世纪英国》,华东师范大学出版社1999年版,第183—184页。

提升。企业还通过从上层阶级中招聘商业领袖来获得上流社会的资源,从而为企业的进一步壮大奠定了基础,"这样企业就获得了一种以前只有国家机构才拥有的权威。通过雇佣来自上层阶级的商业领袖,企业就可以利用他们的关系获得过去只有教会、政府和皇室才有的资源。企业和公立学校之间的紧密联系确保了企业可以毫不费力地取得优势,尤其是过去只有统治阶级和政府部门才有的优势,并用来支持商业的发展"①。商业活动对知识分子的吸引力也很大,包括大学毕业生、资深专业人才、大学教授等也越来越多地被吸引,公司企业也想方设法吸引优秀的大学毕业生。塞缪尔指出,在过去,知识分子比其他任何人都要注意远离商业,然而自第二次世界大战以来,商业就业的吸引力和可能性都显著提升,旧有的职业已经失去了吸引力,同时公司企业一直竭力吸引大学毕业生,一些商业领袖也努力地吸引技术人员到企业中就业。除了年轻人,一些资历深的专业人才、大学教授也越来越多地被吸引。"社会学家担任公司市场顾问,历史学家受委托为大公司撰写官方历史,经济学家担任投资机构的顾问和信托基金的董事。就连艺术领域也一样,公司企业成为艺术活动的主要赞助人,艺术活动越来越离不开商业的支持。"② 因此,经济、管理、文化、艺术等领域与商业的关系越来越紧密,商业活动逐渐走向"知识化"和"专业化"。

(三)社会价值理念的物质化和社会的自我分化

商业和社会各阶层的变化对社会精神层面的影响集中表现在社会价值理念的物质化上,塞缪尔对这一点进行了批判。他认为商业活动是导致个人主义价值观泛滥的推手。为吸引消费者,企业将产品质量与美好生活联

---

① Ralph Samuel, "'Bastard' Capitalism", in Norman Birnbaum ed., *Out of Apathy*, London: Stevens & Sons Limited, 1960, p. 42.

② Ralph Samuel, "'Bastard' Capitalism", in Norman Birnbaum ed., *Out of Apathy*, London: Stevens & Sons Limited, 1960, pp. 46 – 47.

系起来,以"追求美好生活"为口号来吸引消费者更多的注意,通过推销术的推广,利用销售技巧把自身打造出"愉悦观众""放松"等形象,逐渐给人们灌输一种价值观,即消费是一种正确的心态,是为了追求更美好的生活。战后的英国资产阶级失去了早期的清教精神,它把假的机会平等主义与对商业的尊重相结合,成为资本主义商业最典型的特征之一。[1] 马克斯·韦伯(Max Weber)在《新教伦理与资本主义的精神》一书中认为勤奋、节制的清教精神是资本主义在西方得以产生发展的重要原因,也是早期资本主义的基本价值理念。在资本主义早期,反对权贵、追求个人进步、勤俭节制的清教精神是资本主义的主要价值观,而在战后取而代之的是伪善的平等主义、机会主义、消费主义、奢靡之风等。塞缪尔指出,19 世纪英国的资产阶级价值观是反对统治阶级的国家贵族精神,强调个人主义,反对贵族统治。而当今的资本主义反而剥去了不墨守成规的外衣,丢弃了清教徒的节制精神,喜欢上奢侈的新风格。它破坏了早期的个人主义的价值观,追求企业进步被层级攀升所取代,反对贵族统治的精神也消失了。资产阶级现在喜欢传统上层阶级的风格,并在销售服务中利用他们的自命不凡。它把假的机会平等主义与对商业的尊重相结合。这种虚假的平等主义和尖锐的势力的结合,就是今天的资本主义商业最典型的特征,而这种特征通过广告的宣传,正向整个社会蔓延。这种变化与资产阶级社会地位的变化有关。资本主义发展早期,资产阶级属于新兴阶级,受到权贵的压制,不被上流社会所接受,有活力有激情,因此反对权贵、追求进步是其主要价值观。战后,商业与上层阶级越来越紧密地结合在一起,二者之间的界限逐渐模糊。换言之,资产阶级成为既得利益者,因此早期的反叛、进取精神被维护、扩张既得利益所取代,也就不足为奇了。

商业力量的增强看似使阶层之间的界限日渐模糊,但塞缪尔却发现这

---

[1] Raphael Samuel, "'Bastard' Capitalism", in Norman Birnbaum ed., *Out of Apathy*, London: Stevens & Sons Limited, 1960, pp. 48 – 50.

种表象背后阶层之间的实际差距扩大了。他用"一个自我分化的社会"（A society of self-divided）来形容战后英国社会的阶层分化。虽然尊重个人自由已经彻底融入英国人的生活方式中，在某些方面，英国是世界上最人道的国家，但同时也是阶级界限最分明的国家。在号称"机会平等的国家"背后新的不平等正在产生。机会的数量可能增加了，但个人成就越来越依赖于企业官僚机构和商业至上的扭曲标准。企业的实力增强，特权扩大，越来越多地影响国家生活。在某些方面商业的力量如此之大以至于影响国家的未来和人们的生活质量。20 世纪 60 年代前夕，英国是一个自我分裂的国家：它有民主的社会，却没能为自己创造真正民主的生活方式。[1] 塞缪尔眼中的英国在看似民主的表面下隐藏了更深刻的不平等。社会的评价标准、价值理念都在悄然发生改变。英国社会充满了金钱至上、商业至上的风气。它有民主的形式，却缺乏民主的实质，没能创造真正民主的生活方式。

二 "丰裕社会"的繁荣幻象

（一）消费资本主义的结构缺陷

塞缪尔对战后英国社会阶层的转变、社会价值理念的物质化和社会的分化进行了批判，斯图亚特·霍尔则进一步对消费资本主义和它带来的"丰裕社会"进行了猛烈抨击。战后工党政府积极推动建设"福利国家"，保守党政府上台后继续保留了这一基本政策，成为战后的英国"共识"。在这一共识指导下，"从 1951 年至 1973 年，英国实行以需求管理为主要手段，以充分就业为主要目标的经济政策。经济平均以 2.2% 的增长率向前发展，失业率维持在贝弗里奇提出的 3% 的目标以下。这一时期，尤其是 50、60

---

[1] Raphael Samuel, "'Bastard' Capitalism", in Norman Birnbaum ed., *Out of Apathy*, London: Stevens & Sons Limited, 1960, pp. 53-55.

年代,是英国历史上前所未有的经济增长时期"①。福利资本主义似乎创造了一个"丰裕社会",人们似乎过上了曾经梦寐以求的生活。然而霍尔认为,战后英国消费资本主义的繁荣背后存在着公共投入和私人投入的严重失衡。"城市中心的私人开发商和土地投机者抛出一个又一个办公室建设项目:打字员和职员都被挤进这些密集的、拥挤的地方,然而在战后新建的医院却寥寥无几。门诊楼、候诊室、精神病院、铁路候车室则常常是肮脏的。"② 20世纪50—60年代初期的英国基础设施依然落后,政府对青年服务和教育的投入很低,远远没有他们所声称的那么重视。资金都用于房地产、广告、娱乐等盈利多的行业,公共投入与私人投入相距甚远。

霍尔将投入失衡的主要原因归结为结构的缺陷。在战后的资本主义社会中,社会资源大多数都投入那些能产生较多利润的行业中,比如汽车制造业、消费品行业、广告业等,而对一些公共设施如道路、住房、教育、医疗等的投入极为有限。"在经济领域,哪个行业有活力,资本主义就在哪个行业发展,比如汽车和消费品行业,却不顾经济的平衡增长和人类需求。在社会领域,我们为了私人的需求而忍受公共的肮脏,比如为了新电视机、洗衣机和小汽车而忍受在福利、教育、城市发展等方面的不足。然而,问题是我们如何在这个社会中为每一个家庭主妇提供洗衣机的同时不至于让儿童忍饥受饿缺乏教育,我们如何在为每个人提供足够的满足生活和休闲需求的交通的同时不至于让小孩和老人在狭窄的街道中摔倒?"③ 资本主义制度为利润所驱使,资源为寡头所控制,在看似繁荣的世界背后还有小孩无法接受教育、老人无法得到有效的晚年生活保障、病人没能得到充分的

---

① 钱乘旦、陈晓律、陈祖洲、潘兴明:《日落斜阳——20世纪英国》,华东师范大学出版社1999年版,第138页。

② Stuart Hall, "The Supply of Demand", in Norman Birnbaum ed., *Out of Apathy*, London: Stevens & Sons Limited, 1960, p. 59.

③ Stuart Hall, "The Supply of Demand", in Norman Birnbaum ed., *Out of Apathy*, London: Stevens & Sons Limited, 1960, p. 66.

医疗资源等。资本主义经济结构存在缺陷，是失衡的。在霍尔看来，先进的工业技术如果是在无计划的私有制度下，只会给社会带来痛苦、失业、不安全的生活和技能的丧失。资本主义制度成了某些在效率和利润驱使下的魔鬼谋取利益的工具。它的繁荣并不是为所有人带来繁荣，而只是为这些魔鬼带来繁荣。

（二）战后资本主义的"繁荣"

在资本主义社会内部一直存在着为利润而生产和为需求而生产的矛盾，但在20世纪50年代这个矛盾似乎在利润的驱使下消失了，为利润而生产支配了整个20世纪50年代。"由于某些行业的巨大利润推动了经济的发展，这些矛盾演变成了政治和流行的神话：商业阶级的信心的复苏；在大企业的庇荫下商业精神的传播；保守党的连续三次选举胜利。资本主义创造了一种新的社会力量。"① 消费资本主义的发展使人们相信它创造了"丰裕社会"，人们逐渐接受了这种"繁荣"的神话。霍尔认为在消费革命的背景下，人们被资本主义用利润带来的"丰裕社会"所欺骗，或者说，资本主义用所谓的"繁荣"蒙蔽了人们的双眼。在这种虚伪的繁荣中，消费资本主义虽然标榜消费者是自由的，但实际上只是改变了剥削的形式。与早期资本主义相比，消费资本主义更具迷惑性。如果说早期资本主义是赤裸裸、血淋淋的，那么消费资本主义则更加温和、更具迷惑性和诱惑力。它将追求利润视为人类的需求，"从而使追求利益变得理所当然。而对那些真正担心我们的生活需求的人来说又有一种安慰的幻想，即繁荣会带来我们所需要的。在下个阶段，资本主义就会突然清扫街道，建设工人阶级的公寓，改革现代化带来的噩梦，限制办公大楼的增长等等。这已经成为一种普遍

---

① Stuart Hall, "The Supply of Demand", in Norman Birnbaum ed., *Out of Apathy*, London: Stevens & Sons Limited, 1960, p.68.

的、流行的观点。这也是消费品工业增长的宗教的一部分"①。它通过"繁荣"的表面景象使人们相信这种"丰裕社会"是持久的,即使出现一些问题也是暂时的,资本主义带来的繁荣的持续发展可以自然而然解决这些问题。简而言之,消费资本主义的意识形态统治了英国,它给人们灌输一种意识,即追求消费品工业就是追求美好生活。"消费品工业的驱动,加上富裕的神话,打破了我们对于事物'有用性'的理解。二手车、洗衣机、电视机并没有成为美国意义上的'身份的标志'——在美国这些为工人阶级提供了社会地位的象征和进入中产阶级的途径。消费品工业在某种程度上并不是给我们提供消费品,相反的,它给了我们一种对美好生活的定义。"②

在消费资本主义快速发展的过程中,企业似乎变得更人性化,但在这种人性化背后,社会的共同体责任反而下降了。霍尔认为资本主义和企业的"人性化"是过去社会责任感下降的根源之一。因为企业的"人性化"只针对自己的员工,而且只是部分的人性化,即能够在短期内为企业带来效益的事情企业才会为员工做。"繁荣的悖论之一是:资本主义和企业的'人性化'是过去十年社会责任下降的根源之一。但这个过程限制了我们对社会的思考。企业的责任在企业的边界结束了。有许多事情是连最人道的私人企业都做不了的。他们只能照顾自己的工人,而且也只是一部分。有志于公益福利事业的企业虽然可以负担得起对公立学校和私人教育计划的大量资助,但它没有办法为所有的孩子缩小阶级间的差距。因为'照顾自己'是企业优先考虑的因素之一:给孩子提供精英教育,或者增加公立学校的科学能力培训,可以在短期内为企业带来效益。超过这个界限,即使

---

① Stuart Hall, "The Supply of Demand", in Norman Birnbaum ed., *Out of Apathy*, London: Stevens & Sons Limited, 1960, p. 74.

② Stuart Hall, "The Supply of Demand", in Norman Birnbaum ed., *Out of Apathy*, London: Stevens & Sons Limited, 1960, pp. 74 – 75.

是对员工最负责任的企业也会变得不负责任(从社会共同体的角度来看的话)。"① 所以看似资本主义变得更加人性化,企业更加照顾员工,但是放在社会大背景下,实质上资本主义社会的"共同体责任"(community responsibility)反而下降了,这是资本主义的"繁荣"下的悖论。

而在这个过程中,工党发挥的积极作用越来越小,霍尔对工党持悲观态度,他认为工党已逐渐偏离社会主义的初衷向资本主义靠拢,在资本主义框架内运作,它的"社会主义之梦"实际上破碎了。工党自 1945 年选举获胜后就进入了资本主义的制度框架,它接受了资本主义制度的游戏规则,逐渐将经济的不平等视为正常现象,认可了消费资本主义的发展道路。"今天的工党已经陷入了一种防御状态:它要试图使这个制度工作,小心翼翼而不要求过多,甚至试图在这个资本主义平台上参与选举。共同体责任和公有制已经被抛弃了。一个熟练的工人阶级的愿望已经转移到个人需求的满意度上,他们从未被灌输社会和政治的紧迫性。社会主义的梦破碎了。"② 久而久之,社会中的不平等现象逐渐地只是被视为普遍存在的甚至是正常的现象,而没有与政治联系起来。人们只关注个人的需求而不在意社会公共事务,愤怒、抱怨以及对未来的不确定性都演变成了冷漠。

(三) 被迷惑的工人阶级

消费主义的意识形态不仅改变了社会的上层阶级,也改变了工人阶级的意识。20 世纪以降,工人阶级内部出现了结构性变化,技术职业工人所占比重日益增加,脑力劳动比重逐渐超过体力劳动,工人阶级的收入也逐渐提升。但工人阶级收入的提高是相对的,与上层阶级相比,工人的实际

---

① Stuart Hall, "The Supply of Demand", in Norman Birnbaum ed., *Out of Apathy*, London: Stevens & Sons Limited, 1960, pp. 75–76.

② Stuart Hall, "The Supply of Demand", in Norman Birnbaum ed., *Out of Apathy*, London: Stevens & Sons Limited, 1960, pp. 69–70.

收益并不大。"在保守党执政期间（1951—1964年），工人的实际生活水平仅仅提高了50%，而资本家持有的股票，实际价值却上涨了183%（加上股票分红，增长了225%）。1964年的1英镑购买力仅仅相当于1951年的13先令6便士，由于货币大幅度贬值，工人们感到，他们努力奋斗，到头来却毫无所获。他们的工资占国民收入的比例从来没有提高。在保守党执政期间，工人工资所占比例一直是42%多一点。"① 霍尔认为，战后工人阶级的生活水平虽然提升了，但实际上与上层阶级之间贫富差距更大了。"标准的比较是相对的。如果从一个标准而言，我们能看到绝对的进步。从另一个标准而言，在这个社会内部不同群体之间共享的可能性方面，我们发现了一种相对的退步。"② 这种差距到了怎样的程度呢？"超出这一水平我们进入一个奇幻的世界，这个世界是熟练工人的生活经验根本触碰不到的。超过一定限额，熟练工人就只能通过报纸和媒体提供的财富的神话来间接地体验财富。这已经逐渐成为英国'繁荣'文化的不可或缺的一部分。熟练工人阶级的不断上升的生活水平与富豪之间的差距是巨大的。"③ 工人阶级的收入增长和社会顶层阶级相比非常有限。工人阶级表面上的丰裕，只是分期付款、超前消费的结果，并不是他们的财富真正增加、生活水平得到真正意义上的提高。然而，消费资本主义的魔力在于它并没有使这种贫富差距的扩大在工人阶级中间产生仇恨的情绪。相反地，通过大众媒体的不断宣传，消费资本主义的意识形态逐渐同化了工人阶级，使他们羡慕资产阶级的生活，为成为中产阶级而努力，并相信资本主义的繁荣神话可以使他们过上渴望的生活。霍尔指出，战前的社会相对封闭，工人对于生活方式、

---

① ［英］阿伦·斯克德、克里斯·库克：《战后英国政治史》，王子珍、秦新民译，世界知识出版社1985年第1版，第178—179页。

② Stuart Hall, "The Supply of Demand", in Norman Birnbaum ed., *Out of Apathy*, London: Stevens & Sons Limited, 1960, p. 79.

③ Stuart Hall, "The Supply of Demand", in Norman Birnbaum ed., *Out of Apathy*, London: Stevens & Sons Limited, 1960, p. 81.

享受、奢侈品方面几乎没有什么想法，而这些是上层阶级习以为常的。工人们期望的标准仍然在一定程度上停留在失业和失业救济金的记忆中。他们对于福利的社会经验的边界介于中产阶级以下。现在新的社会群体出现了。年长的独立的中产阶级正在迅速消失，新的管理人员、技术人员的社会重要性则日益增长。虽然工人阶级对这些与他们有直接接触的人带有猜疑和敌意，但这种敌意往往带有嫉妒的成分。工人们对于这种新的生活，即大公司背景下的蓬勃发展并没有什么真正的了解。在渴望购买、结婚、进入顶层阶级的年轻人中有一种安全感，这种安全感是超出他们的经历的：高薪和扩大利润；养老金计划的津贴；子女教育的私人资助；公司出资的假期、汽车和饮料；收入所得税。熟练工人并没有意识到新管理阶层的标准和特权的上升，但财富的神话已经进入他们的意识，导致他们也很容易嫉妒羡慕成功的不义之财。① 消费资本主义创造的所谓的繁荣景象已经把工人阶级囊括进它的体系中，成为它的一部分。经济发展了，人们的生活水平提高了，但阶级之间的差距并没有缩小反而扩大了。不管大众媒体如何粉饰，这个本质并没有改变。

三 以"现代化"和"共识政治"之名

（一）本质为改良资本主义的"福利资本主义"

第二次世界大战后，英国和其他资本主义国家都在积极寻求转型。在战后英国，不管是保守党政府还是工党政府都以此为主要任务，"福利资本主义"正是在这一背景下产生的。"福利资本主义"从自由市场资本主义演变而来，但它在基本动力和运作模式上都与自由市场资本主义不同。到 20 世纪前期，纯粹的自由市场已不足以应付大规模的市场运作、复杂

---

① Stuart Hall, "The Supply of Demand", in Norman Birnbaum ed., *Out of Apathy*, London: Stevens & Sons Limited, 1960, pp. 80 – 82.

的经济组织和迅速发展的先进技术。技术创新、投资增长、消费需求的变化这些因素已经在实际上改变了自由市场资本主义的运作机制。所以资本主义运作模式需要改变，实现进一步理性化，如价格机制、制度内的工资谈判等，这种转变使某种形式的规划势在必行。1942年，威廉·贝弗里奇爵士（William Beveridge）发表了著名的《贝弗里奇报告》，主张建立一个拥有完整社会保障体系的福利国家，为人们提供从摇篮到坟墓的社会福利制度保护，这份报告被视为"福利国家"的指向标。战后工党执政期间推出了包括《家庭津贴法案》（1945年）、《国民保险法案》（1946年）、《国家援助法案》（1948年）、《国民卫生服务法案》（1946年）、《教育法案》（1944年）和就业政策的改革等主要举措，奠定了"福利国家"的雏形。

"福利资本主义"是对资本主义的一种改良。但新左翼认为，"福利资本主义"的规划并不意味着私人利润从属于社会优先。这种规划意味着更好的预测，对投资和扩张决策的更好的协调，对需求的更有目的性的控制等。这可以使私人部门更好、更有效率、更理性化地追求目标，也意味着对工会和劳工力量的更好的控制。在资本主义的这种理性化过程中，私人工业和国家之间的界限缩小了。国家事实上扮演了关键性角色，它通过财政手段全方位控制经济管理。在政治领域，平衡各方势力和利益集团。在与工会和劳工的关系方面，使工会达成共识，给他们灌输新资本主义理念，从而成功使他们与现有制度勾结起来。这意味着国家在经济秩序中发挥更重要的作用，对市场经济进行更全面的规划、预测和协调。同时，"福利资本主义"与自由市场资本主义的另一重要区别是重塑劳资关系，对工会和劳工进行渗透，把工人和工会囊括进利益体系中从而使工人和工会成为资本主义的拥护者。新左翼认为，福利资本主义使工人相信只有当生产力提高时，工人才能够分享利益，如果经济增长速度下降，工人的利益也会受损。这在表面上看起来是一种保证生活水平提高的更理性化的方式，但事

第四章　批判立场：福利资本主义和新帝国主义 | **123**

实上这是一种对劳资关系的更深刻的重塑。所谓的"规划"已经被重新定义了，以一种"福利"的说法被提出来。市场资本主义长时间以来一直被视作福利国家的敌人，但在英国"福利国家"被视作资本主义的一种修正。而参与到"福利资本主义"的"规划"中也被视作工会在现代经济中的模范表现。因此，通过一段时间的哄骗、威胁、勒索等各种方式，政府使工会领导与现有制度勾结起来。资本主义通过这种修正使工会和工人相信，只有工业生产力得到发展，资本主义越发达，他们的工资和福利才会越好。在新左翼看来，这是新旧资本主义以及资本主义和社会主义之间的重要区别，即在"福利资本主义"框架内，将工资增长与生产力水平挂钩，将工人阶级的繁荣与私人工业发展联系起来，使资本主义更具正当性。①

（二）以进步为名的"现代化"

第二次世界大战后奉行"福利资本主义"的英国被称为"新英国"。"新英国"以"科学革命"和"现代化"为主要特征。战后的英国政府认为"低效"是英国经济衰落的原因，"现代化"的提出是为了克服"低效"。但在新左翼看来，英国经济虽然在很多方面都很低效，但是低效的问题不仅是一个经济问题，也与政治、外交息息相关。如果想认清"现代化"作为经济的灵丹妙药的作用，必须把它放在真实的语境中：它不是一个项目，而是一个战略，是巩固福利资本主义策略的一部分。"现代化"本质上是"福利资本主义"的意识形态，即以改善低效、促进社会进步之名掩盖真正的社会矛盾。

新左翼将"现代化"视作福利资本主义的"神学"，并认为这是"现代化"的最主要作用。它使人们变得实际，只重视眼前利益，忽视长远目标，它为人们描绘了一个美好的现代社会，却掩盖了真正的矛盾冲突。新左翼

---

① Stuart Hall, Raymond Williams, and Edward Thompson, "From the May Day Manifesto", in Carl Oglesby ed., *New Left Reader*, New York: Grove Press, 1969, pp. 115 – 120.

认为，在"现代化"的作用下，态度、习惯、科技、实践都改变了，但经济和社会制度却保持不变。"现代化"使社会目标变得只重视眼前，在"现代化"形成的过程中，任何对长期目标的讨论都被视为乌托邦。"福利资本主义"指导下的英国政府认为"现代化"将会创造一个技术官僚社会模式。这种社会模式没有冲突，政治中立，在"科学革命""共识"和"生产力"的抽象中解决真正的社会冲突和议题。"现代化"因此成了掩盖创造真正现代的英国社会所需代价的借口。

（三）"共识政治"的民主假象

如果说"福利资本主义"意识形态在经济方面主要表现为"现代化"，那么在政治方面则是以"共识政治"为代表。比尔·考克瑟（Bill Coxall）等将"共识政治"定义为"政府和各政党（以及公众，当然这一点往往存在争议）对于价值与政策有着基本一致的看法。英国战后的共识政治建立在广为国民接受的贝弗里奇的社会政策与凯恩斯的经济政策（因此它有时被称为'凯恩斯—贝弗里奇共识'）之上，但是这个术语有时在广义上也包括在宪政问题、外交和国防政策方面的一致，也包括在产业关系上的和解"[①]。"共识政治"也被称为"巴特茨克尔主义"（Butskellism），来源于曾担任保守党政府财政大臣的理查德·巴特勒（R. A. Butler）和担任过工党政府财政大臣的休·盖茨克尔（Hugh Gaitskell）两人的姓。由于两党推行基本一致的经济政治政策，因而两人的姓被合并为一个新词来代表战后两党的"共识"。然而，有批评者对"共识政治"的概念提出了质疑，新左翼就是这些批评者之一。新左翼批判"福利资本主义"下的"共识政治"的本质是少数精英团体的共识和人为的操纵政治，不是大众的共识。"福利资本主义"的政治目的，是为了掩盖真实的冲突，营造出一种民主政治的假象，

[①] [英]比尔·考克瑟、林顿·罗宾斯、罗伯特·里奇：《当代英国政治》（第四版），孔新峰、蒋鲲译，北京大学出版社2009年版，第53页。

以稳定资本主义制度,将之融于虚假的政治共识中。"共识政治"的本质是操纵政治、人治政治和不民主的政治。政府虽然是选举出来的,但是政府真正的事业只是那些最有权力的精英阶层的共识管理。[①] "共识政治"的目的之一是寻求稳定,它是为了掩盖资本主义社会中真正的矛盾,营造出一种民主政治的假象,以稳定资本主义制度。

这种以"现代化"和"共识政治"为口号建立的"新英国"之名严重迷惑了一部分社会主义者,使他们以为这种新资本主义就是社会主义,这对追求社会主义的人们产生了消极影响。在"福利资本主义"的运行过程中,有些政策带有社会主义的集体主义因素,这使一部分社会主义者认为"福利资本主义"能够实现社会主义。比如"社会主义者相信计划,现在有组织的资本主义也需要计划。社会主义者反对自由市场,现在有组织的资本主义也试图超越市场的旧形式。社会主义者支持国家干预控制,现在新资本主义也主张积极的国家行为。社会主义者支持强有力的工会运动,现在有组织的资本主义也需要有力的集中的工会运动来支持谈判。似乎很容易转身说:我们在建设社会主义,只不过我们把它称为'新英国':包括政府、工业、银行、工会等等"[②]。但新左翼认为在本质上,利润、积累、消费仍然是政党和政府的追求,"福利资本主义"并不是社会主义,也无法实现社会主义。

四 功利的人文科学和冷漠的知识分子

(一)知识分子和追求实用主义的教育

知识领域也是新左翼对"福利资本主义"的批判重点。阿拉斯代尔·

---

① Stuart Hall, Raymond Williams, and Edward Thompson, "From the May Day Manifesto", in Carl Oglesby ed., *New Left Reader*, New York: Grove Press, 1969, pp. 120 – 121.

② Stuart Hall, Raymond Williams, and Edward Thompson, "From the May Day Manifesto", in Carl Oglesby ed., *New Left Reader*, New York: Grove Press, 1969, p. 123.

麦金泰尔从束缚人们的知识教条角度对英国的科学文化知识领域进行了批判，包括知识分子的现状、传统教育和人文科学等。麦金泰尔指出，20世纪以来英国社会的知识分子普遍缺乏参与公共事务的热情，换言之即缺乏社会责任感。18世纪启蒙思想家和他们的直接后继者，都将追求自由和理性看作知识分子的重要任务，对他们来说全面参与知识生活是理所当然的。而在麦金泰尔看来20世纪的英国知识分子关心的只是寻求各自领域的专业化，对于社会公共问题、人民的幸福和国家的强盛等都持冷漠态度。汤普森同样持这样的观点："在冷漠的十年中人们越来越多地用私人的方式解决公共的罪恶。私人野心取代了社会的愿望。人们认为自己的不满是自己的事情，别人的不满是别人的事情。如果要在二者之间建立一种连接，人们会倾向于认为在主流的冷漠中他们没有能力做出任何改变。……个人在面对社会时的无力感。比如一个小男人面对一个巨大的企业，一个公民面对一个国家，一个工人面对整个工会联盟。人们很冷漠是因为社会看起来似乎是这样的，尤其是战后成长起来的一代在面对战前背景下发展起来的机构时，受制于他们的旧路径和思想，受雇于一些思维老旧的人。孤独的个体总是感到无力改变他生活的社会环境，除非与其他个体结合在一起。"[1]"当代知识分子的因循守旧不仅使他们认为自己无法发出希望的声音，而且也认为没有听众会听并给予回应。知识分子的冷漠的组成部分之一是对于工人阶级的冷漠和因循守旧的根深蒂固的信念。老一套的因循守旧在不同群体之间是不同的。把这些群体团结起来的是他们的生活都是由不是他们所能控制的决定和事件来塑造和推动的。对于这种情况缺乏改变的希望和无能为力感深深影响了我们这个社会所有的阶级。"[2] 究竟是什么使知识分

---

[1] E. P. Thompson, "At the Point of Decay", in Norman Birnbaum ed., *Out of Apathy*, London: Stevens & Sons Limited, 1960, pp. 5 – 6.

[2] Alasdair Macintyre, "Breaking the Chains of Reason", in Norman Birnbaum ed., *Out of Apathy*, London: Stevens & Sons Limited, 1960, p. 198.

子变成了这副模样?是什么阉割了他们的思想?导致这一现象的直接原因是忽略社会整体性的传统教育。英国的传统教育偏重于各学科的专业化培养,缺乏整体社会视野。学校倾向于开展独立学科教育,整体社会视野消失了。历史、文学、哲学这些都分开进行教育,没有紧密结合起来。学校的教育只是培养专业人才。当学生问他们为什么要做他们正在做的事情的时候,学校并不能够给予回答……古典教育的崩溃已经使学术世界没有任何内在的力量可以抵抗工业和国家的成型的压力……欧洲大陆的知识分子有他们的意识形态,比如马克思主义、存在主义等。而我们英国人对于这些理论则没那么热情。这种直接的反应是我们的知识分子的态度的一条线索,即我们的特征反映在多种多样的理论学说中,也反映在我们没有一般理论和统一思想中。尤其是我们缺乏关于人类的学说的统一概念。[①] 实用主义的教育模式通常培养出的只是单一领域的人才,教育的评价系统和社会评价等也只注重实用的专业化教育。这种实用主义的教育导致英国人文科学的失败,培养出来的知识分子也都是对公共事务冷漠的科学家、技术人员等。这与英国自培根以来的经验、实证主义传统有关,体现在教育上就导致实用主义的教育模式,使英国的人文社会科学领域的思想理论成果乏善可陈,只是注重对于社会当下能够创造实际价值的知识技能的培养。

(二) 注重机械主义和经验主义的人文科学

麦金泰尔将英国人文科学的机械主义和经验主义传统看作造成教育的实用主义化的重要原因。英国的人文科学传统上是被机械主义和经验主义支配的,主张个人主义的方法论,缺乏整体历史观,只能对材料进行简单概括总结,没能构造整体社会结构理论。麦金泰尔强调脱离社会历史背景研究社会现象的科学方程导致两个谬误。"第一个谬误是重要的概括性结论

---

① Alasdair Macintyre, "Breaking the Chains of Reason", in Norman Birnbaum ed., *Out of Apathy*, London: Stevens & Sons Limited, 1960, pp. 205 – 209.

可能只是出于材料收集，缺乏重要的一般性原则。第二个谬误是正式的理论可能只能做出基于特定情况下的简单的结论……人文科学成为只是基于特定观察和案例基础上的简单总结，缺乏任何统一原则和意义。以经验主义为名，它成为了可以接受的教条，规定了人文科学应当如何。"① 有人将实证主义的影响看作知识分子冷漠的原因，麦金泰尔却认为，实证主义虽然是狭隘的理性观、唯名论、原子论，缺乏对于整体世界观的理解，但实证主义与所有这些都是在我们文化中的知识景观已经出现后才出现的。换言之，实证主义是结果，不是原因，知识分子失败的关键在于人文科学的失败。麦金泰尔将英国的人文科学总结为是非历史的、单一的、内容有限的、低级别的总结概括，无法辨别或构造总体社会结构的理论。这种人文科学一方面使人们成为没有整体历史观的历史决定论者，另一方面造成"个人主义的方法论"，即认为群体应当被理解为个人的组合，个人是具体的，社会是抽象的，这与"整体论"是对立的。② 他将英国人文社会科学的缺陷视作导致知识分子普遍冷漠的重要根源之一，并强化了知识分子的普遍冷漠和因循守旧。麦金泰尔的一段话形象地概括了知识分子的状态。"从某种意义上说，我们这个时代的意识形态已经公布了。在那些自封的治疗专家的理论核心中，在那些社会科学家中，正是这些想法定义和支撑了知识分子的不安。正如赫尔岑说他的前人，他们认为自己是这个病态社会的治疗师，但其实他们才是这个病态社会下的病态人。"③

---

① Alasdair Macintyre, "Breaking the Chains of Reason", in Norman Birnbaum ed., *Out of Apathy*, London: Stevens & Sons Limited, 1960, pp. 214 – 215.
② Alasdair Macintyre, "Breaking the Chains of Reason", in Norman Birnbaum ed., *Out of Apathy*, London: Stevens & Sons Limited, 1960, pp. 216 – 221.
③ Alasdair Macintyre, "Breaking the Chains of Reason", in Norman Birnbaum ed., *Out of Apathy*, London: Stevens & Sons Limited, 1960, pp. 226 – 227.

(三) 功利主义的消极影响

如果说人文科学的失败造成了教育的失败和知识分子的冷漠，那么在人文科学背后，还有更深刻的社会根源——功利主义。功利主义和费边主义共同构成了"福利资本主义"的精神。麦金泰尔指出功利主义在英国社会民主传统中占据主导地位，英国的社会民主很自觉地走边沁主义道路。功利主义和费边主义相似之处在于通过给所有人设置共同目标追求最大多数人的最大幸福来使人们相信社会有共同利益，需要的只是对利益进行调整。然而马克思主义认为在阶级社会中，不同阶级对于利益有根本性的、无法调和的冲突。另外功利主义给费边主义者提供了灵感，认为智慧和仁慈的管理者群体能够调整这种社会利益。在资本主义社会中不同群体的利益是不一样的，功利主义把这种冲突隐藏起来，用所谓的共同利益的面具来掩盖真正的矛盾。因此需要社会保险、健康服务、有限的教育机会的提高来减少这种不满。这正是福利资本主义的精神。[①]

由上观之，功利主义影响了人文科学的倾向，使人文科学偏重于经验主义和实证主义。人文科学的倾向则影响了教育科学的设置，使教育明显实用主义化，从而培养出冷漠、功利和因循守旧的知识分子。冷漠和因循守旧的意识形态解除了知识分子的武装并把他们转化为安全地负责既定秩序下的社会管理的教育技术员。如何突破这种现状呢？麦金泰尔强调需要打破功利主义的枷锁，这种突破来自知识分子自身的觉醒，知识分子必须接受自身对于工人阶级运动的责任，并自觉承担起改变世界的使命。

20世纪50年代至70年代被称为西方资本主义的"黄金年代"，这一阶段西方主要资本主义国家经历了经济的高速增长和社会的剧烈变化。消费资本主义创造的"丰裕社会"使资本主义重新占据了人们的目光。在福利

---

① Alasdair Macintyre, "Breaking the Chains of Reason", in Norman Birnbaum ed., *Out of Apathy*, London: Stevens & Sons Limited, 1960, pp. 236–238.

资本主义似乎成为灵丹妙药的年代,英国新左翼却唱了"反调",一针见血地揭露出繁荣背后的真相——一个冷漠的原子化的时代。他们对福利资本主义的批判多富有见地,许多见解今天来看依然耐人寻味。而之后的事实也证明了英国新左翼的批判确有其理,20世纪70年代的经济危机使福利资本主义遭遇重大挫折,英国新左翼揭露的问题均一一呈现。历史的发展表明,只要资本控制和阶级差距还存在,对资本主义的批判和对社会主义的追求就不会停止,正是这些思想解放了人们的精神桎梏,推动了社会的进步。

◇第二节 英国新左翼对新帝国主义的批判

英国新左翼思想家将第二次世界大战后形成的帝国主义称为新帝国主义,苏伊士运河事件被视为战后国际秩序的重大转折,意味着以英国为主导的旧帝国主义的终结和以美国为主导的新帝国主义的兴起。对新帝国主义的批判在英国新左翼思想中占据重要地位,新左翼思想家从帝国主义图谱的转变、国际化的经济殖民主义、"不发达"的意识形态和冷战等角度对新帝国主义进行了全方位分析和批判。英国新左翼认为,新帝国主义在经济上用"援助"和跨国公司取代旧帝国主义的直接剥削,政治上以间接操纵代替直接统治,文化上以消费资本主义的意识形态进行文化殖民。新帝国主义"援助"的本质是保证前殖民地区的新兴国家始终保持在新帝国主义国家为其设定的轨道和路线内,使其企业和投资利益在这些国家得以保障,从而更好地攫取利益。新帝国主义用"不发达"理论来为战后的新殖民主义提供借口,但"不发达"本身就是被殖民剥削的结果。新帝国主义与冷战相互依存,在冷战框架内新帝国主义得以发展壮大,新帝国主义和新殖民主义则保障了共产主义阵营和资本主义阵营在冷战期间的发展。在冷战格局和新帝国主义框架内,新兴民族国家无法得到实质性的发展,要打破这种局面必须跳出原来的旧框架,建立一个新世界。①

一　新旧帝国主义图谱的转变

(一) 旧帝国主义的终结和新帝国主义的兴起

从20世纪40年代后期开始,英帝国内的殖民地开始了一波又一波的独立浪潮,印度、巴基斯坦、马来亚、苏丹、黄金海岸等纷纷独立。逐渐衰落中的英国试图通过各种方式维持其超级大国地位,延续着从前的"大英帝国"梦,苏伊士运河事件便是其中的代表。1956年7月,埃及总统纳赛尔宣布将由英国和法国控制的苏伊士运河公司收归国有,英、法为重新夺回苏伊士运河的控制权与以色列相勾结发动了对埃及的侵略战争。战争的最后结果是迫于国内外的严峻压力,英、法、以不得不相继撤军。在此事件中,美国出于自身利益考虑强烈谴责侵略行为,并对英、法、以最后的撤军起到关键作用。苏伊士运河事件被视为战后国际秩序的重大转折,意味着以英国为主导的旧帝国主义的终结和以美国为主导的新帝国主义的兴起。有学者认为苏伊士运河事件是英国殖民史的重大转折点,它说明老牌殖民主义已四面楚歌,很难继续维持下去。它也说明美国的影响已经超过英国,没有美国支持,英国什么也干不成。……英国在20世纪60年代让非洲几乎所有的殖民地全部都获得了独立,而英帝国至此事实上就已经结束了。② 在苏伊士运河事件之前,英国人曾绘制了美好的未来生活图景,希望建立一个全新的大国强国,但苏伊士运河事件使这一幻想破灭了。传统左

---

① 参见黄斐《"仁善"的剥削——英国新左翼对二战后新帝国主义的批判》,《河南大学学报》(社会科学版) 2018年第1期。

② 钱乘旦、许洁明:《英国通史》,上海社会科学院出版社2002年版,第351页。

翼、年轻的自由主义者对这一所谓的改革的英国和自由世界充满了失望。在此事件中，有一些英国人竟然支持出兵苏伊士运河这一冒险的举动，彼得·沃斯利认为这是战争阴影和战后英国整体实力下降带来的不安全感引发的。战争带来的影响是非常可怕的，它使得人们对野蛮、暴力、冷酷变得习以为常，"在过去十年的暴力影响下，英国的人类精神减弱了。集中营的可怕经历给人们留下了难以磨灭的伤疤，使他们对自己的同胞失去了信心。机器带来的人类价值的降低已经变得如此巨大、高效和客观……到处都是无情、高效的机器，机器似乎统治了整个社会……团结、忠诚这些品质都消失了，暴力成为正常的自卫方式……暴力可以作为政府的正常组成部分而得到宽恕"[1]。换言之，战争使"弱肉强食"的理念深入人心。人们认为，为了自我防卫，暴力有时是可以理解的。但现实并未如英国政府所愿，苏伊士运河事件显示英国对于维持超级大国地位已力不从心。"1956年苏伊士运河危机对英国外交政策来说是一个重大分水岭。英国终于从数世纪之久的大国梦中醒来，看清了自己应有的国际地位，并以此为基础，开始对其外交政策做重大调整。"[2] 沃斯利认为1956年苏伊士运河事件中英军最终撤退最主要的原因不是来自内部，而是来自外部的多重压力。对一些人来说，苏伊士运河事件意味着传统帝国主义并未死亡。但这个事件真正表明的是旧帝国主义已经不得不让位于由美国主导的资本主义权力统治下的全球战略的新要求。英国经济的衰弱和美国的政治权力的结合意味着英国不得不受到美国的影响。[3]

美国在苏伊士运河事件中扮演的似乎是调解人的角色，但这种调解并

---

[1] Peter Worsley, "Imperial Retreat", in Norman Birnbaum ed., *Out of Apathy*, London: Stevens & Sons Limited, 1960, pp. 115 – 118.

[2] 钱乘旦、陈晓律、陈祖洲、潘兴明：《日落斜阳——20世纪英国》，华东师范大学出版社1999年版，第406页。

[3] Peter Worsley, "Imperial Retreat", in Norman Birnbaum ed., *Out of Apathy*, London: Stevens & Sons Limited, 1960, pp. 101 – 102.

第四章　批判立场：福利资本主义和新帝国主义 | **133**

非出于维护第三世界国家的权益，而是对反苏联盟的维护。反对苏联和共产主义是彼时美国政府的最高原则。以美国为首的反苏集团正在绘制全球反对共产主义的战略地图，而苏伊士运河事件当时在美国政府看来是英国追求私人帝国主义利益的表现，不符合美国的全球新战略，自然加以反对。苏伊士运河事件表明，英国丧失了超级大国的地位，美国扛起了超级大国的旗帜，英国沦为依附于美国的二流国家。新左翼指出："我们不得不重新审视并相信在殖民主义时代的黄昏，英国作为帝国主义力量的时期已经结束了。我们这个时代的最主要的政治问题是：新资本主义和新帝国主义的真正关系；英美政治和军事联盟的本质；英国在当代世界的实际位置。"[①]美国日益占据新帝国主义的主导地位，而英国作为帝国主义力量的时期已经一去不复返。美国凭借强大的经济工业实力进行广泛的海外投资，并建立起全球化军事防御系统，以抵抗以苏联为首的共产主义阵营。英国只能通过与美国结盟保证自身利益。对埃及的武力入侵是典型的旧帝国主义的侵略方式，而在20世纪50年代，以英国为主导的旧帝国主义体系逐渐瓦解，以美国为主导的新帝国主义体系正在形成。同时，国际上反殖民、反帝国主义浪潮风起云涌，第三世界国家纷纷形成独立的民族国家。因此，这种旧帝国主义的侵略方式注定是不合时宜必定失败的。英国在苏伊士运河的撤军一方面反映了英国无力再维持其超级大国的地位和殖民利益，另一方面也反映了全球政治地图的转变，即以美国为主导的全球资本主义新战略领导下的新帝国主义的崛起。从国家地位来看，苏伊士运河事件反映了英国的衰落和美国的崛起。从国际体系来看，苏伊士运河事件反映了旧帝国主义的瓦解和新帝国主义图谱的形成。

[①] Stuart Hall, Raymond Williams, and Edward Thompson, "From the May Day Manifesto", in Carl Oglesby ed., *New Left Reader*, New York: Grove Press, 1969, p. 127.

(二) 新旧帝国主义的区别

旧帝国主义的终结和其他西方力量尤其是美国的崛起，是英国不得不面对的事实。但在新左翼看来，旧帝国主义虽然崩溃了，却被新帝国主义所取代，帝国主义从未消失，帝国并未终结，只是形式发生了变化，帝国由英国主导变成了美国主导。"就英国而言，我们只能推测帝国的全面清算实际上从未发生。在经济领域，很明显，新的国际公司和金融利益取代了原来的殖民总督。同样的，在政治领域，我们给了殖民地人民自由，听起来似乎是富人和特权阶层给了其他人以选举、福利和就业的权利，但事实并非如此。"[1] 表面上看，过去的赤裸裸的殖民剥削似乎是消失了，但是出现了新的经济和政治殖民以及文化殖民。经济上"援助"和跨国公司代替了旧帝国主义的直接剥削，政治上间接操纵代替了旧帝国主义的直接统治，文化上用福利资本主义的意识形态迷惑、误导大众，使之落入"消费社会"的"繁荣"窠臼。

新帝国主义与旧帝国主义二者在领导国家、核心目的、殖民方式上均有所不同。以英国为主导的旧帝国主义主要以争夺资源、土地等为主要目的，手段主要是武力入侵。以美国为首的新帝国主义的核心是反对共产主义，手段则采用更加温和隐蔽的方式。第二次世界大战以后全球反殖民浪潮兴起，帝国主义再也无法抑制第三世界的反抗浪潮，无法再使用赤裸裸的、不受惩罚的剥削方式，转而使用更加隐蔽的科技手段。新旧帝国主义之间在20世纪50年代是共存的，甚至相互推动。在二次世界大战以后爆发的一些地区性冲突，如推翻伊朗摩萨德政权，第一次印度支那战争等都是既为争夺资源、金钱，又为反对共产主义而发生的。沃斯利认为新帝国主义是在冷战期间形成的，在20世纪50年代，冷战形势越复杂，旧帝国主义

---

[1] Stuart Hall, Raymond Williams, and Edward Thompson, "From the May Day Manifesto", in Carl Oglesby ed., *New Left Reader*, New York: Grove Press, 1969, p. 128.

就越容易获得喘息的机会并在新帝国主义的树荫下继续生存……大多数时候，旧帝国主义和新帝国主义之间相互推动。比如马来亚战争，既是为争夺橡胶资源和美元收益，也是为了反对共产主义革命……但同时，一些旧帝国主义国家打着反对共产主义的名号发现它们可以在"自由世界"的旗帜下免受惩罚。比如，在反对共产主义的旗帜下，扼杀马来亚、英属圭亚那等地区的民族主义。在企业自由的名义下组织殖民地资源的国有化。在保护私有财产的名义下阻止殖民国家的土地改革。在自我防卫的名义下影响贫困的巴基斯坦花费财政收入的75%在军队开支上。通过贸易禁运令和援助计划成功地阻碍了苏联的贸易，使落后国家更加落后，从而不得不依附于西方。[1] 有些国家实际上是在反对共产主义的新帝国主义名义下行旧帝国主义的侵略之事。

二 经济殖民主义新形式

（一）"家长式剥削"背后的"援助"真相

新帝国主义的一大特征是以隐蔽、间接的方式进行剥削，沃斯利称其为"家长式剥削"（Paternal Exploitation），即通过间接、隐蔽的方式使原殖民地区人民心甘情愿地忍受剥削而不自知，甚至逐渐认同。新自由主义意识形态的传播成为"家长式剥削"得以实现的重要手段。"第二次世界大战后新自由主义有了一个国际性的面貌，成百上千的新兴国家的学生可以在他们的学校、大学甚至是西方的大学里头吸收这种意识形态……每三个月，每个不列颠的大学教师都能收到一本名为'进步'的杂志。这本杂志告诉他们大商业意味着建立在高度发展的科学研究基础上的效率、精简，也意

---

[1] Peter Worsley, "Imperial Retreat", in Norman Birnbaum ed., *Out of Apathy*, London: Stevens & Sons Limited, 1960, pp. 106–107.

味着为雇员带来更好的生活。"① 战后资本主义的文化殖民获得了成功,原殖民地和新兴国家的人们逐渐相信资本主义可以给他们带来繁荣。沃斯利指出新帝国主义通过经济贷款策略、援助计划、派遣工会顾问促进殖民地区的认同、利用本土知识分子对自由主义和新的仁善的战后资本主义的教育等方式来消解原殖民地区的反抗。与此同时,新帝国主义持续从刚独立的又无法摆脱经济束缚的新兴国家中获取利益。这些刚独立的国家的需求就是以这样一种在一个新的更复杂、更灵活的网络中挣扎来得到满足。② 人们一开始以为美国是反对旧殖民主义的主要力量,但很快人们就意识到美国的政策实际上都是为了反苏联盟的建立和维护。新左翼批判新帝国主义的实质是通过非武力的经济援助、文化认同等策略消解殖民地区的反抗。简言之,新帝国主义的殖民以文化殖民为核心。战后的新帝国主义殖民方式更加灵活、间接、隐蔽,穿着救世主的外衣,打着仁善的资本主义的名号进行殖民,由战前的硬殖民转变为战后的软殖民。

第二次世界大战后"援助"成为世界议题的一个重要部分,也成为新帝国主义进行剥削的重要手段。因为对于新帝国主义国家而言,"在前殖民国家,外国资本必须要被允许自由发展。政治稳定也必须要得到保证:从国内来说,保障外国投资安全;从战略而言,保证国家免受共产主义'颠覆'。必须要保证有稳定的政局,不管是通过军事独裁还是傀儡政权都要保证这种稳定"③。为了保证在前殖民地区的利益,保证外国投资在这些地区稳定发展,并防止这些国家转向共产主义,新帝国主义国家想方设法保障这些地区的政治稳定,有时候为了保证这种政治稳定性采取"援助"的方

---

① Peter Worsley, "Imperial Retreat", in Norman Birnbaum ed., *Out of Apathy*, London: Stevens & Sons Limited, 1960, pp. 124 – 125.

② Peter Worsley, "Imperial Retreat", in Norman Birnbaum ed., *Out of Apathy*, London: Stevens & Sons Limited, 1960, pp. 121 – 124.

③ Stuart Hall, Raymond Williams, and Edward Thompson, "From the May Day Manifesto", in Carl Oglesby ed., *New Left Reader*, New York: Grove Press, 1969, pp. 131 – 132.

式使这些国家的经济得到一定程度的发展。但是新左翼指出,这种发展一旦真正刺激了落后国家的经济增长,促使新的社会力量产生使之从新帝国主义国家为它设定的安全轨道中脱轨时,新帝国主义国家就会立即停止援助并代之以严重的政治干预。"一旦这种温和改革取得了成功,援助成功激发了真正的经济增长,新的社会力量在这些穷国中涌现出来使这些国家跳出了西方国家的安全轨道的时候,当任何革命行动发生的时候,'援助'就会被严厉的政治干预和反颠覆所取代。所以这些新国家,存在于一个神秘的循环中:接受援助成为安全的、值得信赖的力量,但内部同时存在一种革命的军事力量……这种新国家和西方之间剥削性的军事和经济关系因此确定了这些新国家的受剥削状况,加重了'落后国家'的'落后'……这就是富国和穷国之间真正的政治和社会关系,这就是我们要改变的现实。"[1]新左翼批判新帝国主义的"援助"不是为了使落后地区真正得以发展,其真实目的是为了保证这些前殖民地区的新兴国家始终保持在新帝国主义国家为其设定的轨道和路线内,使新帝国主义国家的企业和投资利益在这些国家里得以保障,从而更好地攫取利益,保证新帝国主义的稳定性。这种方式不仅给新帝国主义披上了伪善的外衣,使其对落后国家的剥削更具隐蔽性,而且加剧了国家之间的差距。这就是"援助"的本质,也是落后国家和发达国家之间关系的真相。

(二) 以跨国公司为核心的国际化的经济殖民

战后国际秩序的重要特征之一是跨国公司的出现。几乎所有的跨国公司都是私人所有,因此这些跨国公司的收入基本都被投资者占有。这种跨国私人投资一方面极大地改变了世界经济的运行模式,成为世界经济的核心机构;另一方面创造了一种不同于以往的"国家殖民主义"的"国际化

---

[1] Stuart Hall, Raymond Williams, and Edward Thompson, "From the May Day Manifesto", in Carl Oglesby ed., *New Left Reader*, New York: Grove Press, 1969, pp. 132 – 133.

的经济殖民主义"。新左翼指出私人跨国公司的数量不断增长和快速国际化对世界贸易模式产生了重要影响。一方面，它打压了一些发展中国家和一些缺乏竞争力的对手。更深远的是，这些大型的私人国际企业为国家经济提供了制度化的经济框架。这些大型跨国企业不仅成为世界经济的核心机构，而且削弱了发展中国家的地位，使这些国家的经济面临风险。另一方面，这些跨国企业影响了发达国家的贸易和投资，并深入参与到对殖民地和前殖民地的持续剥削中。这些大型跨国企业在第三世界的金融运作从两方面代表了经济殖民主义的国际化。第一，第三世界的大型矿业和冶金业是由帝国主义国家的财团资助操纵的。第二，一些旧的运行领域依然受传统的殖民势力影响。第三世界被视作这些跨国机构的潜在势力范围。19世纪的国家殖民主义消失了，取而代之的是一种适应世界市场需求的更加国际化的经济运行方式。[①]

三 新帝国主义意识形态

(一) 依赖的代价

沃斯利认为新帝国主义的"看不见的权力"与旧帝国主义的赤裸裸的剥削一样有效地加大了贫穷国家和富裕国家的差距。经济的剪刀差以一种新形式出现，在不平等的国际经济、政治体系中，落后国家变得越来越贫穷，发达国家越来越富裕。而这个现象的原因已经不仅仅是个技术问题或者是"欠发达"的问题，而是一个政治问题，即贯穿冷战的全球框架下的私人帝国主义这个问题。[②] 这一解释类似于沃勒斯坦的世界体系理论，即认

---

① Stuart Hall, Raymond Williams, and Edward Thompson, "From the May Day Manifesto", in Carl Oglesby ed., *New Left Reader*, New York: Grove Press, 1969, pp. 124 – 125.

② Peter Worsley, "Imperial Retreat", in Norman Birnbaum ed., *Out of Apathy*, London: Stevens & Sons Limited, 1960, pp. 129 – 130.

为造成国家之间的贫富差距扩大的主要原因是由于帝国主义主导下的不平等的世界体系。战后福利资本主义的发展和发达国家的各类"援助"表面上使不发达国家和新兴民族国家都取得了一定进步,但事实上造成了这些国家对发达国家的高度依赖,而严重依赖的代价是使本国利益越来越多地被发达国家攫取。这就形成了一种有趣的现象,即这些国家制造的产品越多,创造的效益越大,反而越贫穷。新左翼揭露出这一切的秘密就在于新帝国主义的隐形剥削,即通过跨国投资、吸收股权等方式使这些国家创造的效益大量地流入新帝国主义国家的口袋。

(二)"不发达"理论掩盖下的新殖民主义

对于落后的、原殖民地区不发达的原因解释一直以来都存在一个误区,西方国家或者把原因归结为技术、管理的问题,或者归结为气候、地理等因素,掩盖了背后真正的实质性的原因:不平等的国际经济、政治、外交体系。新左翼批判一些西方人通过媒体、文学等宣传给这些不发达地区建构了一个落后的、野蛮的形象,把自身描绘成文明的传播者和帮助不发达地区步入文明进程的救世主,却对这些地区过去的辉煌文明和他们给这些地区造成的掠夺、伤害略之不谈。沃斯利指出:"自由党和保守党的连年来的家长式误传取得了成效。非洲被描绘成原始的、不开化的、对西方文明不敏感的地方……对于在街道中居住的人来说,对非洲的描述是非常简单粗俗的:非洲就是一个丛林大陆,居住着落后的部落,尽管这些部落居住着不开化的忘恩负义的人,我们仍然去帮助他们使之开始文明进程。"[1] 久而久之,包括这些不发达地区在内的人们也逐渐认同了这种解释,似乎依赖、学习西方是他们的唯一选择。新左翼对这一现象的批判与萨义德的"东方主义"有异曲同工之处。

---

[1] Peter Worsley, "Imperial Retreat", in Norman Birnbaum ed., *Out of Apathy*, London: Stevens & Sons Limited, 1960, pp. 132 – 133.

这种对不发达地区的解释逐渐形成了一种关于原帝国主义国家和原殖民地国家之间关系的新的解释——"不发达"（underdevelopment）理论。其核心观点是，由于原殖民地国家落后、贫困，所以作为文明的、现代化的、发达的国家理应帮助这些穷国。"因为这些国家不发达，所以发达国家有义务帮助这些落后国家，就像是富人有义务帮助穷人。由于世界上富人和穷人的差距不是缩小而是扩大，随着人口迅速增长，有饥饿和贫困的灾难性危险，所以我们要给予更多援助和慈善，这就是英国当前最好的感觉。"①"不发达"理论成为新帝国主义的意识形态，为战后的新殖民主义提供了解释，使这些新帝国主义国家对原殖民地区的间接剥削变得合情合理，甚至许多不发达国家的人民也接受了这样的解释。但新左翼认为这些原殖民地区的"不发达"不是本已有之，其不发达本身就是被殖民剥削的结果。"非洲在奴隶贸易中损失了上百万劳动力。石油、矿产、农业产品大量地从穷国运送到富裕的国家。这些贫穷的地方不单纯是贫穷，他们贫穷，是因为发达国家通过政治和经济控制决定了他们的生存条件。"② 战后这些国家获得政治独立，但在经济上仍然依赖于世界市场。不平等的国际经济货币体系使这些国家和发达国家之间的贫富差距更大，从而使"不发达"理论的解释更具说服力，形成一个恶性循环。新左翼认为这种新殖民主义不是过去盛行的那种帝国主义，它通过外交控制决定了落后地区的关键性问题。如果这些国家内部出现了政治运动试图改变这种不公平的优先等级顺序来结束这种依赖，就会被描述为妨碍和平。这种政府会面临政治、经济甚至是军事压力，就像苏伊士运河事件中埃及面临的问题那样。这些不同态度的政府因对新帝国主义国家的不同态度被贴上不同标签，或者是"亲西方

---

① Stuart Hall, Raymond Williams, and Edward Thompson, "From the May Day Manifesto", in Carl Oglesby ed., *New Left Reader*, New York: Grove Press, 1969, p. 129.
② Stuart Hall, Raymond Williams, and Edward Thompson, "From the May Day Manifesto", in Carl Oglesby ed., *New Left Reader*, New York: Grove Press, 1969, pp. 129 – 130.

的"和"温和的",或者是"极端的""恐怖的""共产主义的"。以商品市场、矿业公司、石油公司和金融集团为代表的新殖民主义成为新帝国主义的军事存在、维和部队和政治策略。① 在新左翼看来,奉行新帝国主义和新殖民主义的国家就像披着牧师外衣的强盗,以传道互助的名义进行掠夺,任何试图打破这种不平等关系的行为都被视作对和平的破坏。福利资本主义、新帝国主义和新殖民主义构成了战后美英等发达资本主义国家的战略核心。

四 冷战与新帝国主义

(一) 依托于冷战格局的新帝国主义

新左翼把对新帝国主义的批判与冷战联系起来,他们强调对新帝国主义的批判离不开对冷战的控诉。冷战和新帝国主义之间是相互依存的关系,新帝国主义在冷战框架内得以发展壮大,全球不平等的经济、政治、外交体系也是依托于冷战格局。冷战本是资本主义阵营和共产主义阵营的斗争,但冷战开始后不久,这种斗争就从主要的大国扩大到前殖民地国家,扩大到亚非拉等新兴民族国家。于是"结盟"成了新帝国主义国家控制新兴国家的新的方式。前殖民地区、贫穷国家、新兴民族国家如果想获得支持和援助,就必须选择或是以美国为首的资本主义阵营或是以苏联为首的共产主义阵营,自然其经济体制、政治制度、外交政策也要以各自阵营马首是瞻。新左翼指出,在这个过程中,中立主义国家阵营出现了,"不结盟"一词有了相对稳定的政治含义。然而事实上,对于哪种不结盟是可以接受的哪种是不能接受的,新帝国主义国家才是最后的仲裁者。它们决定了哪种政治体制、经济改革、外交关系是有利于第三世界国家的"民主"的,这

---

① Stuart Hall, Raymond Williams, and Edward Thompson, "From the May Day Manifesto", in Carl Oglesby ed., *New Left Reader*, New York: Grove Press, 1969, p.131.

种控制是通过直接的经济和军事压力,以及间接的颠覆来实现的。结果,"不结盟"变得越来越虚幻……在冷战格局下,第三世界国家的选择日益分化并面临着经济疲软导致的脆弱的独立性以及各种内部和外部压力,不管是支持还是反对新帝国主义的全球秩序,都无法逃脱这种结局。①冷战成了新帝国主义和新殖民主义赖以生存的温床,给新帝国主义和新殖民主义提供了借口,正是依托于冷战新帝国主义才得以存续。

(二) 想象中的新世界

在新左翼看来冷战和新帝国主义之间是相互依存的关系,新帝国主义在冷战框架内得以发展壮大,全球不平等的经济、政治、外交体系也是依托于冷战格局。工党内部虽然存在反殖民的声音,但是在冷战大框架内,这些声音和行动都显得微不足道。"工党的正统集团显得不那么盲目,而且他们对自己身处于帝国中心的社会主义者责任深感自信。但是由于深深卷入冷战战略中,他们的反抗显得边缘无力。因为在马来亚、塞浦路斯、越南等这些地方很难分清殖民战争和'自由世界'战略的区别。"② 部分工党人士甚至默认、支持冷战格局下的帝国主义框架。"许多工党人士批评苏伊士运河事件,真正的原因不是因为其认为这是一个不人道的事件,或者是认为埃及人民有权掌控自己的内部事务,或者是说我们疏远了亚洲、非洲人民,而是因为艾登的举动危害了英美联盟,破坏了冷战中的大西洋联盟。"③

所以新左翼认为,在冷战格局内,这些新兴民族国家无法得到实质性

---

① Stuart Hall, Raymond Williams, and Edward Thompson, "From the May Day Manifesto", in Carl Oglesby ed., *New Left Reader*, New York: Grove Press, 1969, pp. 136–137.
② Peter Worsley, "Imperial Retreat", in Norman Birnbaum ed., *Out of Apathy*, London: Stevens & Sons Limited, 1960, p. 134.
③ Peter Worsley, "Imperial Retreat", in Norman Birnbaum ed., *Out of Apathy*, London: Stevens & Sons Limited, 1960, p. 135.

的发展，想打破这种局面，就需要跳出原来的旧框架，建立一个新世界。"只要援助是来自华盛顿或者莫斯科的'军事哲学'，这些发展中国家的痛苦就不可能结束。有必要与这些新兴国家从经济到教育等各个维度建立一个全新的积极的关系。为了打破这个既定市场不断加剧的竞争，我们必须建立一个'新'世界。通过这种方式，走出核俱乐部，走进这些边缘国家。"[1] 沃斯利描绘了一个想象中的新世界秩序：新兴国家独立自主发展，不受新帝国主义国家束缚。他们可以在不危及自身独立性的情况下接受帮助，既不模仿西欧国家的旧民族主义，也不按照其精神行事。我们应该通过大规模扩展联合国经济发展特别基金计划来使联合国的发展进入一个新的阶段。我们应当在联合国的框架内解决争端而不是在北约和华沙阵营的反对者中交换同等利益。我们应当效仿印度、朝鲜和越南的例子。我们应当重塑对自己和子女的教育，包括关于世界的文化和这个世界的前景。我们也应当要学习中文、法语、德语等，阅读中国古典小说、阅读陀思妥耶夫斯基的著作。学习世界历史，比如尼赫鲁，并重新通过李约瑟的眼睛来看东方。我们的学生应当到全世界的大学中学习，而不是局限于美国和英联邦的发达地区。我们应当学会欣赏隐藏在黑人文化认同和非洲个性的哲学背后的活力和骄傲，以免它们发展成仇恨欧洲的情绪。如果我们能做到这些，就可以摒弃旧世界获得一个新世界。[2] 在新左翼的想象中，一个没有帝国主义威胁的世界才有可能成为平等、互助、开放、包容的新世界。汤普森表示："社会主义不仅是组织生产的一种形式，也是生产'人道'的一种方式。创造社会主义人道的方式不止一种。在建设社会主义的过程中，我们必须学会发现和区分许多种不同的选择，这些选择不是来自绝对

---

[1] Peter Worsley, "Imperial Retreat", in Norman Birnbaum ed., *Out of Apathy*, London: Stevens & Sons Limited, 1960, pp. 135 – 136.

[2] Peter Worsley, "Imperial Retreat", in Norman Birnbaum ed., *Out of Apathy*, London: Stevens & Sons Limited, 1960, pp. 137 – 140.

权威的历史法律,也不是来自圣经,而是来自真正的人类的需求。我们的目的不是要创造一个凌驾于人之上的社会主义国家,而是创造一个'人道社会或者是一个社会化的人道主义共同体',由人自身而不是由钱来决定。"①

在外交方面,新左翼倡导英国推行不依附于美国的独立的外交政策,摆脱冷战的思维束缚,拥护"积极的中立主义"。新左翼运动的重要诉求之一就是希望推动冷战格局的结束,从而使包括英国在内的其他国家有建设自己的社会主义的机会。新左翼坚持建设社会主义的总目标,但他们强调不结盟,不把苏联模式的社会主义视为唯一正确的社会主义模式,因此新左翼也研究其他国家,例如古巴、南斯拉夫以及其他第三世界国家的社会主义。在《新左翼评论》中能看到许多研究苏联以外国家的社会主义的文章,这在以往的马克思主义和社会主义著作中是比较少见的。可以说,新左翼洞见了新帝国主义的本质,对新殖民主义剥削方式的批判不乏深刻之处。然而,新左翼虽然看出新帝国主义与冷战之间的关系,却低估了新帝国主义的生命力,认为打破冷战框架就能够结束新帝国主义。20世纪80年代末90年代初东欧剧变苏联解体,长达40多年的冷战宣告结束。但冷战的结束没有带来帝国主义的终结,霸权仍在,剥削依旧,只不过变换了形式,包装了理论。新左翼想象中的没有帝国主义威胁的新世界并未出现,反而是以话语霸权为核心的文化殖民更加凸显。思想总是烙印着时代的痕迹,思想家也难免受到时代局限性的影响。新左翼看到了自身所处时代的问题,提出了他们的思考和建议,尽管其中有偏颇及空想之处,但正是一代代社会主义者不懈的探索和追求推动了人类社会不断朝向平等、互助、开放、包容的方向前进,世界才有了如今的面貌。

---

① E. P. Thompson, "Outside the Whale", in Norman Birnbaum ed., *Out of Apathy*, London: Stevens & Sons Limited, 1960, p. 185.

第五章

价值追求：社会主义人道主义

作为第二次世界大战后试图走自己的路、结合英国实际捍卫社会主义的重要流派，英国新左翼对20世纪下半叶西方人文社会科学的思维范式产生了重要影响。然而，集中体现其人民史观和大众文化观的早期理论形态——社会主义人道主义思想，却并未得到理论界足够重视。社会主义人道主义思想作为英国新左翼早期的重要理论，由E. P. 汤普森正式提出并经阿拉斯代尔·麦金泰尔深化，在理论争鸣中得以发展。汤普森在反思现实道德困境的基础上提出了建构人道主义的社会主义的理论呼吁，主张恢复人的主体价值和道德意识在社会主义实践中的地位。之后，学术界围绕"苏联的社会主义意识形态与马克思主义的关系"问题、"马克思主义是否内在地包含人道主义精神"问题、"如何在社会主义条件下实现人道主义"问题展开了理论争鸣。基于此，麦金泰尔主张应在历史规律和个体需求之间寻找替代物，实现道德与历史和欲望的统一。社会主义人道主义思想的提出是英国新左翼构建有英国特色的马克思主义、探索符合本国实际的社会主义道路的理论尝试。它肯定了"人"在马克思主义中的地位，试图在"人的价值"维度上捍卫马克思主义理论。但是，这一思想带有较为浓厚的乌托邦主义和伦理社会主义的痕迹，这种脱离经济结构改造的抽象的"人道"最终陷入了空想的泥潭。本章拟分析以下问题：汤普森如何重新发掘出马克思主义的人道主义内核？如何理解社会主义人道主义思想在当时引发的理论争鸣？麦金泰尔如何进一步重塑了马克思主义道德观？社会主人道主义思想展现了怎样的进步性和局限性？对这些问题的探讨将有助于分析英国新左翼早期思想的理论进路，从而更好地理解战后英国社会主义者试图结合本国实际捍卫社会主义的历史及其经验教训。[①]

第一节 汤普森对马克思主义人道主义精神的再发掘

人道主义思想由来已久，从文艺复兴和启蒙运动以人性反对神权专制，到空想社会主义者以人性道德论证社会主义，再到马克思、恩格斯通过演绎"现实的人的活动"创立唯物史观，社会主义从空想变成科学，人道主义从"天国"走向"人间"。在20世纪的社会主义思想史中，卢卡奇等人开创的西方马克思主义思潮引发了人们对人道主义的思考和关注。1956年赫鲁晓夫在苏共二十大上所作的《秘密报告》传出后，在各国社会主义和共产主义者中出现了一股批判性思潮。一些西方左翼社会主义者试图恢复人道主义的马克思主义传统，英国新左翼正是在这一背景下试图发掘马克思主义中的人道主义内涵，汤普森是其中很有代表性的一位。他尝试发掘马克思主义中的人道主义意蕴，将马克思主义与英国本土的激进主义、伦理社会主义、浪漫主义等传统相结合，构建一种"人道主义的社会主义"。正是早年对"道德""人性""文化"的深入思考使汤普森能以"自下而上"的史学观和充满人文关怀的学术视角思考工人阶级的解放和社会主义的实现道路。社会主义人道主义思想奠定了英国新左翼早期的理论基础和实践准则，并影响了战后西方马克思主义史学和"文化马克思主义"的形成和发展。

[①] 参见黄斐《"社会主义人道主义"是否可能——英国新左翼早期理论的历史演变及其经验教训》，《当代世界与社会主义》2021年第1期。

一 "人性"空场与道德危机

这一被斯图亚特·霍尔称为"共产主义的人道主义"（Communist Humanism）[1]的思想在汤普森和萨维尔1956年发行的刊物《理性者》中就已初见端倪，以汤普森为代表的英国新左翼"试图恢复和发展共产主义传统中的人道和自由主义特征"[2]。最初系统地提出是汤普森在《新理性者》1957年创刊号上的发文《社会主义人道主义：致非利士人书》（Socialist Humanism: An Epistle to the Philistines）中。汤普森是20世纪英国马克思主义的代表人物，也是享誉世界的马克思主义史学家。他主张马克思主义应当与具体的历史和实践相联系，这种对待马克思主义的态度在他的论著中得到充分体现。[3] 在《社会主义人道主义：致非利士人书》一文中，汤普森对社会主义人道主义思想进行了系统阐发，在对苏联社会主义理论和实践的反思中汤普森提出了建构人道主义的社会主义的理论呼吁，并在那之后的几年时间里不断完善这一学说。他在反思资本主义和苏联社会主义的基础上，对马克思的"经济基础与上层建筑""反映"等概念进行重新阐释，提出构建以道德为核心的人道主义的社会主义。对于汤普森的现实批判，可从以下三个方面加以解读。

（一）机械的经济决定论

相比欧洲大陆国家，英国在20世纪遭受战争的侵袭较少，受到的破坏

---

[1] Stuart Hall, "Life and Times of the First New Left", *New Left Review*, Vol. 61, No. 1, 2010, p. 178.

[2] E. P. Thompson, "The New Left", *New Reasoner*, Vol. 9, No. 2, 1959, p. 9.

[3] E. P. 汤普森关于马克思主义的理论立场和方法主要体现在他的早期和中期论著中，比如在《理性者》《新理性者》《新左翼评论》《社会主义年鉴》等刊物上发表的文章以及《英国工人阶级的形成》《理论的贫困及其他论文》等著作。

相对较小，但这种地理上的优势同时也是一种劣势，它使英国形成一种"岛国心态"，清高、封闭、狭隘。而20世纪的人类社会已经发生惊人的转变，以苏联为代表的社会主义国家出现。英国社会主义者曾对苏联社会主义满怀信心，但1956年苏共二十大之后，在各国社会主义者中间出现了一些关于马克思主义的思考和争议，在英国社会主义者内部也出现了不同的声音。其中一个主要分歧点是关于如何理解马克思主义中"经济基础与上层建筑"的关系问题。在汤普森看来，当时苏联的意识形态存在将"反映"和"上层建筑"概念机械化的倾向。这一倾向将经济基础和上层建筑分开，使马克思主义变成机械的经济决定论，然后将机械决定论庸俗化，人为地将其塑造为一种普遍的真理。但在汤普森眼中，马克思创造和毕生为之追求的不是绝对真理，而是思考、质疑和批判现实的态度和方法，并将之运用于追求人类的解放和社会的全面进步。在马克思的"社会存在决定社会意识"的理论中，虽然人对社会现实的意识是由当时社会的阶级结构决定的，受环境影响，但不同的人在相似的环境和经历中也会有不同的思考，而人的思考也会对社会产生影响。马克思主义的"反映"是能动的、动态的，而不是被动的、机械的。能动的思考体现了人的创造性，这种能动性一旦消失，马克思主义就会变成机械的庸俗的经济决定论。此外，机械的经济决定论忽略了人是历史的主体。马克思和恩格斯的社会历史观始终蕴含着社会存在和社会意识的辩证互动，可是抽象的、机械的模型却忽视了这一互动过程。纯粹的经济基础和上层建筑都是不存在的，因为经济基础由人类活动构成，人创造了物质力量，物质力量通过人作用于上层建筑，而上层建筑又通过人来反作用于社会基础。这个过程是同时的、动态的、相互的，而不是分隔的、静态的、单向的。但在现实中，"盲目的、非人的物质力量被赋予了意志，甚至是意识。创造性的人变成了被动的物，物则被赋予了创造性的意识。人的作用是为这些物服务,以产生越来越多的生产力"①。汤普森对这一现象持警惕性批判态度。他强调人是历史的主体,也是马克思主义的关键要素。如果忽视这一要素,马克思、恩格斯的社会存在和社会意识的辩证关系理论将难以成立。

(二) 反智主义

汤普森批判的第二重维度是反智主义,即现实中轻视人类主体在创造历史中的作用的现象。反智主义否定人的智性和道德性,过分强调外在于人的物,将经济基础当作外在于人的存在,使人成为无主体意识的被动存在。对人的智力、创造力和想象力的否定会演变成对人民的蔑视,从而造成官僚主义的家长制作风,形成精英主义的体制化的官僚—政治形式。这在汤普森看来是十分危险的,因为反智主义使人和物的关系被本末倒置,个体作为社会主体的价值被轻视,成为生产工具的附加物。"对独立思想的恐惧,以及在民众中故意鼓励反智的倾向,是错误的;对无意识的阶级力量过程的机械人格化,对智力和精神冲突的意识过程的轻视,这些都是错误的。"② 反智主义抹杀了人在社会运行和历史发展中的地位,淹没了人的创造性作用,否认了人类文化的连续性。一旦将它正统化,就有可能造就出一种凌驾于人类之上的抽象的意识形态模型,并通过官僚—政治机构的支持在社会扎根,而这不利于社会主义的实现。因此,汤普森主张以理性反抗非理性、非人道和教条主义,形成一种温暖的、人性化的和人道主义的社会主义道德观。

---

① E. P. Thompson, "Socialist Humanism – An Epistle to the Philistines", *The New Reasoner*, Vol. 1, No. 1, 1957, p. 114.

② E. P. Thompson, "Through the Smoke of Budapest", *The Reasoner*, Vol. 3, No. 3, 1956, supplement 6.

(三) 道德虚无主义

汤普森的现实批判还有一重要维度——道德虚无主义。在汤普森那里，道德虚无主义是一种自我异化的形式。在这种异化中，意识形态高于人的地位，人为意识形态所支配，道德变成了抽象的概念，人的道德意识被否定，取而代之以抽象的道德符号。但汤普森始终坚信，人类自己创造历史，这正是人不同于动物、人之为人的主体性所在。人是作为道德存在去判断的，人们以自己的道德意识来回应，道德意识本身是环境、文化、主体的产物。也就是说，道德判断从来都不是容易的，因为他们不是抽象的概念，而是与现实的男人、女人有关。"道德判断不能从抽象的戒律中得出，而只能从真正的男人和女人、从他们的痛苦或幸福、挫折和愿望中得出。"[①]而否定人的道德意识会把人引向对自身本质的否定。社会主义人道主义就是要再一次将现实的人置于抱负的中心，恢复人的历史主体地位。

二 道德困境的辩证法

汤普森对现实的反思不仅停留在批判的层面，也对道德危机的原因以及如何全面、理性地看待道德困境提出了自己的理解。

(一) 理论演进中的逻辑变化

道德本是思想意识的重要组成部分，而当时苏联的主导型意识形态斯大林主义与马克思主义、列宁主义之间有着千丝万缕的联系，所以汤普森

---

① E. P. Thompson, "Socialist Humanism – An Epistle to the Philistines", *The New Reasoner*, Vol. 1, No. 1, 1957, p. 125.

主张在考察"被视为实践哲学的共产主义时，必须考察一切"①，包括马克思主义、列宁主义和斯大林主义等。汤普森试图通过理论溯源分析问题的原因。一方面，马克思、恩格斯思想中的一些概念在不同语境下可能产生不同的理解。比如马克思对"反映"这个词语的使用存在两种不同语境。"第一是作为唯物主义立场的一种表述：感觉—印象'反映'了独立于人类意识而存在的外部物质现实。第二是作为对人类历史上的'社会存在'决定的人类思想和制度方式的观察。"②马克思、恩格斯曾指出"反映"并非被动的镜像式的反映，但是人的思想如何形成、如何作用于社会存在，汤普森认为在马克思、恩格斯的理论中没有得到重点阐释，从而给后人留下了解释空间。另一方面，汤普森提出列宁对于物质现实的强调在某种程度上强化了"反映"的被动印象。比如列宁将观念、意识、思想和感觉视为对物质现实的"反映"，强调物质现实是"第一性"的，"意识、思维、感觉"是"第二性的""派生的"，从而使马克思"社会存在决定社会意识"演变为"社会意识反映社会存在""社会存在不依赖于人的社会意识"。于是人类的任务就变成适应经济演进的客观逻辑，人在社会变革中的主体作用一定程度上被弱化了。之后苏联的一些社会主义者进一步强化了这一观念，最终发展成了"机械的经济决定论"③。在汤普森看来，苏共的制度设计受到了这一思想意识的影响，因为政党的建设基于某种制度设计，而制度设计依赖于既有的观念集合。因此，在理论溯源中，汤普森主张区分清马克思主义、列宁主义和斯大林主义之间的内在联系和区别，以更好地理解理论发展中的问题所在。汤普森坚信，马克思主义不是教条，而是关于

---

① E. P. Thompson, "Socialism and the Intellectuals—a reply", *Universities and Left Review*, Vol. 2, No. 2, 1957, p. 22.

② E. P. Thompson, "Socialist Humanism – An Epistle to the Philistines", *The New Reasoner*, Vol. 1, No. 1, 1957, p. 133.

③ E. P. Thompson, "Socialist Humanism – An Epistle to the Philistines", *The New Reasoner*, Vol. 1, No. 1, 1957, pp. 133 – 134.

理论和实践的科学,我们需要的是活的马克思主义而不是教条主义的马克思主义。在唯物史观的追随者中有许多人以唯物史观为借口而拒斥真实的历史,以"马列主义者"自居,事实上却离马克思、恩格斯的批判性和现实性精神如此之远,他们以任意的而不是历史主义的方法来判断事务。"他们宁愿在教条的固化的学说体系内做出选择而不愿回归真实的历史和现实。"① 他认为马克思主义既是唯物主义的,也是历史主义的,应当将马克思主义作为一种科学的方法而非教条来学习和理解,并用之分析现实,进而改造社会。

(二) 精英官僚主义的影响

除了理论渊源,汤普森也关注道德困境的现实制度背景。他通过对历史发展中的共产主义运动的分析,试图说明共产主义运动演变中的精英官僚主义风险与道德危机的关系。依汤普森之见,共产主义运动是具有深刻人文内涵的革命浪潮活动,它是由无数英雄主义行为和自愿牺牲行为组成的。十月革命及其引发的其他国家的革命,实现了财产关系的根本变革,并大大激发了这些国家社会中的智力、文化和民主进步的真正潜力。但在发展过程中,内外环境的极端压力可能使一些国家的革命精英主义蜕变为官僚主义。这种官僚主义声称捍卫社会化财产,防止内部反革命和外来压力的破坏,大力推动工业化。但实际上官僚机构代表了某些阶层的特殊利益,其机构、制度和意识形态正在限制人的潜力。官僚主义是人类解放运动的一种寄生,它的不健全的思想体系和限制性的制度会成为社会发展中的束缚。在较为紧张的环境中,比如在冷战情况下,官僚主义有可能会演变为某种军国主义,而这带来的结果可能是国家的严重危机,其中就包括道德的危机。对这一问题的解决之道,汤普森强调必须遏制官僚主义的蔓

---

① E. P. Thompson, "Reply to George Matthews", *The Reasoner*, Vol. 1, No. 1, 1956, p. 13.

延，调节相互冲突的利益，才能达到和谐共处的人道的社会主义状态。在这种状态中，有"越来越多的完全自主意识和自愿的选择，人民的思想文化生活将迎来一个充满活力和多样性的时期"①。

（三）"生产进步"和"人类进步"的平衡式

如何理性看待实践中的道德困境？如果说共产主义的胜利摧毁了封建主义和资本主义财产关系和社会关系，提高了落后人民的教育和科技水平，实现了快速工业化，同时，在落后的社会条件和面临国内外危害的情况下，集权主义不可避免，那么苏联模式的产生似乎既是必要的，也是历史的进步。对于这种先进的理论和制度似乎不应该进行道德批判。在汤普森看来，这既是他自己遇到的两难，也是过去几十年来社会主义的核心困境。如何看待这个"困境"呢？汤普森的研究视角是在特定的社会历史背景中抽象出苏联的意识形态，并分析提炼出它的主要特征和派生物。在汤普森眼中，斯大林主义产生于特定的社会历史背景，它从工人阶级和农民阶级这些被剥削被压迫的阶级中获得滋养，并在落后的俄国和资本主义列强的侵略中得到加强，最终成为一套成形的意识形态。斯大林主义的道德两难和困境已经成为历史的一部分，再讨论是否应该试图在一个国家建立社会主义这种论点是毫无意义的。但客观环境不能为斯大林主义的错误负全责。布尔什维克的权力和工业化进程的确促成了一个中央集权主义国家的形成，但不能因此就认为斯大林主义的每一步都是不可避免的，也并不意味着世界上其他地方共产主义运动的意识形态和制度发展都是不可避免的。换言之，斯大林主义的形成有其客观环境的催化作用，但并不意味着它的所有都是历史的必然。尽管斯大林主义存在一些问题，但它在马克思主义理论中算是一种较为成熟的意识形态，拥有自身的内在一致性和制度形式。在汤普

---

① E. P. Thompson, "Agency and Choice – 1: A Reply to Criticism", *The New Reasoner*, Vol. 5, No. 2, 1958, p. 94.

森那里，共产主义的胜利摧毁了封建主义和资本主义的财产和社会关系，提高了落后地区人民的教育和科技水平，实现了快速工业化。但是，落后的社会条件和严峻的国内外环境又似乎使计划和集权变得不可避免，从而导致对"人"的忽视。对于社会主义者而言，这既是理论的困境，也是社会主义的实践困境，曾引起诸多争论。对此，汤普森的观点是：社会主义的实现和道德两难的困境并不是必然矛盾的。"在过去的人类历史中，很难找到在'生产进步'和'人类进步'之间简单对应的方程式。"① 在"生产进步"和"人类进步"，"经济进步"和"道德进步"之间不存在简单的直接对应关系，在评估人类进步的问题上没有标准答案，应接受历史的客观性。即使接受某种形式的专制统治是由客观环境造成的，也不应该将它的特征都视为合理的和人性的，不应当为其意识形态而辩解。历史的现实往往是生产力的发展伴随着人类的苦难，例如英国的"圈地"运动。因此，"发展"与"道德"的两难困境并不是一种全新的现象，这种现象在历史上早已有之。不应仅仅从历史现实中抽象出几个标准就当作衡量的标杆。尽管汤普森提出了问题产生的历史必然性，但他依然认为有必要对现实进行反思，即使斯大林主义是不可避免的，并且在当时的社会环境中是唯一的方式，汤普森依然认为只有通过对其方法和意识形态进行道德和政治反思才能进一步推动社会的进步，只有在不断反思中社会主义才能得到进一步发展。

在马克思的思想中，社会存在与社会意识是辩证互动的。社会意识对社会存在的"反映"是一个能动的动态过程。汤普森批判在实践中二者的关系被简化为一种机械的运动模式，"经济基础"与"上层建筑"变为静态的、抽象的模型，这是对马克思主义的悖谬。依汤普森之见，这一机械模型最大的问题是忽略了人的价值。经济基础和上层建筑之间是通过人发挥

---

① E. P. Thompson, "Agency and Choice－1: A Reply to Criticism", *The New Reasoner*, Vol. 5, No. 2, 1958, p. 99.

纽带作用的。物质力量由人类活动创造，并通过人类作用于上层建筑，同时上层建筑也通过人来反作用于社会基础。这种动态的、双向的关系却被曲解为静态的、单向的状态，从而在理论上形成了一套凌驾于人类之上的抽象的意识形态模型。汤普森认为这"不是辩证唯物主义，而是机械唯心主义"①，它"通过抑制社会各阶层对道德意识的表达，导致人对自身本性的否定"②。人道主义价值观的空场使苏联社会主义实践遭遇道德困境。汤普森对这一现象进行了反思和批判，但他的立场又是矛盾的。他指出在落后的国内环境和严峻的国外形势下，集权主义的产生似乎有其合理性，而苏联的建设也的确在一定程度上摧毁了旧有的生产关系和社会关系，促进了国家的工业化发展和人民生活水平的提高。从这一角度看，道德的缺席似乎变得可以理解，不应对其过于苛责。在汤普森看来，在人类社会中经济发展和道德进步之间并不是简单的直接对应关系，在过去的人类历史上也很难找到二者之间保持平衡的简单方程式，生产的进步常常伴随着人类的苦难，经济发展与道德进步之间的平衡并不是用几个简单的抽象标准就可以衡量的。但是，汤普森也强调社会主义的实现和道德两难的困境并不是必然矛盾的。由此汤普森提出只有通过对理论和实践形态进行理性反思才能进一步推动社会进步和真正的社会主义的实现。

三 彰显人性本质的社会主义人道主义

对道德困境的辩证法理解使汤普森进一步得出了解决这个问题的途径：恢复道德在人的生活中的地位，在这一过程中充分发挥知识分子群体的作

---

① E. P. Thompson, "Through the Smoke of Budapest", *The Reasoner*, Vol. 3, No. 3, 1956, supplement 6.

② E. P. Thompson, "Socialist Humanism – An Epistle to the Philistines", *The New Reasoner*, Vol. 1, No. 1, 1957, p. 125.

用，建立以"人"为中心的人道主义的社会主义。

(一) 恢复道德在人的生活中的地位

在汤普森的思想中，对历史事件的评估不能只是依据文本或是某些单方面的说辞，而是要将其放在一个整体的历史背景中来进行分析。对于苏联，他认为同样应将其放在大的历史背景中来理解，从历史中寻找根源，对问题的解决也必须依托于整体的历史背景。苏联的道德特征是将道德的标准归于权力和工业化的单一标准，从而降低了人类在创造道德中的作用，否认了人通过道德来影响政治选择的行为能力。对此，如果要克服这种困境，汤普森强调必须要"重新获得一种道德选择的语言"①，即恢复道德在政治和社会生活中的作用，重新评估道德在人类需求中的地位。同时需要重新挖掘马克思主义的人道主义传统，恢复工人阶级和共产主义传统中的人道主义因素。《新左翼评论》前主编罗宾·布莱克本曾评价汤普森的道德学说是"在资本主义现代性猖獗的情况下寻求维护传统道德经济的要素。对汤普森来说，社会阶层及其所产生的潜力主要不是通过经济过程来定义或实现的，而是需要集体认同的文化和政治建构"②。对汤普森而言，道德要素在社会发展过程中发挥着至关重要的作用，只有当道德能量得以通过一个个个体发挥出来时，人们才不会屈从于某种"历史必然性"哲学。

(二) 借助知识分子群体的力量，推动道德困境的解决

近代以来，英国的知识阶层与国家的政治经济精英不断交融，形成了"知识贵族"，对英国近现代的经济、政治制度发展产生了重要影响。汤普

---

① E. P. Thompson, "Agency and Choice – 1: A Reply to Criticism", *The New Reasoner*, Vol. 5, No. 2, 1958, p. 103.

② Robin Blackburn, "Edward Thompson and the New Left", *New Left Review I*, Vol. 201, No. 5, 1993, p. 5.

森深受英国本土民族传统的熏陶,而他本人既是一位社会活动家,也是一名学者。所以在他的思想理论中,知识分子应当是社会革命中的重要角色,是社会主义人道主义的主要推动者。"社会主义人道主义作为共产主义世界一股有效的知识和政治力量的出现,也为重新点燃我们工人运动中的道德和知识激情创造了条件。这一力量首先表现在知识分子中。"[1]过去对苏联社会主义的反思导致另一种极端文化模式的出现,即幻灭感和人道主义的退却,简单地以资本主义的反应和抽象的民主方式来批判苏联,却完全不理会历史现实和人民的意愿。但汤普森乐观地认为情况已经发生了转变,一个具有相当规模和影响力的政治和知识分子群体已经在共产主义内部和西方社会主义运动中发展起来,他们有能力摆脱道德两难的困境模式,可以带领人们参与到战斗中,促进社会问题的解决。"我们必须申明对社会主义至关重要的思想——最重要的是必须在一个共同的事业中团结知识分子和工人阶级。"[2]汤普森主张共产主义知识分子应当保持对共产主义传统中的人道主义生命力的信心,协助开展西方劳工运动,重新唤醒东西方劳动人民建立社会共同体、实现社会主义运动的统一的愿望。对这些问题的解决离不开对辩证法的运用,即"了解相互矛盾的因素在同一历史事件中共存的方式,和对立的倾向和潜力在相同的传统中如何相互渗透。因为历史过程本就充满矛盾,人类进步的矛盾性已经是历史的一部分"[3]。汤普森对知识分子的重视体现了他的人道主义关怀,但是,他将社会革新的希望寄托于知识分子群体,脱离了人民群众,这也体现出伦理社会主义、浪漫主义和乌托邦主义在他的思想中留下了较为浓重的痕迹。

---

[1] E. P. Thompson, "Socialism and the Intellectuals", *Universities and Left Review*, Vol. 1, No. 1, 1957, p. 36.

[2] E. P. Thompson, "Socialism and the Intellectuals", *Universities and Left Review*, Vol. 1, No. 1, 1957, p. 36.

[3] E. P. Thompson, "Agency and Choice – 1: A Reply to Criticism", *The New Reasoner*, Vol. 5, No. 2, 1958, p. 106.

(三) 推行人性至上的社会主义人道主义

在汤普森和萨维尔创办的《新理性者》出版之前,其前身《理性者》就已体现出英共党内异见人士的人道主义倾向。《理性者》是苏共二十大之后英共党内持不同政见者组织编辑的讨论性刊物,由萨维尔和汤普森主编,一共三期。作为《新理性者》的前身,《理性者》已经展现出了《新理性者》中的思想端倪,比如社会主义人道主义思想。在《理性者》第一期的编者评论《我们为什么要出版》(Why We Are Publishing)中,汤普森和萨维尔明确提出,《理性者》的出版起因于在苏共二十大上赫鲁晓夫所作的《秘密报告》传出后引起的马克思主义理论危机。出版这个刊物主要有两大目的:其一是开展关于共产主义和共产党的深入讨论;其二是展示其他国家关于共产主义和社会主义的理论观点。讨论的问题包括"'在英国需要共产党吗?''现有结构需要被改变吗?''共产党与工党应当保持何种关系?''现有的理论足以应对民主、道德、公正等问题吗?''什么是社会主义?'"[1]等问题。他们表明,理论危机的解决需要进行充分的讨论,《理性者》就是为这些讨论提供探讨的平台,并借此重新提出社会主义的原则,摒弃教条主义的态度和理论的惰性。《理性者》要"打破资本主义制度,重建社会主义的力量,用有组织的工人阶级的全部力量来表达自由的人类理性和良知"[2]。具体的方法是运用马克思主义的历史唯物主义理论,在对历史唯物主义进行重新审视的基础上,使马克思主义的科学方法与人的自由、理性、精神以及具体的历史传统相结合,这种人类理性的精神就是社会主义人道主义。汤普森指出,在当时的政治生活中"道德"的作用被削弱,

---

[1] Editorial Comments, "Why We Are Publishing", *The Reasoner*, Vol. 1, No. 1, 1956, p. 2.

[2] Editorial Comments, "Why We Are Publishing", *The Reasoner*, Vol. 1, No. 1, 1956, p. 3.

进而引发许多问题，而这些是人们未能对社会主义的实践路径进行充分的马克思主义分析的结果。在理想和现实之间出现的一些矛盾和冲突使一些人对共产主义产生了"幻灭感"，这引发了工人运动的分裂和社会主义危机。汤普森和萨维尔等人都以坚定的马克思主义者自居，他们力图将马克思主义中的人道主义内核重新发掘出来，与具体的历史传统相结合，恢复政治生活中的道德目的。他们主要关注几个问题：一是共产党与工人的关系；二是宗派主义和教条主义的一些问题；三是本土马克思主义传统的缓慢发展。这三个问题中尤以第三个问题最受关注。英国是社会主义思想的发源地之一，但很长时间以来英国的马克思主义传统较为薄弱，没有形成完善的马克思主义思想体系。汤普森等人发起讨论的重要目的之一就是希望将马克思主义的科学方法与英国的革命传统相结合，发展出具有英国特色的本土化的马克思主义。马克思主义本土化尝试的主要成果之一就是社会主义人道主义的提出。《理性者》中出现了社会主义人道主义思想的萌芽，《新理性者》则直接以"社会主义人道主义季刊"（*A Quarterly Journal of Socialist Humanism*）作为旗号。萨维尔曾表示，出版《新理性者》是因为他们认为"时代最需要的是一场新的超越党派壁垒的思想运动，在原则而不是机会主义的基础上把社会主义者团结起来"[①]。在其创刊号中，汤普森正式阐述了社会主义人道主义理论。

社会主义人道主义，从人道主义的维度说，是因为它将现实的人，而不是抽象的概念置于社会主义的核心；从社会主义的维度说，是因为它重申了共产主义的革命前途和革命潜力中的信念。在汤普森这里，社会主义人道主义的目的是破除人与物之争，使人主宰物，而不是相反。社会主义人道主义对资本主义和苏联社会主义意识形态的超越主要体现在对待人与物的关系上。它试图通过克服"自我异化"的形式来将现实的人置于社会

[①] John Saville, "Edward Thompson, the Communist Party, and 1956", *Socialist Register*, 1994, p. 31.

主义的核心。对于英国工人阶级来说,他们的意识形态是资本主义思想、人道主义志向和工人阶级观点等的结合体,其中最主要的则是实用主义。在实用主义的指导下,英国工人阶级曾经取得许多成绩,但由于它始终缺乏强有力的思想引领,没有明确的方向指引,因而发展停滞不前。同时,英国工人阶级的革命意志不够坚定,他们感受到资本主义社会的压迫性,但又安于在资本主义体系内为某些特定的原则和利益而斗争,他们关注更多的是物而不是人。所以汤普森把社会主义人道主义视为破除这种异化的人与物的关系的关键要素,"将人们从物的奴役、追求利润和屈从于'经济必要性'的奴役中解放出来"①。人具有理性和意识,不仅能创造新的观念,也能创造物,而马克思主义正是要使人类能够利用自身的主体性主宰物,成为物的主人,由此才能实现人的自由全面发展。在《机构和选择——针对批评的回应》一文中,汤普森进一步提出"人的需求是评判社会制度、经济和社会规则的唯一有效标准,应当是这些来满足人而不是要人去适应这些'环境'或所谓的'历史必然性'"②。

新左翼希望将马克思主义的方法与人的自由、理性、精神和具体的历史传统相结合,这种人类理性的精神就是人道主义。在汤普森看来,社会主义人道主义致力于将马克思主义中的人道主义内核重新发掘出来,恢复社会生活中的道德目的,重拾道德的语言,恢复工人阶级和共产主义传统中的人道主义因素。应将现实的人置于社会主义的核心,破除异化的人与物的关系,恢复人的理性和意识,使人成为历史的主体。汤普森对"人"的重视深受威廉·莫里斯的影响。他继承了莫里斯的浪漫主义传统,并坚

---

① E. P. Thompson, "Socialist Humanism – An Epistle to the Philistines", *The New Reasoner*, Vol. 1, No. 1, 1957, p. 143.

② E. P. Thompson, "Agency and Choice – 1: A Reply to Criticism", *The New Reasoner*, Vol. 5, No. 2, 1958, p. 91.

持认为"马克思早期的反叛与浪漫主义传统息息相关"①,因此汤普森的社会主义人道主义思想带有浓重的英国本土伦理主义和激进主义色彩。作为马克思主义在英国本土化的重要成果,社会主义人道主义的目的是使一种人性化的社会主义道德观取代教条化的意识形态,突出人的主体性和创造性,凸显社会主义中的人道主义精神。这一理念与马克思主义的"自由人的联合体"② 目标是统一的。马克思追求的正是人类从"必然王国进入自由王国的飞跃"③ 的理想。与马克思不同的是,汤普森将实现这一目标的重任寄托于知识分子,希冀通过知识分子群体的努力来推动道德困境的解决,尤其需要将知识分子和工人阶级团结在一起。"我们必须申明对社会主义至关重要的思想,最重要的是必须在一个共同的事业中团结知识分子和工人阶级,即人不仅能够改变自己的状况,而且能够改变自身,掌握自己的历史。"④ 汤普森认为一个具有相当规模和影响力的知识分子群体可以从理论和实践上带领工人阶级和社会各阶层参与到抗争中。社会主义者中的知识分子应当保持对共产主义传统中的人道主义生命力的信心,参与到劳工运动中并建立社会共同体。

作为对资本主义和现实社会主义实践中出现的问题的反思,汤普森的思想批判性色彩浓厚,而对社会主义人道主义的实现路径论证不足。这使他的观点被同时代的一些学者批判是主观主义、唯我主义和理想主义的,从而引发了关于社会主义人道主义的论争。

---

① E. P. Thompson, "Romanticism Utopianism and Moralism: The Case of William Morris", *New Left Review I*, Vol. 99, No. 5, 1976, p. 94.
② 《马克思恩格斯文集》第 2 卷,人民出版社 2009 年版,第 53 页。原文为:"代替那存在着阶级和阶级对立的资产阶级旧社会的,将是这样一个联合体,在那里,每个人的自由发展是一切人的自由发展的条件。"
③ 《马克思恩格斯文集》第 3 卷,人民出版社 2009 年版,第 565 页。
④ E. P. Thompson, "Socialism and the Intellectuals", *Universities and Left Review*, Vol. 1, No. 1, 1957, p. 36.

◇◇ 第二节　汤普森的社会主义人道主义思想引发的理论争鸣

在汤普森提出社会主义人道主义思想之后，当时的理论界出现了不同的声音，在《新理性者》刊物上引发了热烈讨论。哈里·汉森（Harry Hason）和查尔斯·泰勒分别发文《致爱德华·汤普森的公开信》（An Open Letter to Edward Thompson）和《马克思主义与人道主义》（Marxism and Humanism）对汤普森的观点表示质疑。之后杰克·林德赛（Jack Lindsay）、约翰·圣约翰（John St. John）和蒂姆·恩赖特（Tim Enright）也分别发表文章《社会主义和人道主义》（Socialism and Humanism）、《对哈里·汉森的回应》（Response to Harry Hanson）、《唯物主义或折衷主义》（Materialism or Eclecticism）为社会主义人道主义理论辩护。对此汤普森发文《机构和选择：针对批评的回应》（Agency and Choice - 1：A Reply to Criticism），对一些批评者展开反驳。麦金泰尔（Alasdair MacIntyre）则接连发表了两篇《道德荒原笔记》（Notes from the Moral Wilderness），进一步阐发了马克思主义道德观，将争论推向高潮。当时理论界关于社会主义人道主义的争论焦点主要集中以下几个问题。

一　关于"苏联的社会主义意识形态与马克思主义的关系"问题

汤普森认为指导苏联社会主义实践的理论并不是真正的辩证唯物主义，而是一种机械的理想主义和教条主义。"它不是从现实出发，而是从理念、文本、教条出发，所有的现实、制度、人的存在都是为了证明其理念的正确"①。这一理论没有真实反映马克思主义，应当回归到真正的马克思主义传统中。但泰勒在《马克思主义与人道主义》一文中提出了不同的看法，他与汤普森的分歧核心在于对苏联社会主义和马克思主义的关系理解不同。汤普森认为苏联社会主义没有真实反映马克思主义，对苏联社会主义的批判意味着对真正的马克思主义传统的回归。泰勒却认为苏联社会主义并不是对共产主义实践的完全背离。苏联的意识形态是"马克思主义革命精英对受到敌对势力威胁的政治和落后社会所提出的问题的反应，它既体现了马克思主义的不充分性，也体现了对这一不充分性的歪曲。因此，对它的真正批判不能简单地回归到原始传统，还必须涉及对马克思主义共产主义价值观的批判"②。他认为苏联社会主义意识形态体现了马克思主义存在的不够充分的一面，对苏联社会主义的真正合理的批判不能仅仅是对原有传统的回归，而且还应该包括对马克思主义的共产主义理论的反思。在泰勒看来，苏联社会主义意识形态不仅仅是"机械的经济决定论"，也是"绝对的唯意志论"，是一种"历史唯我论"。一方面，人的主体性、人对社会环境的创造性理论反应仅仅被限制在党的官僚机构；另一方面，在这种社会环境的客观限制中苦苦奋斗的其他人则是纯粹被决定的人。泰勒强调这种不考虑人的自发性的"唯意志论"是对马克思主义的扭曲，而这种扭曲根源于马克思主义本身，在这方面汤普森并没有做出说明。

林德赛则在《社会主义和人道主义》一文中回应和批驳了泰勒的观点，他用马克思的异化理论解释苏联社会主义实践的道德困境问题，支持汤普森的社会主义人道主义思想。他提出苏联的问题不应当仅仅用俄国的落后、

---

① E. P. Thompson, "Through the Smoke of Budapest", *The Reasoner*, Vol. 3, No. 3, November 1956, supplement 6.

② Charles Taylor, "Marxism and Humanism", *The New Reasoner*, Vol. 2, No. 2, 1957, p. 98.

帝国主义的威胁、一国社会主义的局限性以及个人的阴谋和野心等来解释，只有用马克思的异化理论才能够正确理解那些问题。马克思分析在资本主义社会中人被物所控制，商品拜物教使人异化。与资本主义的斗争本质上是克服人的异化的斗争，社会主义就是要实现商品的终结和国家的消亡，实现人的自由全面发展。马克思主义者正是"从异化的世界中汲取了运动的构想，并展望了未来"①。但当这一目标落到现实中，当俄国成为第一个使社会主义由理论变成制度现实的国家时，它面临着严峻的国内外形势。这就使得它的主要任务是求得生存、发展生产力水平，而非与异化进行斗争，从而难以避免走向僵化，马克思主义被作为一种理想和方法被束之高阁，这就出现了提高生产力与实现人的发展之间的矛盾。这种疏离过程就是泰勒所说的道德困境，其实质是与异化斗争的失败。正是对马克思主义的疏离、没能正确理解和运用马克思主义才导致了这个两难局面。从异化的角度解读苏联社会主义建设的问题及其与马克思主义的关系是林德赛比较有洞见的一个观点，他为汤普森的批判进一步找到了理论依据。林德赛还看到了社会主义和资本主义商品生产之间在基本动力上的不同。"资本主义只能通过加强异化来发挥作用，而社会主义是通过减轻人的异化来发挥作用。"②他认为社会主义更加重视道德、文化、教育的解放力量，不管当前出现这样或那样的畸变，它的本质仍然是实现人的解放，这与资本主义有本质不同。比起道德困境，林德赛更为强调一种危险的机会主义政治，自由主义和取代教条主义的机会主义结合在一起，才是社会主义的最大威胁。

---

① Jack Lindsay, "Socialism and Humanism", *The New Reasoner*, Vol. 3, No. 3, 1957, p. 102.

② Jack Lindsay, "Socialism and Humanism", *The New Reasoner*, Vol. 3, No. 3, 1957, p. 99.

二 关于"马克思主义是否内在地包含人道主义精神"的问题

汤普森坚持认为马克思主义是含有人道主义精神的,只是在实践中被忽视了,社会主义人道主义的实现必须要回归到马克思主义本身。泰勒却认为尽管马克思的思想中蕴含着人道主义理念,却是一种未完成的人道主义。首先,在阶级观念上,泰勒提出马克思的无产阶级观强调无产阶级只有解放全人类才能够解放自身,但马克思没有明确指出无产阶级应当如何对待其他阶级,这就使在实践中有了曲解的空间。这里面有两个问题:其一,实现无产阶级的解放需要强有力的领导力量,松散的结合难以承担起自身的历史使命,因而产生了共产党。列宁领导布尔什维克确立了共产党的领导地位,而斯大林则使无产阶级的历史使命与共产党的任务完成合一,最后党成为无产阶级的代言人。其二,马克思虽然强调无产阶级只有破除剥削,才能砸碎自己的锁链,但并没有明确说明对于其他阶级应当采取何种态度。这就导致在无产阶级和非无产阶级之间出现了形而上学的鸿沟,从而出现了"非人道主义",这"表明了阶级道德观念的局限性,这一观念被一个阶级因其历史作用而继承"[①],进而使马克思的社会主义人道主义产生了一种歧义,即无产阶级不剥夺一部分人作为人的地位,就不能解放自身。其次,在共产主义理念方面,泰勒指出人向自我的回归和人向社会的回归二者虽然在马克思那里是统一不可分割的,但二者的同时实现在特定的历史语境下很难做到。个体价值和社会价值之间可能会出现矛盾,从而出现"农民群众不仅因为集中于大城镇而被迫无产阶级化,在农村也由于集体农庄而被无产阶级化,而这又以人对自然的支配这一通往新的人性本

---

① Charles Taylor, "Marxism and Humanism", *The New Reasoner*, Vol. 2, No. 2, 1957, p. 97.

质的关键因素的名义而受到赞美"①。依照泰勒的分析，马克思主义的目的设计本身存在一定含混性，包括无产阶级解放理论、共产主义概念等，这种含混性给了后来的人扭曲的空间和依据。因此社会主义人道主义不能仅仅以马克思主义的共产主义为基础，应当在对马克思主义进行批判性继承的基础上实现真正的人道主义的回归。

林德赛则对泰勒的观点提出异议。他强调要理解社会主义人道主义的基础，必须辨析马克思主义的含义，尤其是作为一种方法的马克思主义和一些思想家根据苏联革命和社会建设经验形成的一套理论体系，即辩证唯物主义和苏联社会主义。马克思主义者必须学会区分作为一种理解现实的工具的方法的马克思主义和依据现实经验形成的苏联社会主义。马克思主义辩证唯物主义不可能脱离现实成为一种纯粹学术的存在，但在面对现实时，马克思主义者必须学会以批判的态度进行审视，学会怀疑并适时抛弃一些原则或教条。所以当谈到社会主义人道主义的可能性和必要性时，林德赛强调"必须区分马克思主义者过去的思想实践和在当前世界形势下创造性地应用辩证法应处的立场"②。另外，林德赛认为应当对马克思主义做出新的时代表达，对马克思主义的僵化和歪曲做出公正的评价，并为马克思主义的新发展而斗争。"马克思是第一个在历史的全面发展中直面历史的人，他掌握了人类社会发展的基本运行规律，并绘制出通向真正人类社会的前进路线。他分析了人在历史进程中的内部分裂和异化，并勾勒出相应的解决方式，由此创造出一种完整的意识，掌握物质世界的秘密，表达出建立和谐统一的人类社会的愿望。"③ 在林德赛看来，马克思主义并没有过时，只有用马克思主

---

① Charles Taylor, "Marxism and Humanism", *The New Reasoner*, Vol. 2, No. 2, 1957, p. 98.

② Jack Lindsay, "Socialism and Humanism", *The New Reasoner*, Vol. 3, No. 3, 1957, p. 95.

③ Jack Lindsay, "Socialism and Humanism", *The New Reasoner*, Vol. 3, No. 3, 1957, p. 96.

义才能理解过去和现在发生的一切并去解决那些矛盾。

恩赖特也在《唯物主义或折衷主义》一文中表达了对马克思主义的信心。恩赖特与汤普森都认为苏联社会主义的问题在理论上的源头与列宁主义有关。恩赖特提出列宁主义存在几个问题：第一，将马克思主义的"反映"概念变为被动的、受物质现实制约的、由有机体与环境之间的关系所决定的活动。第二，过分强调物质第一性意识第二性，使人们形成一种印象，即意识不如物质重要。这是有悖马克思的思想并且是与人性不符的。人是有意识的，不是只有衍生意识的动物。第三，列宁将马克思的"社会存在决定社会意识"改造为"社会意识必须反映社会存在"，表述方式的不同导致截然不同的结果，社会存在变成了一种可以脱离社会意识的存在。人类的存在不可能脱离意识而存在，这种说法是对马克思主义的曲解。这些观点由斯大林加以发展、系统化，并建立了一套新的理论体系。恩赖特指出在斯大林的《辩证唯物主义和历史唯物主义》中所有关于人的表述都基本消失了，使马克思主义的经济基础与上层建筑关系变成了一个僵化的机械模型。为消除这种机械唯物主义，汤普森才提出了他的以道德为核心的理想主义构想。[①] 在恩赖特看来，社会主义的发展过程总是要伴随着一些缺陷和代价，"这是由它的诞生地决定的"[②]，即与当时当地产生社会主义的土壤有关，与其社会历史背景和国内外环境都有不可分割的联系。他将汤普森的社会主义主义人道主义解释为一种理想主义的构想，旨在使人们摆脱受压迫受奴役的状态，恢复人的主体地位。虽然马克思主义的发展在现实中受到了一些阻滞，但恩赖特对马克思主义的未来充满信心，并以葛兰西对马克思主义的评价表明其价值："马克思主义的基本要素不仅是构建一个完整

---

① Tim Enright, "Materialism or Eclecticism", *The New Reasoner*, Vol. 3, No. 3, 1957, pp. 105 – 108.

② Tim Enright, "Materialism or Eclecticism", *The New Reasoner*, Vol. 3, No. 3, 1957, p. 109.

的世界、哲学和自然科学的理论,而且是为社会的一个完整的实践组织带来生命,换句话说,就是成为一个完全的、完整的文明。"①

三 关于"如何在社会主义条件下实现人道主义"的问题

对此,汤普森的解决路径是:"道德的目的只能通过道德的手段得到。"② 但汉森在《致爱德华·汤普森的公开信》中对这个观点进行了反驳和批判。他批判的重点在于汤普森的社会主义人道主义思想没有搞清楚目的—手段的问题。

对汤普森而言,社会主义人道主义的目的是恢复人的道德主体地位,实现这一目的的手段则是把道德置于社会主义战略的核心地位。但依汉森之见,以道德手段来实现道德目的,是一个严重的矛盾。马克思主义伦理学的本质是未来主义,在马克思主义中存在人的价值观取向,但是要实现这些价值,不能仅靠道德,而应通过战斗和斗争来实现"现实的人"的价值。只有"阶级战斗是唯一有价值的道德原则"③。"道德的目的只能通过道德手段达到"是道德哲学家的老生常谈,并没有实际的意义。虽然手段和目的是相互渗透的,但具体的手段必须依托于实际的客观环境,而不是虚幻的道德。汤普森对现实的批判脱离了具体的社会历史背景和客观环境,构想出的人道主义图景充满理想主义色彩。另外,在知识分子与工人阶级的关系上,汉森批判以汤普森为代表的英国知识分子与工人阶层的关系实际上是断层式分裂。知识分子的呼吁疲软无力,无法说服工人阶级,因此英国的工人

---

① Tim Enright, "Materialism or Eclecticism", *The New Reasoner*, Vol. 3, No. 3, 1957, pp. 111–112.

② E. P. Thompson, "Socialist Humanism – An Epistle to the Philistines", *The New Reasoner*, Vol. 1, No. 1, 1957, pp. 125–126.

③ Harry Hanson, "An Open Letter to Edward Thompson", *The New Reasoner*, Vol. 2, No. 2, 1957, p. 81.

阶级缺乏革命动力，安于资本主义为其创造的物质环境中。他对汤普森畅想的未来前景也持悲观态度，对英国工人阶级能否实现英国革命表示质疑，更对知识分子的呼吁不置可否。在汉森看来，汤普森本质上是个空想社会主义者，宣扬的原则听起来很神圣、很学术化，但却是虔诚而遥远。汤普森的理论不过是本土激进主义、基督教义和马克思主义的古怪结合。

汉森对汤普森目的—手段的批判得到后来一些新左翼学者的支持，如佩里·安德森、汤姆·奈恩等也由此批判汤普森的理论充满理想色彩。汉森将苏联在社会主义实践中出现的问题看作将马克思主义应用在俄国特殊的社会历史背景和客观的国内外环境下的必然结果，是马克思主义在落后的社会形态中发展的不可避免的选择，却忽略了马克思晚年对社会主义道路的多元探索和俄国本身的专制主义历史背景。这类观点不仅在新左翼所处的时代和知识分子中间，即使在当下，把现实社会主义的问题归咎于马克思主义的倾向仍然存在，这是对马克思主义发展史和社会主义历史的片面式理解。从汉森的批评中可以看出他对马克思主义的理解是不够全面的，对工人阶级的革命性和资本主义危机的认识也并不足够深入。

四 "德性的马克思主义"：麦金泰尔对社会主义人道主义思想的发展

麦金泰尔是英国知名哲学家，在道德哲学、政治哲学等领域有深厚造诣，曾积极参加英国新左翼早期的政治和思想活动。[1] 基于学术界围绕社会

---

[1] 阿拉斯代尔·麦金泰尔的主要论著有《马克思主义和基督教》(*Marxism and Christianity*)、《谁之正义？何种合理性？》(*Whose Justice? Which Rationality?*)、《德性之后》(*After Virtue*)、《赫伯特·马尔库塞：展示与争论》(*Herbert Marcuse: An Exposition and a Polemic*)、《基督教信仰的困境》(*Difficulties in Christian Belief*)、《马克思主义的解释》(*Marxism: An Interpretation*) 等。

主义人道主义展开的争论，他在《道德荒原笔记》Ⅰ和Ⅱ中对质疑社会主义人道主义思想的观点做出了回应和反驳，并尝试重塑马克思主义道德观，探讨了如何通过德性的重构来实现社会主义人道主义，是对汤普森"道德目的只能通过道德手段来实现"的回应和深化。

（一）应在历史规律和个体需求之间找到替代物

在麦金泰尔眼中，苏联体制下的个人服从于历史规律，道德受到历史制约。而自由主义的道德家则相反，所有问题都用道德高下来评判。"应是"原则完全被置于历史的"是"之外。它们成为两个极端，前者唯历史规律论，后者唯道德论。麦金泰尔指出这种批判模式不过是用一种支配性的思想模式取代另一种，并以"道德领域中的堂吉诃德"[①] 来形容这些道德批判家的浪漫主义。通过对这些道德批判家的拒斥，他提出不论是历史决定论还是个人至上论都无法唤醒马克思主义中的道德内核，应当在二者之间寻找到替代物，重构马克思主义的道德观。而重构马克思主义道德观的基础是理解马克思的"人的本质"概念。在麦金泰尔看来，人是个体性与社会性的统一，因此道德应与历史（客观规律）和欲望（人的个体需要）相结合，实现二者之间的平衡。

（二）应当实现道德与历史的统一

依照麦金泰尔的分析，重构马克思主义道德观首先要做到道德与历史的统一，将历史与道德相结合，进行历史主义的道德建构。这里的历史指的是客观规律，即在道德与历史中寻找平衡点，在主观理念与客观规律中实现平衡。在麦金泰尔看来，经济基础与上层建筑之间的关系是互动的而不是机械式关系。创造经济基础的过程就是在创造上层建筑，这不是两种

---

① Alasdair MacIntyre, "Notes from the Moral Wilderness I", *The New Reasoner*, Vol. 7, No. 4, 1958, p. 93.

活动而是一种活动，把握马克思主义必须要理解这二者的互动关系。不同社会形式之间的差异并不仅仅是基础与基础的差异，而且是基础与上层建筑相互关联式的差异。向社会主义过渡的重要特征不在于它是经济基础的变革，而是基础与上层建筑关系的革命性变革。把握这种决定的本质是理解马克思主义的关键。马克思对资本主义经济规律的理解也代表着对"人的本质"的理解，因此必须在基于马克思的"人的本质"基础上理解马克思的经济学。"社会主义不能被客观地操纵成为现实，也不能强加于那些意识抗拒的人身上，因为社会主义正是意识之于以往的经济政治活动的奴役的胜利。"[1] 通过对这些理论概念的重申，麦金泰尔提出了一种历史主义的新标准，即把历史中出现的事物作为道德标准的基础，而不是把历史过程当作道德至上或自动进化的，从而避免道德片面性的问题。

（三）应当实现道德与欲望的统一

除了对客观规律的尊重，从麦金泰尔的观点中还可得出重构马克思主义道德观的第二个原则是实现道德与欲望的统一。麦金泰尔将道德理解为社会的一般理念，欲望则是个体的实际需要。人的行动概念包括个体行为与社会行为，因此人的行动既体现个体性也体现社会性。从这一点看，自由主义道德观的重要问题之一就是它的道德原则没有道德基础，分离了道德的"应是"与欲望的"是"。依麦金泰尔之见，道德是基于人类的欲望基础上产生的，随着时间的推移，道德演变为社会的既定规则，人们机械地服从于这种规则而忘却了规则本身的意义所在，道德成为一种自律的信仰凌驾于人的欲望之上。只有当旧的道德规则无法再满足大多数人新的欲望需求时，欲望的对象才会重新回到对道德的思考中。因此"道德史就是人们不再将道德规则视为对欲望的压制以及为自身制定和接受的事物，而逐

---

[1] Alasdair MacIntyre, "Notes from the Moral Wilderness I", *The New Reasoner*, Vol. 7, No. 4, 1958, pp. 99–100.

渐将其视为异在的、永恒的、无形但客观的有约束力和压制力的法则的历史，或作为完全任意的主观选择"①。道德的客体化演变为一种异化表现，造成了道德与欲望的矛盾。由此麦金泰尔提出马克思主义道德观的重构需要解决道德与欲望分离的问题，实现二者的统一。在肯定"我们"时恢复"我"，使个人的个性得以与社会的共性共存。实现二者的统一关键在于必须正确理解马克思的"人的本质"概念，只有在此基础上才能将道德与欲望合二为一。麦金泰尔认为在马克思主义历史观中，人的历史是发现和形成共同人性的历史。"人的本质"既体现了个体性也体现了社会性。正确理解"人的本质"的概念就为弥合道德和欲望之间的裂缝提供了一把钥匙，即寻找到"我要"和"我们要"之间的共同点，发现我们与他人共享的东西，重新发现共同欲望，从而呼吁新的道德立场。"人们通过对分享人性共通点的更深层次欲望的重新发现，满足竞争性社会在我们心中孕育的无政府主义的个人主义欲望，从而既不背离人性，也不背离自己，成为一个人。在这一发现中，道德规则再次彰显其意义。因为这是可以纠正我们的短期自私从而帮助释放欲望的重要内容。道德准则和我们的根本需要不再截然对立。"② 麦金泰尔认为这也是马克思主义的阶级斗争理论和阶级道德观的本质。因为在阶级社会中，"我的欲望"会将"我"引向特定的阶级，因此马克思主义的道德是阶级性的道德。在马克思"人的本质"的概念基础上，麦金泰尔主张将道德与欲望统一起来，由此得出结论，共产主义道德是个体人性与共同人性的平衡。自由主义道德批判家把道德从历史和欲望中分离出来，使道德成为无源之水、无本之木。马克思主义道德观必须是道德与历史、道德与欲望的统一，从而使"我要"和"我们要"合二为一。

---

① Alasdair MacIntyre, "Notes from the Moral Wilderness II", *The New Reasoner*, Vol. 8, No. 1, 1959, p. 90.

② Alasdair MacIntyre, "Notes from the Moral Wilderness II", *The New Reasoner*, Vol. 8, No. 1, 1959, p. 95.

麦金泰尔对马克思主义道德观的重塑进一步发展了社会主义人道主义思想，汤普森所创立的社会主义人道主义思想，在麦金泰尔处发展到了一个高峰。麦金泰尔为有关社会主义人道主义的批评做了比较深入的回应，深化了汤普森的论点。但与汤普森一样，麦金泰尔主张的"德性的马克思主义"同样引起了争议。对于他的理论，汉森从道德和马克思主义两个角度进行了反驳。

在道德观方面，汉森强调道德的讨论域不像科学研究的讨论域，无法验真，因此不论是哪种道德观，都带有一定主观色彩。但不管是哪一个，都是建立在共同的人类需要的观念基础之上。换言之，汉森想强调自由主义道德观同样是基于人类的共同需求。在汉森看来，麦金泰尔和汤普森一样，仍然没有解决清楚目的—手段的问题，甚至对这一问题有所回避。达到"我要"和"我们要"之间的平衡是一种理想状态，然而在现实中常常出现二者的矛盾冲突。比如"对于'先锋队'而言，尤其是在危机时刻，不能始终依靠普通群众的自我奉献，因为这可能会产生'我们要'与'我要'相冲突的令人遗憾的倾向"[①]。人的价值不是一成不变的，道德自律和人的需要也如此，因此在"我要"和"我们要"之间存在着理想主义与现实主义的矛盾状态。汉森认为麦金泰尔和汤普森都没能解决好手段和目的的问题，对目的思考太多而对手段思考太少，建构了一个理想的道德王国，却对通往理想王国之路谈之甚少。他提出现实社会中存在着阶级、国家、社会制度之间等复杂的矛盾斗争，人类社会面临着暴力、战争的威胁，因此有必要探索从"必然王国"到"自由王国"的非暴力过渡的可能性，争取和平的、有竞争力的共存，以最大限度地保证手段和目的之间的一致性。具体到英国的情况，汉森批评工党已经沦为机会主义选举的工具，它需要的是"为更为明确定义的社会主义目标而不是更多的谨慎小心而从事某种

[①] Harry Hanson, "How Wild is My Wilderness?", *The New Reasoner*, Vol. 9, No. 2, 1959, p. 100.

形式的斗争的决心"①。可以看出与麦金泰尔相比,汉森显然更为注重"现实王国"。

在对马克思主义的理解方面,汉森从两方面批判了麦金泰尔的马克思主义道德观。一方面是对马克思主义的模棱两可的阐释。汉森否定麦金泰尔对马克思主义道德观的重构,认为他只不过是"抓住马克思思想中的某些模棱两可的地方,并以一种马克思几乎肯定会否定的方式来'阐明'这些东西,或者彻底修改现有的正统观念,使其与20世纪的生活和他们自己的道德直觉相一致"②,从而试图杂糅出某种包含一切的新马克思主义的东西,但黑格尔主义的影响常常使麦金泰尔的理论掉入文字游戏中。另一方面是对马克思主义教义的修改。在汉森看来,麦金泰尔对于马克思主义"人的本质"概念的理解并不完整,并没有考虑到人的本质在资本主义制度下发生的转变。

围绕社会主义人道主义产生的理论争鸣客观上推进了新左翼内部的理论变革,推动和丰富了社会主义人道主义思想的深化和发展,也为新左翼运动的开展提供了理论依据和动力。

◇第三节 社会主义人道主义思想的形成、积极意义和局限性

社会主义人道主义思想实质上是英国新左翼将马克思主义本土化的一种理论尝试,即将马克思主义与英国本土社会主义、伦理激进主义等传统

---

① Harry Hanson, "How Wild is My Wilderness?", *The New Reasoner*, Vol. 9, No. 2, 1959, p. 103.

② Harry Hanson, "How Wild is My Wilderness?", *The New Reasoner*, Vol. 9, No. 2, 1959, p. 104.

相结合，尝试创立具有英国特色的马克思主义和社会主义理论。其基本特点是试图挖掘出马克思主义中的人道主义内核，重构马克思"人的本质"概念，彰显人的历史主体地位，突出社会主义中的人道主义精神，将道德置于社会主义革命的核心地位，主张以道德的手段实现社会主义的理想。社会主义人道主义思想的提出在当时的理论界引起了广泛的讨论，对其高度评价者有之，如保尔布莱克雷治认为英国新左翼的社会主义人道主义思想"能够被视为以规范性地批判资本主义为目的的有用资源，而21世纪反对资本主义的人能够从这些讨论中获益匪浅"①。审慎评价者有之，如迈克尔·肯尼认为"社会主义人文主义在对本国激进理论的运用、对个别主体及道德自主性的简单强调、对人文主义价值观与历史唯物主义一致性的坚信，都存在问题"②。如今再来审视，其中的价值与问题依然值得思考。

一 人、经验与社会主义人道主义思想

汤普森是一位具有人文关怀的社会主义思想家和活动家，他对底层民众的同理心在年少时期就已形成。此后参加战争、求学剑桥、加入共产党等经历一步步造就了汤普森的人生信念。有学者将汤普森的思想概括为"五个核心"：第一，相信英国自由主义和浪漫主义的思想文化传统与舶来的马克思主义传统之间具有连续性；第二，是一种自由主义式的和人民阵线式的共产主义信念，即相信必须建立一个超越阶级障碍的政治联盟；第三，他认为激励"人民"的，不应该是"客观利益"的诱惑或类似的经济学的词语，而应该是"主观因素"，即对更美好的世界的憧憬和诸如正义与

---

① [英]保尔·布莱克雷治：《道德和革命：英国新左派中的伦理论争》，林育川等译，《现代哲学》2007年第1期。
② [英]迈克尔·肯尼：《第一代英国新左派》，李永新、陈剑译，凤凰传媒出版集团、江苏人民出版社2010年版，第99页。

自由的理念。第四,是相信政治、学术和想象性写作之间的根本统一。第五,强调英国文化与历史的重要意义。① 这五个理念的概括虽不能说全面,但基本涵盖了汤普森思想的主要特点。汤普森始终强调本土的民族性与特殊性,认为马克思主义传统与英国的激进自由主义和浪漫主义传统之间有密切关联,所以他主张构建一种有英国特色的马克思主义。霍尔曾评价汤普森等人"发展出了对英国历史的高度独立和独创的理解,并形成了一种与英国大众激进主义有更多联系的马克思主义政治形式"②,肯定了汤普森的本土化努力。汤普森希望建立一个超越阶级的联盟,但实际上他对知识分子阶层仍给予了特别的重视。汤普森重视历史和文化对社会的影响,他的思维方式和研究方法可以概括为一种"文化主义"的范式。比如汤普森将人类历史视为一个变化的过程,主张以具体的、特殊的方式研究人类社会。在《英国工人阶级的形成》中,汤普森提出:"阶级是社会与文化的形成"③,他将阶级形成的客观因素和主观因素相结合,而更倾向于主观因素。"文化主义"方法强调人的主体性和能动性,突出个体能动作用。例如汤普森强调对工人阶级的分析不应从文本中构造,而应从工人阶级自身生活的真正紧张和冲突的实际观察出发。④ 在汤普森那里,经验的形成离不开人,社会存在也无法脱离于人的观念而独立存在。社会主义人道主义思想便是这一理念的典型表现。

---

① 参见[新]斯科特·汉密尔顿《理论的危机——E. P. 汤普森、新左派和战后英国政治》,程祥钰译,上海人民出版社2018年版,第48—50页。

② Stuart Hall, "Life and Times of the First New Left", *New Left Review*, Vol. 61, No. 1, 2010, pp. 182 – 183.

③ [英]E. P. 汤普森:《英国工人阶级的形成》,钱乘旦等译,译林出版社2013年版,前言第4页。

④ E. P. Thompson, "The New Left", *New Reasoner*, Vol. 9, No. 2, 1959, p. 12.

二 社会主义人道主义思想的积极意义

首先,社会主义人道主义思想的提出是构建有英国特色的马克思主义、探索符合本国实际的社会主义道路的理论尝试。英国在社会主义发展史上是一个比较特殊的存在,它是最早产生社会主义思想的国家之一,马克思《资本论》的大量材料和数据都源于资本主义快速发展时期的英国。英国有着悠久的社会主义传统,本应成为马克思主义的重镇,然而在20世纪之前马克思主义在英国的影响和传播非常有限。直到英国共产党成立后,马克思主义的影响才逐渐扩大。但理论在被英共运用到实际的过程中,同样出现了水土不服的现象。因此,在英共内部出现了一批探索马克思主义本土化道路的知识分子,形成了一批有影响力的学术成果,例如阿·莱·莫尔顿(A. L. Morton)的《人民的英国史》,莫里斯·多布(Maurice. Dobb)的《政治经济学与资本主义》等。在本土化探索的过程中产生了一支理论队伍——"共产党历史学家小组",成员包括莫里斯·多布、阿·莱·莫尔顿、E. P. 汤普森、艾瑞克·霍布斯鲍姆、罗德尼·希尔顿(Rodney Hilton)、克里斯托弗·希尔、拉斐尔·塞缪尔等。"共产党历史学家小组"提出的"自下而上的人民史观"突破了传统史学的解释框架,为马克思主义史学的发展做出重要贡献。1956年以后,一部分原"共产党历史学家小组"的成员成为新左翼的中坚力量,继续探索马克思主义本土化的道路。社会主义人道主义正是本土化努力的重要成果。实际上,从20世纪50年代后期到70年代末,马克思主义对英国新左翼运动的各个阶段都产生了重大影响,新左翼试图重建他们所认识的马克思主义,从而赋予新左翼运动独特的身份。社会主义人道主义思想是汤普森和早期新左翼积极将马克思主义本土化的理论尝试,它将马克思主义与英国本土的思想传统相结合,推动了英国马克思主义的发展。这一理念一经提出便成为新左翼的指导思想,

《新理性者》直接被冠以"社会主义人道主义季刊"的称号。罗宾·布莱克本曾表示以汤普森为代表的新左翼"以非凡的力量激发了人们的斗志"[①]。社会主义人道主义思想将马克思主义与英国本土的伦理社会主义和激进主义传统相结合,是新左翼为实现马克思主义本土化、探索符合本国实际的社会主义道路所作出的积极尝试。在这一理念指导下,英国新左翼积极开展相关活动、批判资本主义、反思英共的盲从路线、抨击工党的妥协路线、参与核裁军运动等,在当时和以克劳德·布尔代为代表的法国新左翼一道,对西方社会主义思想和运动的发展产生了积极的推动性作用,也为后来"文化马克思主义"学派的产生奠定了理论基础,为理解历史唯物主义提供了新的角度和理论范式。

其次,社会主义人道主义思想肯定了"人"在马克思主义中的地位,试图在"人的价值"维度上捍卫马克思主义理论。所谓人道主义,是重视人的权利和自由,捍卫人的价值和尊严,追求人的自由和全面发展的理念、思潮和运动的总称。社会主义思想诞生以来,一代代社会主义者对资本主义的剥削现象提出猛烈批评,主张要建立人人平等的社会主义社会。但早期社会主义者并没有发现资本主义社会人压迫人的秘密所在,直到马克思、恩格斯在唯物史观基础上发现了资本主义经济运行的规律,揭露出"人的异化"根源,从而提出了实现人的自由全面发展的目标。马克思主义的人道主义与资本主义的人道主义的不同在于,它是从"现实的人"出发而不是从"抽象的人"出发,是对资产阶级人道主义的批判和超越。但20世纪以来,马克思主义一度被庸俗化为简单的"经济决定论"。"人的本质"概念被忽略,现实社会主义实践中出现的问题被归咎于马克思主义,马克思的思想一度被曲解为"非人"的理论。英国新左翼挖掘出马克思思想中的人道主义内核,肯定了"人道主义"是社会主义的题中之义,使长久以来

---

① Robin Blackburn, "Edward Thompson and the New Left", *New Left Review I*, Vol. 201, No. 5, 1993, p. 5.

马克思的思想中被忽视的部分重新得到人们的关注。汤普森的社会主义人道主义是在对人性空场进行抗议的基础上产生的。他在批判资本主义和反思传统社会主义的基础上，突出人的主体性、创造性和道德性。汤普森试图对社会主义在现实中面临的道德困境做出分析，恢复马克思主义中的人道主义传统，回应资本主义世界对马克思主义的质疑，为马克思主义正名并捍卫社会主义的理想。社会主义人道主义思想"是新兴的新左翼的主要纽带之一。这也被证明是（第一代新左翼）与第二代新左翼达成的重要共识。在汤普森看来，社会主义人道主义涉及社会主义传统以新的道德术语进行的解放与重建。换句话说，汤普森反对社会主义在 1945 年后在苏联东欧采取的官僚形式。相反，他通过强调所谓的社会主义的自由意志主义元素来寻求在道德层面上复兴社会主义：让每个人都能自由地生活。他将此与一个信息联系起来，这个信息强调了社会主义在英国的重要性。他认为，这些方面从一开始就构成了英国劳工运动的特点，并深深扎根于英国的民族认同之中。这种对传统的唤起，在汤普森 1963 年的经典著作《英国工人阶级的形成》中也可见一睹"①。社会主义人道主义思想被提出后成为英国新左翼早期的价值导向，推动了新左翼运动的开展。这一理念尝试在"人"的价值维度上捍卫马克思主义理论，丰富了马克思关于"人的本质"的内涵。有学者指出，新左翼的巨大优势表现在它重新开启了马克思主义中的人道主义核心的讨论，从而为社会主义者拓展出一个空间，使他们得以挖掘出马克思作品中充满生机和活力的东西。②社会主义人道主义思想丰富了马克思主义的人道主义内涵，回击了来自资本主义世界的攻击，它对"人

---

① Holger Nehring, "'Out of Apathy' Genealogies of the British 'New Left' in a Transnational Context, 1956 – 1962", in Martin Klimke, Jacco Pekelder and Joachim Scharloth, eds., *Between Prague Spring and French May Opposition and Revolt in Europe*, 1960 – 1980, New York·Oxford: Berghahn, 2013, p. 19.

② 参见［英］保尔·布莱克雷治《道德和革命：英国新左派中的伦理论争》，林育川等译，《现代哲学》2007 年第 1 期。

的作用""道德""文化"等要素的强调对后来马克思主义史学和"文化马克思主义"的发展产生了重要影响。作为一种政治反思,他们的尝试使马克思主义和社会主义得到了更广泛的关注,留下了丰富的理论生长点。

三 社会主义人道主义思想的局限性

社会主义人道主义的立论主要是在现实批判中完成的,与西方诸多左翼理论类似,这一思想也存在批判有余而建构不足、破旧有余和立新不足的问题。

第一,社会主义人道主义思想带有较为浓厚的乌托邦主义和伦理社会主义的痕迹,脱离经济结构改造的抽象的"人道"最终陷入了空想的泥潭。汤普森过于强调道德的地位和作用,却缺乏对资本主义的经济学批判,缺乏基石的道德革命难以在实践中发挥实质性影响。因此,他的观点被一些反对者批判是主观主义、唯我主义和理想主义的,他也被冠以"浪漫主义者"和"乌托邦社会主义者"的称号。汤普森继承了威廉·莫里斯的传统,十分推崇英国本土的伦理社会主义,他认为莫里斯对社会主义的研究是"对马克思主义的补充"[①]。对于伦理社会主义的推崇或许也和汤普森的卫理公会宗教背景有关。"汤普森的目标是创造具有伦理道德的主体,这些主体不会成为官僚或政府机器的一部分,也不会盲目地跟随意识形态共识,而是根据自己的良心做出决定。尽管新左翼活动分子并不认为自己是宗教人士,但他们的许多言论和世界观比如强调良心和个人道德责任似乎受到了

---

① E. P. Thompson, "Romanticism Utopianism and Moralism: The Case of William Morris", *New Left Review I*, Vol. 99, No. 5, 1976, p. 85.

他们自身的宗教背景的影响。"① 伦理社会主义强调人的主体性和道德性，将社会主义当作一种道德的理想，主张从德性出发改造社会，通过渐进主义和议会民主的方式实现社会主义。伦理社会主义曾深深影响了19世纪末至20世纪的社会民主党和民主社会主义。汤普森和麦金泰尔都受到了英国伦理社会主义传统的影响，在将马克思主义本土化的过程中，他们试图将马克思主义的科学性和革命性与本土的理论传统相融合，主张恢复道德在人类生活中的作用，通过德性的重构来实现社会主义。但在他们的理论中，经济范畴几乎处于失语状态，"人道""德性"等脱离了经济结构基础，实际上是抽象的"人道主义"。作为马克思主义理论最重要的基石之一，马克思对资本主义经济运行一般规律的分析在新左翼的分析中几乎是缺席的。"英国的社会主义人道主义从本质上说表达的是对斯大林主义的道德和政治拒绝。它的道德明晰性给了它一种把不满的共产党人、构成早期新左派的支持群体的不结盟青年和核裁军运动活动分子集结起来的引力。不过，它虽然得到了新左派的集中认同，但是，在一些基本问题上新左派并没有形成共识。过于强调道德、主体性活动和主体性，以及简单地把经济主义和决定论认定为斯大林主义的来源，后来这些都受到安德森的批判。而且在更早些时候，它们就被认为是有问题的。"② 有学者认为社会主义人道主义思想"综合自由主义传统对个体命运的关注和社会主义对平等公正的追求，它既强调社会主义，又突出人道主义的关怀。社会主义人道主义有一典型的思想特征，它强调人的能动作用，反对历史决定论，强调人的自由选择

---

① Holger Nehring, "'Out of Apathy' Genealogies of the British 'New Left' in a Transnational Context, 1956 – 1962", in Martin Klimke, Jacco Pekelder and Joachim Scharloth, eds., *Between Prague Spring and French May Opposition and Revolt in Europe, 1960 – 1980*, New York·Oxford: Berghahn, 2013, p. 20.

② [英] 玛德琳·戴维斯：《英国新左派的马克思主义》，载张亮编《英国新左派思想家》，凤凰传媒出版集团、江苏人民出版社2010年版，第14—15页。

意志，具有唯意志论色彩"①。

恩格斯曾在《社会主义从空想到科学的发展》中这样评价空想社会主义者："对所有这些人来说，社会主义是绝对真理、理性和正义的表现，只要它被发现了，它就能用自己的力量征服世界。"② 汤普森所推崇的"以道德的手段实现道德的目的"就如同恩格斯眼中能用自身力量"征服"世界的绝对真理。汉森批评汤普森"相信的不是历史的辩证法，而是语言的力量"③，安德森也将这一理念称为"经验主义"④ 的无谓尝试。⑤ 在新左翼早期的思想中，道德被赋予了过高的价值和地位，对资本主义的批判虽严厉而不够有力，经济范畴的缺席使其难以从根本上找到突破资本主义的方式。另外，在如何辨别斯大林主义与列宁主义和马克思主义之间的关系、如何辩证看待现实社会主义的成就与问题等方面仍然存在理论空场和漏洞，由此导致这一理论在落入现实时遭遇困境。例如，对如何将社会主义人道主义融入人民主体和社会组织缺乏详尽可行的、有说服力的论证，对如何以道德的手段实现道德的目的，也没有做出充分说明。新左翼虽然提出了社会主义人道主义的内涵和目的，但对如何实现社会主义人道主义、如何使其深植人心，却没有详细的蓝图。这一思想犹如空中楼阁，理想的道德王国没能建立于现实的基础上。再比如，以道德为核心的革命战略与实践活动难以契合。这一战略把目标建立在空洞的道德基础上，在社会主义实践

---

① 赵国新：《新左派的文化政治：雷蒙·威廉斯的文化理论》，外语与教学出版社2009年版，第58页。

② 《马克思恩格斯文集》第3卷，人民出版社2009年版，第536页。

③ Harry Hanson, "An Open Letter to Edward Thompson", *The New Reasoner*, Vol. 2, No. 2, 1957, p. 87.

④ Perry Anderson, "Origins of the Present Crisis", *New Left Review I*, Vol. 23, No. 1, 1964, p. 40.

⑤ 以佩里·安德森为代表的第二代新左翼否定汤普森的本土化做法，认为英国缺乏彻底革命的历史传统和文化，应当扬弃本土民族文化的局限性，走国际主义的理论和革命道路。

中寄希望于知识分子,脱离了人民群众和政党,本质上仍然没有摆脱精英主义的窠臼。因此,在社会主义人道主义是否可能这一问题上,尽管英国新左翼早期在发掘社会主义的人道主义价值方面发挥了积极作用,但它开出的"药方"却难以在实践中产生实质性影响。

第二,社会主义人道主义思想及其文化主义的研究范式由于强调个体和经验研究,忽视了理论抽象和整体性建构,从而招致批评。汤普森的思想被评价为"本质是一种伦理激进主义,不仅受到马克思主义的影响,也受到英国本土许多社会主义和非社会主义思想传统的影响"[1]。这种融合性的研究路径造就了汤普森独具一格的学术方法,但也在某种程度上束缚了他的视野。比如汤普森站在"英国性"立场上提出的关于马克思主义、列宁主义和斯大林主义的一些观点是值得商榷的。汤普森的方法着眼于人的主观因素和文化要素在社会变革中的作用,注重细微个体,但缺乏基础性、整体性和理论性的把握,容易陷入一种经验主义和狭隘主义的窠臼。正因如此,后来的第二代新左翼佩里·安德森等人引入了欧洲大陆的理论学说和"结构主义"的研究方法,从整体性和科学性的角度批判了汤普森的主观主义和经验主义。总之,马克思主义的西方研究者为我们观察和思考这个世界提供了许多具有启发意义的视角,但因其存在内在的、固有的局限性,我们应以审慎的态度加以鉴别和选择。

---

[1] [英]迈克尔·肯尼:《爱德华·汤普森的伦理激进主义及其批判》,张亮译,《求是学刊》2007年第5期。

第 六 章

立足基点：两代英国新左翼的革命
道路和理论范式之争

E.P 汤普森与佩里·安德森同为英国新左翼的重要代表人物，但由于成长背景、政治理念和学术方法的不同，他们的思想存在诸多分歧，由此引发了长达近20年的论战。二人在革命道路与理论范式上的论争成为两代新左翼的主要矛盾，而革命道路与理论范式也构成新左翼思想的立足基点。第一，在革命道路方面，汤普森与安德森表现出民族主义和国际主义之分，双方围绕"英国资产阶级革命""英国工人阶级革命意识""英国社会主义的马克思主义传统"问题展开辩论。汤普森主张革命应当立足于民族实际，走具有本国特色的革命道路，要具体地、历史地对待马克思主义，让马克思主义用民族的和时代的语言说话，社会主义革命道路的实现，对马克思主义的学习和应用，对理论的借用和对国际主义的态度都应当立足于当下的民族实际。而安德森认为英国缺乏彻底革命的历史传统和革命文化，没能自发形成革命理论，主张扬弃本土民族文化的局限性，走国际主义的革命之路。第二，在理论范式方面，汤普森与安德森存在文化主义与结构主义的方法之分，双方聚焦于"马克思主义方法论的应用""民族文化传统与外来理论和经验的平衡"问题展开论争。汤普森的文化主义方法强调文化对社会的影响以及人的主体性和能动性作用，重视具体性和特殊性，具有强烈的经验主义倾向，安德森的结构主义方法则重视理论建构和宏观叙事，

第六章　立足基点：两代英国新左翼的革命道路和理论范式之争 | **185**

重视总体性和一般性，反对经验主义和主观主义。汤普森与安德森之争实质上是为了解决一个重大时代问题，即在第二次世界大战后商品拜物教高度发达的时代如何处理好社会主义与资本主义之间的关系、自身理论与社会主义其他流派之间的关系，从而走出一条自己的社会主义发展道路。"这场争论既反映了第一代新左翼与后来的新左翼所存在的重要'代沟'，也反映了进步政治观念之间所存在的诸多矛盾。这场争论在体现推动社会主义政治思想发展所面临的普遍困境的同时，也成为英国国情的一个重要组成部分。因为，这场争论的一个重要根源是，社会主义在本质上是否是与英国完全不同的欧洲大陆的哲学。"① 他们对资本主义的反思和批判推动了战后英国马克思主义理论和人文社会科学的发展，对西方激进理论和政治运动产生了深远影响，同时这场论争对于在资本高速发展的时代探索社会主义发展新路具有积极的理论价值和实践意义。二人的思想在诸多分歧之外，也存在一定的连续性和同质性。但这些论争也反映了他们的理论存在着一定历史局限性。作为一个时代印记的新左翼已经成为历史，但它留下的遗产却值得深思。因此，本章尝试从革命道路和理论范式两方面分析汤普森和安德森的论战焦点及其理论实质，从而更好地展现战后西方左翼学界关于资本主义和社会主义的研究面貌。②

◈ 第一节　论战的缘起：英国新左翼的路线之争

汤普森与安德森之间的辩论起初是英国新左翼内部的路线之争，而新

---

① ［英］迈克尔·肯尼：《第一代英国新左派》，李永新、陈剑译，凤凰传媒出版集团、江苏人民出版社2010年版，中文版序言第7—8页。
② 参见黄斐《革命道路与理论范式——爱德华·P. 汤普森与佩里·安德森的论争及其实质》，《中国高校社会科学》2022年第1期。

左翼的出现则建立在第二次世界大战后英国所处国内外环境转变的基础上。从内部因素来看,战后英国国家实力和国际地位的衰退,以及"丰裕社会"的形成,引发了国内政治、经济、社会环境的变化,这些变化促使一些知识分子开始进行批判性反思,也引发了政治图景的缓慢重构。如何在战后快速发展的"丰裕社会"和"消费社会"中辨清福利资本主义和新帝国主义的实质,彰显社会主义的价值,成为许多知识分子的理论致思。就外部因素而言,1956年苏共二十大上赫鲁晓夫所作的《秘密报告》的传出在英国共产党内引起极大震动,同年波匈事件、苏伊士运河危机等也加速了英共党内的分化。部分党员不满英共领导层对苏共的盲从态度,也对工党的民主社会主义道路表示质疑。如何在苏联社会主义和西方民主社会主义中走出一条新的社会主义之路,成为当时英国社会主义者探索的重要课题。①

一 《新左翼评论》的双群体构成

汤普森和萨维尔在这一背景下编辑出版了《理性者》,表达持不同政见的共产主义者的声音。但《理性者》只出版了3期就在英共领导层的干预下停刊,此后包括汤普森在内的一批英共党员退党,他们发行独立左翼刊物《新理性者》,以宣扬社会主义人道主义为主要目标。与《新理性者》几乎同一时期出现的还有一左翼刊物——《大学与左翼评论》,它由霍尔、塞缪尔等当时牛津大学的师生创办,代表着新一代年轻的激进知识分子的声音。出于人力资本、运营经费以及左翼交流平台的扩大化等方面的考虑,《新理性者》和《大学与左翼评论》于1959年12月合并为《新左翼评论》。两个期刊合并的更深层次的原因是,这两个群体的左翼社会主义者都希望超越当时英国的政治现实,这一共同的诉求使他们走到了一起。《新左翼评

---

① 关于新左翼运动的缘起详见本书第一章。

第六章 立足基点：两代英国新左翼的革命道路和理论范式之争

论》创立后，霍尔担任第一任主编，萨维尔担任编委会主任，汤普森和威廉斯等任编委。此后，《新左翼评论》就成为新左翼运动的重要理论阵地。

《新左翼评论》刊发后很快获得了广泛的社会效应，1959—1961年是新左翼政治运动的鼎盛时期，因此《新左翼评论》刚创刊后的一年多时间销量喜人。但在《新左翼评论》合并后，两代新左翼之间的差异逐渐明显。许多问题其实从《新理性者》和《大学与左翼评论》合并时就已显现。虽然两本杂志都是因应1956年的政治危机产生，但二者在构成群体、政治观念等方面皆存在差异。以汤普森为代表的《新理性者》编委主要由前英共党员构成，他们多参加过第二次世界大战，对共产主义抱有理想。其读者群主要集中在具有工人运动文化传统的英格兰中北部工业区。而《大学与左翼评论》的编创人员主要是以牛津大学为中心的左翼青年，他们多是在第二次世界大战后成长起来的一代，受到多种激进思潮影响，思想更加自由和开放。其读者群则集中在英格兰南部，读者阶层更加多样化。编委会内部生活经历的差异和政治风格的不同使《新左翼评论》在合并之初就问题重重。[①] 1961年以后，随着核裁军运动的衰落，加之内部积累已久的矛盾，《新左翼评论》陷入危机，霍尔不堪压力提出辞职。彼时年轻富裕的安德森出资化解了《新左翼评论》的财政危机并接任主编一职，着手对其进行改革。安德森意识到英国本土思想传统的薄弱，因此大力引进译介欧陆马克思主义。此后，新左翼被分为两代，汤普森是第一代新左翼的代表，安德森则成为第二代新左翼的中坚力量。安德森的努力使《新左翼评论》重新焕发生机，迄今《新左翼评论》仍是西方世界颇有影响力的左翼期刊之一。但安德森否定英国本土理论和传统的做法引起汤普森的强烈反感，二人在资本主义和社会主义理论与实践等问题上进行了近20年的论战。两代新左翼的论战"涵盖了许多重要的主题。这次争论主要集中于安

---

① 关于构成《新左翼评论》的主要群体的不同详见本书第二、三章。

德森和奈恩对英国历史发展具有争议性的阐述以及他们对英国工人运动和学术文化的批判。但是这次争论也涉及一些社会主义思想家和活动家共同感兴趣的主要问题,包括社会主义理论的作用和特点,社会主义与民族文化和政治传统的关系,政治左派应该如何思考历史的过去和历史发展的民族类型"①。

二 争论的第一阶段

双方争论的第一阶段是在 20 世纪 60 年代。1963 年汤普森发表著作《英国工人阶级的形成》,分析了从 1780 年到 1832 年英国工人阶级的形成过程。他将社会主义人道主义思想融合进对英国工人阶级的分析中,注重英国工人阶级形成过程中人的主观能动性和文化因素的作用,把阶级的形成看作人与人的相互关系产生的结果,强调了文化传统和阶级意识在这一过程中的重要性和必要性。② 对此,1964 年安德森在《新左翼评论》发表《当前危机的起源》一文,探讨了英国资本主义革命史和英国社会的霸权秩序,批判汤普森是"经验主义"和"民粹主义"的。同年,汤姆·奈恩也相继发表《英国政治精英》《英国工人阶级》《工党的本质》等文对汤普森的观点进行反驳,形成了安德森—奈恩论题。③ 作为回应,1965 年汤普森在《社会主义纪事》上发表《英国人的特性》一文,对安德森—奈恩论题进行

---

① [英]迈克尔·肯尼:《社会主义和民族性问题:英国新左派的经验教训》,王晓曼译,孙乐强校,《学海》2011 年第 2 期。

② 参见[英]E.P. 汤普森《英国工人阶级的形成》,钱乘旦等译,译林出版社 2013 年版。

③ Perry Anderson, "Origins of the Present Crisis", *New Left Review I*, Vol. 23, No. 1, 1964; Tom Nairn, "The British Political Elite", *New Left Review I*, Vol. 23, No. 1, 1964; Tom Nairn, "The English Working Class", *New Left Review I*, Vol. 24, No. 2, 1964; Tom Nairn, "The Nature of the Labour Party—I", *New Left Review I*, Vol. 27, No. 5, 1964; Tom Nairn, "The Nature of the Labour Party—II", *New Left Review I*, Vol. 28, No. 6, 1964.

第六章　立足基点：两代英国新左翼的革命道路和理论范式之争 | **189**

逐一批驳，对革命道路的民族性问题进行系统阐释。[1] 之后安德森于1966年在《新左翼评论》上发表《社会主义和伪经验》，将汤普森视为主观主义和唯意志主义的代言人。[2] 1968年安德森发文《民族文化的构成》，再次对民族问题进行分析，驳斥汤普森的英格兰特性观点。[3]

三　争论的第二阶段

争论的第二阶段发生在20世纪70年代。20世纪70年代初期安德森相继发表《从古代向封建主义的过渡》《绝对主义国家的系谱》两部著作，运用"自上而下"的研究范式分析历史，对汤普森等人的"自下而上"的史学观进行批判，主张以普遍性、世界性的立场看问题。[4] 为反驳安德森，汤普森发表了《致科拉克夫斯基的公开信》，以批判科拉克夫斯基的名义批评推崇他的安德森等人，就如何理解和应用马克思主义提出自己的看法。[5] 之后，汤普森于1978年出版论文集《理论的贫困及其他论文》，收录了过去的一些重要政论文章，如《英国人的特性》《鲸鱼之外》和《致科拉克夫斯基的公开信》，并收录了此前未发表过的《理论的贫困或太阳系仪的错误》一文，系统批判了阿尔都塞的结构主义，就如何理解理论和经验、如何对待民族传统和外来理论、如何对待民族主义和国际主义等问题发表了一系

---

[1]　E. P. Thompson, "The Peculiarities of the English", *Socialist Register*, Vol. 2, 1965.

[2]　Perry Anderson, "Socialism and Pseudo‑Empiricism", *New Left Review I*, Vol. 35, No. 1, 1966.

[3]　Perry Anderson, "Components of the National Culture", *New Left Review I*, Vol. 50, No. 4, 1968.

[4]　Perry Anderson, *Passages from Antiquity to Feudalism*, London: New Left Books, 1974; Perry Anderson, *Lineages of the Absolutist State*, London: New Left Books, 1974.

[5]　E. P. Thompson, "An Open Letter to Leszek Kolakowski", *Socialist Register*, Vol. 10, 1973.

列看法。① 作为回应，安德森于 1980 年发表著作《英国马克思主义内部的争论》，对汤普森的批判进行了反驳，将双方的争论再次推向高潮。② 同年汤普森在《新左翼评论》上发表《论极端主义：文明的最后阶段》，标志着与安德森的论战宣告结束。③

第二节 革命道路：民族主义和国际主义

在汤普森与安德森的论战中，关于革命道路的选择是二人争议最大的问题之一。双方争论的焦点在于社会主义的实现究竟应当立足于本土还是国际。二人均对英国的革命道路进行了分析，却得出了相反的结论。在汤普森发表《英国工人阶级的形成》之后，安德森和奈恩接连发表了几篇文章对英国资产阶级革命和工人运动传统进行分析和评价，形成了安德森—奈恩论题。汤普森将之总结为：第一，17 世纪的英国资产阶级革命是不成熟的、未完成的革命。在 1688 年和 1832 年的妥协中，工业资产阶级没有获得阶级霸权并重塑社会的统治机构。相反，在土地贵族和工业资产阶级之间发生了一种蓄意的、系统化的共生关系，贵族仍然占据统治地位。第二，由于 17 世纪的革命是不彻底不纯粹的，斗争又是以宗教方式进行的，工业资产阶级从没有形成任何连贯的世界观或自我认知，而是用一种经验主义的意识来行事，因此没有形成革命的意识形态。第三，过早的资产阶级革命催生了过早的工人阶级运动，在工业革命初期工人阶级的斗争因没有相

---

① E. P. Thompson, *The Poverty of Theory and Other Essays*, New York: Monthly Review Press, 1978.

② Perry Anderson, *Arguments within English Marxism*, London: Verso, 1980.

③ E. P. Thompson, "Notes on Exterminism, the Last Stage of Civilization", *New Left Review I*, Vol. 121, No. 3, 1980.

应的理论指导而受挫。在宪章运动失败之后,英国工人阶级历史出现了深刻的停顿。对于英国工人阶级来说,马克思主义来得太迟了,而在其他国家,马克思主义早已席卷了工人阶级群体。[①] 因此安德森等人主张扬弃本土民族文化的局限性,吸收外来理论和经验,走国际主义的革命道路。而汤普森从民族性角度出发,主张革命应当立足于民族实际,走具有本国特色的革命道路。具体来看,关于革命道路的争论主要围绕以下三个问题展开。

一 英国的资产阶级革命问题

汤普森与安德森的交锋首先触及英国的资产阶级革命。英国资产阶级革命传统上一般被认为是一场较为成功的革命,但安德森却提出了不同的观点。他在《当代危机的起源》中回答了英国社会主义和英国新左翼为什么会出现危机的问题。文章探讨了英国资本主义的历史,对英国资本主义革命、资产阶级和无产阶级作出了评价。安德森指出,英国是欧洲国家中最早产生资产阶级革命的国家,但英国资产阶级革命是不彻底的,因为在革命之后英国的财产制度和社会结构都没有改变,统治阶级依然是土地贵族,英国的新兴资产阶级从一开始就是土地贵族的附庸。

安德森反对传统上把这场革命视作新兴资产阶级和没落贵族的斗争的观点,而将其视为土地贵族阶级中两个阶层的斗争。原因是参与革命的双方都来自农村而不是城市阶层,他们之间的冲突也主要是围绕着君主制的经济、政治和宗教而展开。这场革命发生在土地阶级内部而不是不同阶级之间,商业资本发挥的作用是很小的,商业资本只是搭乘了革命的顺风车,继承了革命的胜利果实。尽管革命摧毁了封建主义对经济发展的众多制度和法律障碍,但它并没有改变英国的基本财产制度。之后,革命的成果得

---

① E. P. Thompson, "The Peculiarities of the English", *Socialist Register*, Vol. 2, 1965, p. 313.

到了稳定和巩固，资本主义农业和商业帝国主义得以实现繁荣发展。安德森从三个方面总结了英国革命的关键特质："第一，革命粉碎了资本主义发展的制度障碍，使之后的英国经济得以实现高速发展。从这个意义上说，这是一场成功的资本主义革命。然而与此同时，它几乎保留了整个旧有的社会结构。第二，在这场革命中统治阶级改变的只是角色而不是本质，土地贵族摇身一变成为新兴资产阶级。商业资本虽然在不断扩张，商业资产阶级却没能成为统治力量，银行家和商人在统治阶级中仍然处于从属地位。第三，革命的思想遗产几乎为零。革命过后那些激进的信条和清教主义等都没能保留下来，革命的意识形态没能形成良好的传统，成为对后世具有影响的思想遗产。"①

关于英国资产阶级和无产阶级，安德森指出英国经历了第一次工业革命并产生最早的无产阶级，英国的工业资产阶级从一开始就是贵族资产阶级。光荣革命使英国的土地贵族成为具有强大商业力量的资产阶级，二者的混合最终催生出工业革命，带来了英国经济的巨大腾飞。因此在英国，旧贵族和新资产阶级之间不存在根本的对立和矛盾，英国的资本主义同时接受并包容了这二者，这是现代英国历史最关键的事实。传统的商业资产阶级在议会中从未有过直接的政治代表权，它一直满足于将其"利益"委托给贵族阶层，直到19世纪工业资产阶级才进入政治阶层。因此在维多利亚时期的英国，贵族阶层才是资产阶级的先锋队。故而，英国的无产阶级从一开始就同时面临着与商业资产阶级和贵族阶层的斗争。虽然无产阶级在19世纪前期曾进行过多次抗议斗争，但由于没能形成有效的革命意识、缺乏有力的领导和战略而陷入长时间低潮。安德森将之称为"英国工人阶

---

① Perry Anderson, "Origins of the Present Crisis", *New Left Review I*, Vol. 23, No. 1, 1964, pp. 28-30.

第六章　立足基点：两代英国新左翼的革命道路和理论范式之争 | **193**

级历史上的一次深刻的停顿"[①]。英国问题的形成在安德森看来是一个长期的缓慢的病变过程，连续性使英国很好地保留了自身传统，但也使它缺乏从根本上改变和革新自己的动力。

与其他欧洲国家不同，英国拥有独特的社会结构。英国在两次世界大战中都没有被打败和占领，它独特的社会结构使其能够抵受外部的侵袭。英国阶级结构的特质可以被概括为以下几点：资产阶级革命后，土地贵族阶级成为英国第一个占统治地位的资产阶级；工业资产阶级虽然赢得了几次温和的胜利，但也因此失去了勇气和身份认同。在维多利亚时代晚期和帝国主义的鼎盛时期，贵族和资产阶级在一个单一的社会集团中共存；工人阶级有过激烈的斗争，但在经历几次失败后陷入低潮。在英国的资本主义结构中，尽管工人阶级有数量上的优势，却没能改变英国社会的基本性质。[②]

基于以上分析，安德森得出英国当前危机的几点结论。第一，英国当前的危机是整个社会、基础设施和上层建筑的普遍弊病，它并不是突然的崩溃，而是一个缓慢的病变过程。英国的衰退有很多原因，其中最主要的原因是经济的长期衰退，从19世纪后期开始英国长期面临着出口资本投资不足、技术创新落后等问题，但这些问题都被英帝国的海外投资的巨大回报所掩盖。英国的危机使统治阶级逐渐衰败，而工业资产阶级在最初与土地贵族合并后受到后者侵蚀沾染了后者的恶习，如裙带关系、腐败等，进一步削弱了资产阶级的统治管理能力，形成恶性循环，加速了英国的危机发酵。第二，英国的资本主义制度在全球资本主义转型的背景下不合时宜，无法跟上资本主义的新发展。在全球资本主义变得越来越精简，国家在国

[①] Perry Anderson, "Origins of the Present Crisis", *New Left Review I*, Vol. 23, No. 1, 1964, p. 33.

[②] Perry Anderson, "Origins of the Present Crisis", *New Left Review I*, Vol. 23, No. 1, 1964, p. 39.

民经济中发挥越来越重要的作用时,英国仍然保留着它的农业地主阶级和工业自由放任主义。因此英国的统治阶级无法继续发挥很好的作用,反而显露出灾难性的弱点:普遍的浅薄主义和不合时宜的经济自由主义。第三,两次世界大战的胜利使英国免于受到灾难性破坏,但这也同时使它缺乏从根本上改变和革新自己的动力。连续性使英国很好地保留了自己的传统,副作用则是体制的僵化,因而在经济赛跑中落在了其他资本主义国家如德国、法国、意大利和日本的后面。[①] 在面临经济危机的同时,英国也面临着一系列社会和政治危机。因此,英国的统治阶级如果想保住霸权,就必须进行彻底的蜕变和革新。

与安德森的观点相似,奈恩同样认为英国的资产阶级革命不彻底,工业资产阶级从一开始便依附于土地贵族,存在明显的软弱性。资产阶级革命后真正统治英国的政治精英阶层是土地贵族阶层而非工业资产阶级。英国的资本主义是在工业资产阶级和土地贵族的"妥协"中发展的。在马克思主义的意义上,统治阶级是通过财产制度来支配或控制社会的群体,这种支配传统上是通过国家、警察、军队、意识形态和价值观等权力来实现的。但在现实中,一个社会阶层的霸权秩序可以通过方方面面来实现。在奈恩眼中英国统治阶级正是这种无形霸权的典范,它通过广泛而深层的霸权体系,使自己成为永恒的传统化身,以文化麻醉而不是强制性的暴力机构来使自己的统治根深蒂固。根据奈恩的观点,工业革命后英国的工业资产阶级很快就与旧贵族达成了"妥协",这种妥协使英国社会得以保持稳定。"从18世纪晚期开始,英格兰的历史就在很大程度上反映了这种融合、紧张、成就和奇异的结果。"[②] "妥协"的特质使英国社会存在着与其他资产

[①] Perry Anderson, "Origins of the Present Crisis", *New Left Review I*, Vol. 23, No. 1, 1964, pp. 50 – 53.

[②] Tom Nairn, "The British Political Elite", *New Left Review I*, Vol. 23, No. 1, 1964, p. 20.

阶级民主国家不同的异质性。在大多数资产阶级民主国家比如法国、美国和意大利等,革命过后通常会从资产阶级中产生一个政治精英阶层代表本阶级的利益,成为社会的新统治阶层,前统治阶层的元素即使继续存在也是处于从属地位。然而在英国,革命过后土地贵族反而成为资产阶级信任的执政精英控制着国家机构,新兴资产阶级表现出明显的政治和意识形态的软弱性和保守性。英国的工业资产阶级由于其诞生的特殊环境,从一开始就是保守的。贵族资产阶级把现在和过去联系在一起,传统权力的习惯和姿态得以保留。这一独特的阶级同化过程深深地融入了英国人的生活、社会意识和社会关系中。因此直到今天"乡村"依然是英国的重要符号,"乡村"作为真正的文明和社会培养的形象,已经深深地熔铸进英格兰民族的灵魂之中。"英国社会和文化的异质、矛盾的特征揭示了'缓慢进化'的真正含义。"① 在奈恩看来,复合型社会霸权秩序是束缚在资产阶级社会中的伪封建的保守主义,它虽然带来了社会的稳定,但这一特征也被帝国主义时代所继承,从而进一步强化了保守主义的动脉。因此,英国必须弥补过去的不足,取代伪贵族精英,推进民主和平等,在一个成熟的社会里发展社会主义。

为回应安德森—奈恩论题,汤普森随后在《社会主义纪事》上发表了《英国人的特性》一文,强调了英国革命道路的特殊性问题。汤普森反对安德森和奈恩关于革命没有改变英国的社会结构的观点,认为1688年以后英国的君主制发生了很大转变。安德森认为革命虽然对上层建筑产生了一定的影响,消除了资本主义在国内和殖民地发展的关键障碍,但社会结构没有发生根本改变,封建制度的部分结构几乎被完整保存下来。在这两个阶级的"共生"中,贵族以"统治者"的身份出现,控制国家及其主要机关,并成为"资产阶级的先锋队"。汤普森却提出,设置一种理想革命的模式并

---

① Tom Nairn, "The British Political Elite", *New Left Review I*, Vol. 23, No. 1, 1964, p. 22.

以此来评判其他革命是一种柏拉图主义。对于安德森对法国革命的推崇，汤普森强调法国大革命虽然是西方历史上的重大事件，它的一系列经验为以后的革命冲突提供了无与伦比的洞见和先入之见，但它并不一定是典型的和唯一的，不应该以此为唯一评判标准而忽视对实际的具体历史的分析。法国和英国有各自不同的历史，因此不可能有一致的革命模式，不应该以法国革命的模式来衡量英国革命的成败。在汤普森看来，安德森和奈恩的问题在于没有认识到经历了17—19两个世纪的"共生"过程后，工业资产阶级已经事实上战胜了土地贵族。尽管革命后的一段时间内贵族仍然是统治集团的重要部分，但在地方政府层面，贵族的影响力在很大程度上被取代了，比如地方法官、城市资产管理委员会和市政府机关等基本上都被城市资产阶级占据。工业资产阶级在国家和社会的各个领域逐步渗透，在社会经济的进步中逐渐扩大影响力，到19世纪已超过土地贵族成为英国的真正统治力量。

二 英国工人阶级的阶级意识问题

对资产阶级革命的辩论同时也引发了关于工人阶级革命意识的争论。汤普森关于阶级意识的分析集中体现在他的代表作《英国工人阶级的形成》（以下简称《形成》）中。在这本书中，汤普森将社会主义人道主义思想融合进对英国工人阶级的分析，注重英国工人阶级形成过程中人的主观能动性和文化因素的作用。《形成》一书出版于1963年，一问世便在英国乃至世界史学界内引起了轰动。该书一反传统史学界以"自上而下"的精英历史观来研究历史，而是以"自下而上"的人民史观来研究18世纪至19世纪英国工人阶级的形成史，可以说掀起了当时史学研究的革命。在汤普森之前也有史学家采用人民史观研究历史，如莫里斯·多布的《人民的英国史》。但莫里斯·多布对马克思主义的理解和运用较为生涩，汤普森第一次

第六章　立足基点：两代英国新左翼的革命道路和理论范式之争　197

系统运用马克思主义的阶级分析方法进行具体的历史分析，《形成》也就此奠定了汤普森在马克思主义史学研究领域的地位。《形成》一书分为三个部分，分别是"自由之树""亚当的灾祸""工人阶级的崛起"。第一部分试图说明18世纪流传下来的人民传统对19世纪英国工人阶级的形成产生重要影响。第二部分探讨工业革命时期不同工人集团的亲身经历，表明工人阶级反抗压迫的阶级斗争促使阶级意识的形成。第三部分则探讨了人民激进主义的历史，19世纪前期的民众激进运动铸就了英国工人阶级意识和工人阶级群体的形成。

在汤普森的分析中，人的主观能动性和文化因素在英国工人阶级由"自发的阶级"向"自为的阶级"转变中发挥了重要作用，"我强调阶级是一种历史现象，而不把它看成一种'结构'，更不是一个'范畴'，我把它看成是在人与人的相互关系中确实发生（而且可以证明已经发生）的某种东西"①。人与人怎样的关系标志阶级的形成呢？"当一批人从共同的经历中得出结论（不管这种经历是从前辈那里得来还是亲身体验），感到并明确说出他们之间有共同利益，他们的利益与其他人不同（而且常常对立）时，阶级就产生了。"② 在汤普森那里，共同的经历又受到生产关系和阶级觉悟的双重影响。那种以为处于某种生产关系中的人自然而然就能产生阶级觉悟、或者人为地制造某些阶级觉悟的看法忽视了工人的主观能动性在创造历史中的贡献。当阶级意识和阶级觉悟形成时，阶级才算形成。阶级意识和阶级觉悟的形成则得益于阶级斗争的推动，通过工人的反抗斗争使无产者联合起来，最终促使工人阶级的形成。汤普森将阶级意识作为阶级形成的标志，并将阶级意识与文化和社会相结合，开创了阶级诠释的新维度。

---

① ［英］E. P. 汤普森：《英国工人阶级的形成》，钱乘旦等译，译林出版社2013年版，前言第1—2页。

② ［英］E. P. 汤普森：《英国工人阶级的形成》，钱乘旦等译，译林出版社2013年版，前言第2页。

有研究者将《形成》的开创性总结为三个方面:"首先,它开创了长期被主流史学家忽视的群体——穷人、农民和早期工人阶级研究的先河。其次,由于穷人很少留下商业记录,它很大程度上依赖于非传统的'文本'——歌曲、诗歌、故事和新闻报道。最后,它直接挑战了当时英国历史学界的主流趋势:对国外工人阶级运动(尤其是法国)大加赞扬,而在很大程度上对英国工人阶级不屑一顾。"[1] 其中第三项引发了安德森的驳斥。

与汤普森相反,安德森认为英国缺乏彻底革命的传统,英国工人阶级并没有形成革命的阶级意识。依据安德森的观点,这主要源自三方面:首先,工人运动的失败使英国工人阶级陷入低潮。资本主义的迅速发展使英国到19世纪时已经发展成为最大的帝国,并且与它的竞争对手们有本质不同。17世纪和18世纪的商业帝国主义,为19世纪初期的英国经济腾飞提供了先决条件。19世纪中叶的外交工业帝国主义的国际自由贸易的实施则创造了英国的世界经济霸权。在19世纪80年代的军事工业帝国主义兴起之前,英国社会的轮廓已经基本形成。而在资本主义高速发展的同时,一种传统主义的思维始终伴随英国并根深蒂固。帝国主义对工人阶级的影响主要是在意识层面上的。宪章运动失败后,"欧洲最反叛的工人阶级变成了最麻木的顺从者"[2]。到19世纪末英国的工人阶级运动和社会主义思想的发展已远远被欧洲大陆国家如德国、法国、意大利等甩在后面。当马克思主义在这些国家席卷工人阶级的时候,英国的劳工运动仍沉浸在过去的失败中。简言之,英国的工人阶级运动在历史上未取得成功,也未受到成熟的社会主义理论的有效影响,没能形成自身的革命意识形态。

---

[1] Abraham Jacob Walker, "Theory, History, and Methodological Positivism in the Anderson‐Thompson Debate", *Formations: The Graduate Center Journal of Social Research*, Vol. 1, No. 1, 2010, pp. 13 – 14.

[2] Perry Anderson, "Origins of the Present Crisis", *New Left Review I*, Vol. 23, No. 1, 1964, p. 36.

第六章　立足基点：两代英国新左翼的革命道路和理论范式之争 | 199

其次，资本主义的霸权秩序影响了工人阶级革命意识的形成。安德森运用葛兰西的霸权理论将英国社会的权力结构描述为一种霸权秩序。在葛兰西的霸权理论中，社会权威最终的制裁和表达是由文化霸权的形式表达出来的。霸权阶级是整个社会意识、性格和习俗的主要决定因素。英国统治阶级在社会关系、意识形态、领导权等方面形成了一套强有力的霸权结构，工人阶级在其中处于被压迫、被奴役的地位，这使它只能依靠自己创造阶级文化。19世纪50年代以后，当社会主义作为一种意识形态日益成熟时，英国的工人阶级运动却处于最低潮的阶段，这使工人阶级错过了阶级意识形成的最佳时期。在安德森眼里，19世纪的英国工人阶级运动中"一种独特的、连贯的意识形态已经成为了上世纪一种独特的、连贯的、不成功的资产阶级意识形态的附庸"[1]。

最后，知识分子的缺席极大地阻碍了工人阶级意识形态的形成。安德森发现直到19世纪末在英国仍很少有知识分子加入无产阶级，这极大地阻碍了工人阶级意识形态的形成。不彻底的资产阶级产生不彻底的工人阶级，他们没有解放自身的冲动，没有革命的价值观也没有统一的语言。总的来说，安德森认为在19世纪的英国工人阶级运动中，工人阶级从未发展成为一支拥有独立革命意识的政治力量。

此外，安德森对英国本土民族文化评价也较低，他认为英国本土经验和文化无法产生革命的工人运动，必须引进外来文化，学习外国经验。他通过对英国民族文化进行分析，"开始初步盘点有关当代英国文化总体集合的问题，以及它对社会主义者的意义"[2]。他从文化、结构、缺席的中心、没有社会学的社会学、白人移民、领域配置、哲学、政治理论、历史、经

---

[1] Perry Anderson, "Origins of the Present Crisis", *New Left Review I*, Vol. 23, No. 1, 1964, p. 44.

[2] Perry Anderson, "Components of the National Culture", *New Left Review I*, Vol. 50, No. 4, 1968, p. 5.

济、心理学、美学、精神分析、人类学、文学批评十五个角度分析了英国民族文化的构成，并得出结论：英国资产阶级社会的文化是建立在一个不存在的中心基础上的，它本身就是一个完整的理论，包括古典社会学和国家马克思主义。白人移民席卷了知识分子的生活，占领了一个又一个行业，直到这个传统的与世隔绝的文化被来自国外的异质人才所主宰。同时，文化中心的空虚造成了继承学科的一系列结构性扭曲。哲学被限制在语言技术中，政治理论与历史相隔离，历史与政治思想脱节，心理学与这些学科相抵触，经济学又与政治理论和历史相分离，美学被简化为心理学，这些构成了一个封闭的系统。精神分析与这种模式不相容，每一个领域都被压制了，产生了一种没有社会学的人类学悖论。在这样一个普遍的真空环境中，文学批评篡夺了伦理道德，并影射了一种历史哲学。在这种情形下形成的英国文化是一种破坏力极强和令人窒息的力量，对任何革命左翼的成长都是不利的。因此在当今文化中，采取革命性的做法是可能的，也是必要的。① 由此，安德森主张对社会主义和马克思主义传统进行更多的理论探索，尤其是与欧洲大陆传统进行更多接触，由此突破英国政治文化传统的束缚。

三　英国社会主义的马克思主义传统问题

关于马克思主义对英国工人阶级的影响以及英国社会主义的革命传统问题，汤普森与安德森等人的看法同样迥异。安德森和奈恩认为英国工人阶级受马克思主义的影响极为有限，英国的社会主义缺乏革命传统。在安德森—奈恩论题中，根据奈恩的观点，英国社会主义有两个致命弱点：一方面是缺少理论指引、存在意识形态缺陷；另一方面是工联主义对英国的

---

① Perry Anderson, "Components of the National Culture", New Left Review I, Vol. 50, No. 4, 1968, pp. 56 – 57.

左翼政治传统影响深远。

就前者而言，其问题主要源自英国资产阶级的霸权结构，这点在前文已提到。奈恩认为，英国工人阶级的发展分为两个阶段。其形成早期是一段反抗的历史，从法国大革命时期开始到1840年的宪章运动的高潮。然而在1840年之后，英国工人阶级却变成了一个温顺的阶级，它信奉温和的改良主义，成为资产阶级社会的自觉从属的一部分。原因在哪里？对这一问题的分析离不开作为整体的英国资产阶级社会的发展。资产阶级的霸权长期存在，在这一体系下，英国工人阶级是被迫进入一种系统中产生自身的价值观的。因此"英国工人阶级的特点是资产阶级理性下的异化，而其自我实现的客观必然性就是克服这种异化"[①]。由此马克思主义在英国遇到了一种与马克思主义本身格格不入的环境。要使马克思主义在工人阶级中发挥作用，就必须摆脱资产阶级强加给它的巨大的、虚假的意识形态。工人阶级运动需要理论的指导，然而英国工人阶级由于长期身处资产阶级霸权的特殊形式和意识形态中，没能形成自身赖以支撑的理论和意识形态，与其他国家工人阶级相比，英国工人阶级对理论是"免疫"的，它缺乏完整的社会主义理论指导，马克思主义没能在英国工人阶级中产生广泛而深刻的影响力。奈恩评价英国本土社会主义思想"从本质上讲只反映了资产阶级的知识狭隘主义、自满的自我吸收和乐观主义"[②]。费边社会主义在奈恩看来只是被改造为社会主义思想的资产阶级传统，"是工业革命时期英国工业中产阶级所推崇的一种胆小而沉闷的资产阶级理性主义"[③]，而工党的社会主义思想实际是从新教主义的教派精神衍生出来的后基督教社会主义。

[①] Tom Nairn, "The English Working Class", *New Left Review I*, Vol. 24, No. 2, 1964, p. 57.

[②] Tom Nairn, "The Nature of the Labour Party Part I", *New Left Review I*, Vol. 27, No. 5, 1964, p. 44.

[③] Tom Nairn, "The British Political Elite", *New Left Review I*, Vol. 23, No. 1, 1964, p. 22.

英国社会的过度保守主义深深植根于工人阶级中，又因帝国主义而加剧，知识分子也未能有效攻击这种社会主义，为真正的"英国社会主义"奠定思想基础。

就后者而言，奈恩提出工联主义对英国工人阶级的长期渗透导致工人在政治上成长缓慢。工联主义对英国工人阶级的影响十分深远。不仅是工人阶级，包括原本以工人阶级为主体的工党，历史上也受到工联主义的深刻影响。在历史上，工联主义对英国工人阶级的长期渗透导致工人在政治上成长缓慢，只注重经济利益。在宪章运动失败后，英国资本主义迎来了快速发展的繁荣时期，从 1850 年到 1875 年，周期性危机几乎消失了。起义和群众运动给组织良好而温和的工会和新秩序下的合作社提供了机会，温和的工联主义从而延续下来成为劳工运动的核心。但 1850 年之后的工会组织在结构上是不完整的。随着工业的发展，熟练工人和非熟练工人之间产生了广泛的差异，工会成为"劳工贵族"的组织，只保护工人的既得利益。19 世纪 50 年代以后英国资本主义的繁荣发展使温和的工联主义在工人运动中拥有重要的号召力。在工联主义的影响下，英国工人阶级表现出强烈的从属关系。在 19 世纪 80 年代之前，几乎没有什么社会主义思想或激进运动产生过较大影响，资产阶级几乎同化了工人阶级运动。直到 19 世纪末英国工人的政治运动才逐渐开始发展。在 19 世纪最后几十年，英国工人阶级通过工会形成了一种团结意识，然后通过政治行动来追求集体利益。但这种意识由于受工联主义影响而没能突破"经济主义"的范畴，仍然以追求经济利益为主。而工党在奈恩眼中则是社会主义的"叛徒"，工党从工人阶级、工会组织中产生，但从一开始就与无产阶级劳工运动相分离，与统治阶级成为盟友。他认为工党是社会主义、工会主义、新教道德主义、经验主义和现实主义的混合物，它虽然号称是社会主义政党，但仍然是工联主义简单嫁接的产物。"英国的社会主义形式，仍然深深地和矛盾地与过去联

第六章　立足基点：两代英国新左翼的革命道路和理论范式之争 | 203

系在一起，不仅反映在它的思想和情感上，而且反映在它的实际结构中。"①

不同于奈恩的否定说，汤普森则认为英国具有自身的社会主义传统，马克思主义从未与英国工人相脱离。汤普森从四个方面指出了安德森—奈恩论题的问题所在："第一，他们没有理解英国工人运动的思想和选择的政治背景。第二，他们的分析没有任何严肃的社会学维度。第三，他们将葛兰西的'霸权主义'概念庸俗化。第四，关于共产主义对英国劳工运动的影响，他们没有表现出丝毫的洞察力。"②

关于第一点，汤普森强调对于英国问题的分析必须以特定的政治环境为基础。安德森和奈恩指出，英国工人阶级错过了马克思主义是历史的悲剧，而这应当归咎于英国工会的狭隘和社会保守主义以及英国知识分子的缺席。工会主义者从事的是盲目的、本能的实践，而知识分子则是政治意识的化身。由于马克思主义的知识分子没有出现，工人们就成了英国资本主义意识形态如费边主义的附属物。但依据汤普森的看法，1880年以来英国左翼的发展与国际帝国主义背景密切相关，过去的英国左翼并没有获得过抽象的理论选择，而是沉浸在帝国主义势力的政治环境中。20世纪以来，正统的马克思主义难以适应帝国主义浪潮带来的民族复兴主义，这种政治文化氛围给左翼带来了相当大的问题。此后，英国左翼的经验是，在几乎没有机会进行战略发展的情况下就积极发展自身，同时也与其他民族保持紧密团结。另外，从1890年开始左翼在工会内部发挥了越来越重要的作用。在英共的努力下也出现了系统的基层马克思主义教育。相反，费边主义发挥的影响很大程度上仅限于某些职业政客。

关于第二点，汤普森认为安德森和奈恩的分析缺乏社会学维度。汤普

---

① Tom Nairn, "The Nature of the Labour Party Part I", *New Left Review I*, Vol. 27, No. 5, 1964, p. 58.

② E. P. Thompson, "The Peculiarities of the English", *Socialist Register*, Vol. 2, 1965, p. 338.

森指出在安德森—奈恩论题的阶级概念图谱中,阶级都是以拟人化的形象出现的,比如阶级具有"个人身份、意志、意识目标和道德品质的属性"①。但事实上阶级是一个复杂过程的隐喻性描述,它离不开具体的社会背景,包括对工资收入和工资水平变化群体的社会学分析、潜在的对抗与联盟、经济分析、文化分析、政治分析等,而这些在安德森—奈恩论题中是缺席的。

关于第三点,汤普森认为安德森将葛兰西的霸权理论庸俗化。安德森受葛兰西影响,认为霸权阶级试图以自己的形象改造社会,重塑其经济体制、政治制度和文化价值观,无产阶级则试图在被接受的社会秩序中捍卫和改善自己的地位。但在汤普森看来,葛兰西的霸权不是指霸权的阶级,而是阶级的霸权,霸权不应当被归结为一种阶级的形容词。下层阶级也可以通过对国家、生活和文化道德施加越来越大的影响来为霸权做准备,从而"在社会生活的有限范围内表现出一种胚胎的霸权"②。

关于第四点,对共产主义影响的忽视被汤普森认为是安德森—奈恩论题中最令人震惊的空白。汤普森坚持共产主义是英国工党历史上不可分割的一部分,共产主义几乎贯穿了工党和工会左翼的历史。自 1917 年以来,共产主义就一直存在于正统的右翼工党的对立面。马克思主义和反马克思主义思潮一直在渗透进英国的文化和工人运动中。而对这些,安德森和奈恩选择性忽视了。由上观之,在汤普森眼中,英国的革命传统离不开马克思主义的影响。尽管自从恩格斯去世后马克思主义出现各种变化,有些变化甚至是令人沮丧的,但必须承认英国的革命传统不言而喻地受到了马克思主义的影响。安德森和奈恩试图以新的欧陆马克思主义体系推翻英国本

---

① E. P. Thompson, "The Peculiarities of the English", *Socialist Register*, Vol. 2, 1965, p. 342.

② E. P. Thompson, "The Peculiarities of the English", *Socialist Register*, Vol. 2, 1965, p. 346.

土的经验传统,割裂理论与具体民族特性的联系,是一种理论的贫困的体现。

四 关于革命道路的论争总结

作为社会主义人道主义的支持者,汤普森的许多论著都试图说明历史是由人创造的,不能脱离日常生活和经历来理解历史。他抓住了历史条件和人类能动性之间的辩证关系,正如他在《形成》和其他文章中所写的那样。而安德森关于霸权结构的分析显然受到葛兰西理论的深刻影响。自安德森主导《新左翼评论》以后,该杂志就迅速发表了关于葛兰西理论的相关论文,在对国家和社会的分析中使用了葛兰西的理论遗产,其中就包括前文提到的安德森—奈恩论题系列文章。安德森曾表示:"《新左翼评论》是英国第一家社会主义杂志——可能是意大利以外第一家——有意而系统地使用葛兰西的理论准则来分析自己国家的民族社会、并就一种能够改变它的政治策略进行辩论的杂志。"[1] 有研究者提出安德森在《当前危机的起源》中的分析本质上是对"英国模式"和"法国模式"的比较,安德森推崇的"欧陆模式"实际就是"法国模式",因为在20世纪60年代法国劳工运动的高潮和英国工人阶级的沉默形成了鲜明对比。"在安德森对法国工人阶级的战斗和(相对)成功的赞赏中,他的亲法情结是显而易见的。安德森体现了典型的自我厌恶的英国人。"[2] 安德森对本民族文化的否定在他的另一篇文章《民族文化的构成》中也得到明显体现。在这篇文章中安德森

---

[1] Perry Anderson, "The Antinomies of Antonio Gramsci", *New Left Review I*, Vol. 100, No. 6, 1976, pp. 6 – 7.

[2] Abraham Jacob Walker, "Theory, History, and Methodological Positivism in the Anderson – Thompson Debate", *Formations*: *The Graduate Center Journal of Social Research*, Vol. 1, No. 1, 2010, p. 15.

提出：英国资产阶级社会的文化是建立在一个不存在的中心基础上的，文化中心的空虚造成了继承学科的一系列结构性扭曲。对文化采取革命性的做法是可能的，也是必要的。① 安德森所说的革命性做法就是引进外来文化，学习外国经验。《民族文化的构成》写于 1968 年，彼时正值西方学生运动浪潮，而英国当时却没有出现有影响力的学生运动，因此安德森的这篇文章试图将这一现象归咎于英国社会的保守主义和文化的缺失。不同于安德森的亲法倾向，汤普森有着浓厚的亲英情结，他致力于重塑具有民族特性的英国文化历史。二人之间关于革命和阶级的辩论展现了新左翼由第一代过渡到第二代的理论转向。

◈第三节　理论范式：文化主义和结构主义

　　关于革命道路的论争离不开理论选择的分歧，事实上，正是理论方法的不同使汤普森和安德森在革命路线上出现分野，例如如何理解和对待马克思主义、如何平衡本土传统和外来理论、如何看待理论和经验的不同等。以汤普森为代表的早期新左翼主张走具有英格兰特色的革命道路，具体地、历史地对待马克思主义，让马克思主义用民族的和时代的语言说话。社会主义革命道路的实现，对马克思主义的学习和应用，对外来理论和经验的借用都应当立足于当下的民族实际。而以安德森等为代表的第二代新左翼认为英国缺乏彻底革命的历史传统和革命文化，应当从欧洲大陆引入马克思主义理论，将马克思主义理论化和科学化，摒弃经验主义的传统，才能实现革命的胜利。两人的分歧归结来说其实是文化主义和结构主义方法的不同。双方之间的论战主要聚焦于以下几个问题。

---

① Perry Anderson, "Components of the National Culture", *New Left Review I*, Vol. 50, No. 4, 1968, pp. 56 – 57.

一 马克思主义方法论的选择问题

对于这个问题，汤普森在《致科拉克夫斯基的公开信》中进行了深入阐述。[①] 其中汤普森分析了对待马克思主义的四种方式：第一种，教条的马克思主义。即"把马克思主义设想为一种自给自足的、完整的、内在一致的理论体系，并通过特定的书面文本来得到充分体现，比如斯大林主义、托洛茨基主义。在这种情况中，总会出现一个自称比任何人都了解真实文本的人"[②]。这种方式崇尚经典文本，并通过对文本解释权的垄断来任意歪曲马克思主义，最终走向教条主义。第二种，作为方法的马克思主义。即将马克思主义作为一种方法来应用而不是盲目遵从的教条。阿尔都塞的"结构主义的马克思主义"就是这一典型。但汤普森认为这种观点忽略了理论和实际的结合，仅仅把马克思主义作为一种解释世界的理论，忽略了马克思主义改造世界的根本目的，实际是一种批判的折中主义。第三种，作为遗产的马克思主义。即把人类文化看作一个超级市场，其中融合了形形色色的理论，不仅有马克思主义，也有宗教文化和各种西方哲学理论，应当将多样的理论进行融合创新，把马克思主义当作一种遗产融进西方主流哲学话语中，使马克思主义焕发新的生命力。科拉克夫斯基就持这种观点。但汤普森批评这种做法过于注重理论的同化而低估了同化过程中意识形态

[①] 科拉克夫斯基（Leszek Kolakowski）是波兰裔哲学家，他在1956年之前是坚定的马克思主义者，1956年以后转而批判斯大林主义，主张将马克思主义与西方哲学思想相融合，尝试将马克思主义融合进西方主流哲学话语中。科拉克夫斯基的思想得到安德森等人的赞赏，但被汤普森批评是对马克思主义的背叛。在《致科拉克夫斯基的公开信》中，汤普森通过对科拉克夫斯基的批判来阐发应当如何理解和应用马克思主义，同时批判安德森等人的马克思主义观。

[②] E. P. Thompson, "An Open Letter to Leszek Kolakowski", *Socialist Register*, Vol. 10, 1973, p. 18.

的冲突，也低估了西方社会科学的防御能力。这虽然有助于马克思主义和非马克思主义之间的交流，但也有可能导致马克思主义的虚无化。第四种，作为传统的马克思主义。即辩证马克思主义观点和理论，避免唯文本论的教条主义，并将理论联系实际，运用马克思主义的方法解决现实问题，同时在坚持马克思主义传统的基础上吸收、借鉴其他思想、文化和理论。汤普森称自己便是这种马克思主义者，他认为如此便可克服前三种方法的缺陷，将马克思主义与具体的民族、历史、实践相结合，发挥马克思主义的真正生命力。总体而言，汤普森对马克思主义的态度是，反对教条的经济决定论，主张马克思主义应当与实践紧密结合。汤普森认为马克思主义不是教条，而是关于理论和实践的科学。我们需要的是活的马克思主义而不是教条主义的马克思主义。在唯物史观的追随者中有许多人以唯物史观为借口而拒斥真实的历史，以"马列主义者"自居，事实上却离马克思、恩格斯的批判性和现实性精神如此之远，他们以任意的而不是历史主义的方法来判断事务，"他们宁愿在教条的固化的学说体系内做出选择而不愿回归真实的历史和现实"[①]。马克思主义既是唯物主义的，也是历史主义的，应当将马克思主义作为一种科学的方法而非教条来学习和理解，并以之分析现实，进而改造社会。

汤普森与安德森之间关于马克思主义的辩论还涉及一位重要人物——阿尔都塞。[②] 汤普森曾在《理论的贫困或太阳系仪的错误》（以下简称《贫困》）中对阿尔都塞的"结构主义的马克思主义"进行了全方位批判，并以此批评安德森的结构主义方法。自阿尔都塞提出结构主义的马克思主义以

---

① E. P. Thompson, "Reply to George Matthews", *The Reasoner*, Vol. 1, No. 1, 1956, p. 13.

② [法] 路易·皮埃尔·阿尔都塞（Louis Pierre Althusser, 1918—1990）：法国著名哲学家，"结构主义的马克思主义"代表人物，著有《保卫马克思》（*Pour Marx*, 1965）、《读〈资本论〉》（*Lire le Capital*, 1965）等。

第六章　立足基点：两代英国新左翼的革命道路和理论范式之争

来，以安德森等人为代表的第二代新左翼就极为推崇来自欧洲大陆的阿尔都塞。这篇文章是汤普森为批判阿尔都塞的结构主义的马克思主义而写。文章名字借鉴了马克思批判蒲鲁东的著作《哲学的贫困》，其目的是借批判阿尔都塞来批评第二代新左翼的结构主义方法。同时就如何对待理论和经验、如何平衡民族传统与外来理论和经验、如何对待民族主义和国际主义等问题提出了自己的看法。核心观点是表明通过一味地移植外来理论在英国发展马克思主义是不切实际的，过度追求理论探索是对社会主义运动事业的偏离，只有立足于本土传统和经验，才能够更好地发展马克思主义。

汤普森从八个方面总结了阿尔都塞的问题："第一，阿尔都塞的认识论是从有限的理论学习过程中生发出来的，缺乏普遍的合法性；第二，他没有明确的'经验'（或社会存在对社会意识的作用）或处理'经验'的办法，因此，他伪造了与认识成果和马克思自己的实践所固有的经验根据的'对话'，从而不断落入马克思主义传统指斥为'唯心主义'的思想模式之中；第三，他将必要的经验对话与经验主义混为一谈，一贯（以最粗俗的方式）歪曲历史唯物主义的理论实践（包括马克思自己的理论实践）；第四，就效果而言，他对'历史主义'的批判在特定方面与（以波普尔为代表的）对历史主义的反马克思主义批判是一致的，虽然他是从截然相反的结论中得出自己的观点的；第五，阿尔都塞的结构主义是关于停滞的结构主义，它与马克思自己的历史方法相去甚远；第六，阿尔都塞的理论体系缺乏能够解释冲突或变化——或者阶级斗争——等过程性事件的适当范畴；第七，这些严重的缺陷恰好说明，阿尔都塞为什么会对'经济'、'需要'等其他重要的范畴保持沉默（或者说是逃避）；第八，由此，阿尔都塞及其追随者也就自然发现，他们不能处理价值问题、文化问题和政治理论问题，虽然用一种极端抽象的和理论化的方法他们也能够对此有所言说。"① 简言之，阿尔都塞的结构主义的马克思主义创立了抽象的理论范畴，却在解释具体的社会历史问题中显现出理论的贫困。② 在汤普森看来，阿尔都塞没有分清研究的经验模式与意识形态形式即经验主义，并将经验主义归结为"本质主义"的范畴，否定经验研究的重要性。另外，汤普森批评阿尔都塞脱离现实世界建构了一个理论王国，只关注抽象的认识论本身，没有为现实对象和观念表达之间提供同一性保证。为抽象而抽象，忽略社会存在与社会意识之间的对话，范畴成为凌驾于物质之上的第一性。因此，阿尔都塞的结构主义本质上是一种唯心主义。在阿尔都塞的唯心主义理论构造的封闭系统中，概念、理论不断相互循环、承认、检验，这种重复内省的存在被人们认为是一种科学。在汤普森眼中，"结构主义的马克思主义"是一种抽象的脱离现实世界的理论，没有与历史和社会现实进行持续深入的对话，因此它只能是一种抽象范畴，而无法认识真实的社会历史和现实世界。因此，汤普森试图表明一味地移植外来理论是不切实际的，只有立足于本土传统和实践经验，才能够更好地发展马克思主义。他曾表示："我的马克思主义总是跟实践相联系的，但这个欧洲马克思主义以及美国的学院马克思主义却可以说跟实践没有一点关系，可以称为完全的理论思维练习。"③

针对汤普森的质疑，安德森在 1980 年出版了《英国马克思主义内部的争论》（以下简称《争论》）一书，从史学、马克思主义、斯大林主义、国际主义、乌托邦、战略等角度对汤普森的观点进行了全面回击，这次回击

---

① ［英］爱德华·汤普森：《论阿尔都塞的结构主义马克思主义》，张亮译，《马克思主义美学研究》2008 年第 1 期。原文收录于 E. P. Thompson, *The Poverty of Theory and Other Essays*, New York: Monthly Review Press, 1978。

② 张亮：《阶级、文化与民族传统：爱德华·汤普森的历史唯物主义思想研究》，江苏人民出版社 2008 年版，第 166 页。

③ 刘为：《有立必有破——访英国著名史学家 E. P. 汤普森》，《史学理论研究》1992 年第 3 期。

第六章 立足基点：两代英国新左翼的革命道路和理论范式之争 | **211**

也是两代新左翼之间辩论的最后高潮。安德森对汤普森在史学研究与社会主义理论和实践方面的贡献给予了比较高的评价，不吝赞美他是当代英国最杰出的社会主义理论家，但同时安德森也毫不客气地指出了他的问题。在《争论》一书中，安德森对汤普森《贫困》中的四个主导问题分别进行反驳，包括历史探究的性质、人在历史中的作用、马克思主义的性质和命运以及斯大林主义的现象。他把汤普森的作品放到一个比较的语境中，试图澄清他们之间的分歧。事实上，关于阿尔都塞的方法和观点，安德森并不是全然赞同，他也曾批评阿尔都塞试图将马克思主义退回到一种生产方式决定论，但是安德森认为汤普森对阿尔都塞的批评是有漏洞的。依据安德森的分析，汤普森对阿尔都塞作品中的历史概念的攻击缺乏深度和细微之处，虽然以马克思关于生产方式的概念为前提，却没有对其进行系统的分析。汤普森的"经验"是空中楼阁，"经验从何产生？它产生了什么意识？它激发了什么行动？在这些问题解决之前，这个词是愚蠢的"[①]。在安德森看来，汤普森夸大了历史变革中的经验作用，主张重建道德主义的历史唯物主义，却低估了重建唯物主义道德观的难度，是理想主义和唯意志论的表现。

二 民族传统与外来理论和经验的平衡问题

关于马克思主义方法论选择的争论同时也引出了如何平衡本土传统与外来理论和经验关系的问题。汤普森主张要在立足民族立场的基础上有选择地吸收、借鉴外来理论，对外来理论的使用要以是否符合本民族的实际情况来衡量。政治运动必须在具体化的国家条件下运作，他抨击安德森等人采取的国际主义态度将导致对欧洲大陆马克思主义的盲目崇拜。安德森

---

① Perry Anderson, *Arguments within English Marxism*, London: Verso, 1980, p. 80.

则指责汤普森立足于英国本土激进主义传统的格局过小,他认为英国本土的民族文化和理论传统无法带领英国人民实现社会主义,必须要引进外来理论和经验,走国际主义的理论和革命道路。但在争论后期,随着国内外环境的变化,双方的观点都有所转变,对于民族主义和国际主义的态度都有向对方倾斜的倾向。

争论早期,安德森和奈恩提出在近代欧洲的意识形态革命比如启蒙运动和马克思主义的传播过程中,英国几乎是缺席的,而英国自身的传统并没有使之形成革命的意识形态。针对这一观点,汤普森提出英国至少在以下几方面的贡献是不容忽视的:"第一,不应忽视新教精神和英国资产阶级民主传统的重要性。第二,不应忽视资本主义政治经济学作为真实的、明确的意识形态的重要性。第三,不应忘记英国自然科学家在三个多世纪以来的贡献。第四,不应将经验主义习语与意识形态混淆。"[1] 因此,革命的思想遗产几乎为零的说法并不客观,英国具有自身优良的理论传统。在《贫困》中,汤普森就如何对待本土和外来理论传统、如何平衡民族主义与国际主义提出了一系列见解,总体而言包括:第一,正确理解理论上的国际主义,把是否有利于民族性理论问题和实践问题的解决,作为衡量、取舍外来马克思主义理论传统的标准。国际主义本身不是目的,不应当为国际主义而丧失民族性立场。第二,历史主义地对待民族文化传统,把是否有利于马克思主义和社会主义的当代传播与发展作为衡量、取舍传统激进思想的标准。第三,务实地对待理论建构,把是否有利于经验研究的开展作为衡量理论建构是否必需的标准。理论的首要功能并不在于体系化的展示,而在于是否能够真实地推进具体的经验研究。[2] 简言之,要具体地、历

---

[1] E. P. Thompson, "The Peculiarities of the English", *Socialist Register*, Vol. 2, 1965, p. 331.

[2] 参见张亮:《阶级、文化与民族传统:爱德华·汤普森的历史唯物主义思想研究》,江苏人民出版社 2008 年版,第 168—169 页。

史地平衡理论与现实、民族传统与外来理论和经验的关系。

汤普森还曾就正确认识民族性问题提出五条方法论建议。第一，不要迷信历史模式。把某一种历史模式当作固定模型，它就变成僵化的公理。比如把法国大革命的革命模式套用于英国，如果与之不同就加以否定。汤普森认为历史模式的得出原本就是基于具体的历史过程，如果马克思不是对法国革命那么着迷，而是更关注英国革命，或许得出的历史模式又会不同。一味应用某种历史模式使人只看到历史的表象，注重历史的一致性而忽略了历史的特殊性。但汤普森并不是否定所有的历史模式，他认为问题的关键在于如何恰当运用这些模式，如何在综合与经验、模型与现实之间寻找平衡，这二者的辩证法是历史学家们需要注意的。第二，避免经济基础与上层建筑的简化论。社会存在与社会意识之间的辩证关系，是马克思主义对历史过程的理解的核心。但经济基础与上层建筑模型只是一个隐喻，用来帮助我们理解现实世界。在具体分析中往往会遇到复杂的历史过程和社会环境，需要结合人类的维度、社会文化维度等加以剖析。经济基础与上层建筑模型只是提供了一个出发点，在对具体的现象进行分析时必须采取不同的方式。在这些具体分析中上层建筑通常会以非常"不恰当"的方式来干涉其基础。对这个模型的运用经常出现一种简化倾向，即机械地将政治和文化视作从属于经济基础的存在。汤普森认为安德森等人就有这种"还原论"倾向，这是一种历史逻辑的失误。把所有事物的原因都简单地归结为经济既是错误的也是乏味的，必须重视政治现象和文化现象的相对独立性，尤其是人自身的自主性。第三，正确理解经济范畴。虽然经济基础是社会的根本决定因素，但历史往往是复杂多样的，存在各种形式的国家权力和社会关系。经济固然重要，但那些社会中经济和非经济关系的不可分割的交织，以及经济和文化的交集同样重要。人类社会的大部分时候，各种经济与非经济现象都是无可避免地交织在一起的。社会现象与文化现象并不是在经济现象出现之后才发生的，而是处于统一关系体中。经济范畴的独立性,是资本主义特定发展阶段的产物,资本主义社会是同时建立在经济、道德和文化的剥削形式之上的。反对资本主义的方式也不应当仅仅是经济对抗,还应当摆脱资本主义强加在人身上的枷锁,实现人的解放。第四,阶级不能被抽象地定义。阶级是一种社会和文化的存在,不能被抽象和孤立地定义。定义只能在时间的媒介中进行,也就是行动和反应、变化和冲突。当我们说阶级的时候,我们说的是一群有着相同利益、社会经验、传统和价值体系的人。阶级本身不是一个事物,而是一个正在发生的过程。不能将阶级仅仅理解为一种身份,因为阶级的本质是现实的人。第五,避免掉入历史目的论的误区。历史不像一个可以看得见出口的隧道,有明确的发展方向,我们无法预知终点。另外,马克思主义对英国的影响尚未可知,贬低、无视英国的民族经验和特殊性都是不可取的。[①] 汤普森对民族性问题的看法总结起来就是"实事求是和具体问题具体分析"[②]。

汤普森对民族性的强调曾被安德森批判是一种缺乏本体论自觉的经验主义。安德森早前对第一代新左翼坚持的民族主义立场曾持强烈批判态度,他强调必须摒弃本土传统并引进外来理论和经验。但是到20世纪70年代末由于国内外环境的转变,安德森的思想也发生了变化。在争论后期,安德森承认国际主义和民族主义并不一定是矛盾的。根据安德森的论点,从第二次世界大战以及战后各国的经验中可以看出,国际主义与民族主义并不矛盾,国际主义与民族主义在不同时段有不同的倾向。例如在斯大林主义下的苏联体系中,国际主义和民族主义曾一度融合到一起。但20世纪50年代以后,随着对斯大林主义的质疑的出现,英国社会主义者开始强调本土的资源和传统。在这一过程中,一方面,自由社会主义者的意图是试图恢

[①] E. P. Thompson, "The Peculiarities of the English", *Socialist Register*, Vol. 2, 1965, pp. 349 – 359.

[②] 张亮:《汤普森视域中的民族性与马克思主义》,《福建论坛》(人文社会科学版) 2008 年第 7 期。

第六章 立足基点：两代英国新左翼的革命道路和理论范式之争 | 215

复和维护民主的共产主义价值观；另一方面，对民族历史的积极态度也得到了英共党内一些人的大力推动。英共和自由思想家的意识形态之间存在着一种矛盾的"契合"。直到20世纪60年代初核裁军运动失败，新左翼中出现了一种与之前截然不同的国际主义。这种国际主义主张去拥抱一个更广阔的文化世界，融合不同的理论、文化、制度，打破国家的壁垒并实现自由的发展。某种程度上，由民族主义向国际主义转变的原因是第二代新左翼认为第一代新左翼存在对早期马克思主义和共产主义理论的缺席。安德森批评汤普森的思想在20世纪60年代之前带有深刻的英国性。因为在那之前卢卡奇和葛兰西等人的思想在英国几乎不为人所知，英国人对20世纪的革命马克思主义经典传统也缺乏兴趣，安德森指出，1956年之前汤普森对列宁和托洛茨基等人的思想几乎不了解。汤普森的"文化民族主义"使他在与第二代新左翼的争论中带有明显的局限性。早期的新左翼拒绝接受共产主义传统的原始列宁主义形式，以及由此产生的左翼反对传统。它很大程度上忽略了从1914年到1956年的整个历史经验。在汤普森的论著中，几乎看不到他对1936年之前的共产主义的讨论，他对列宁主义、托洛茨基主义等20世纪前期的革命共产主义表现出惊人的理论空白。[①] 早期新左翼对经典马克思主义理论的知识缺乏是安德森等人引入欧陆马克思主义的重要原因之一。但同时，安德森也澄清第二代新左翼并没有摒弃民族主义。《新左翼评论》从20世纪60年代中期开始不断译介欧洲大陆的马克思主义和哲学理论，并利用历史唯物主义理论来分析英国社会，包括卢卡奇、葛兰西、阿多诺、萨特、阿尔都塞等。他们还对西方马克思主义中的每一个理论流派进行了冷静而系统的批判，并利用历史唯物主义理论来分析英国社会，因为他们认为"这是一份独立的社会主义期刊的责任"[②]。安德森强调他们的目标是通过国外马克思主义的理论资源来分析国内政治社会，分

[①] Perry Anderson, *Arguments within English Marxism*, London: Verso, 1980, p. 153.
[②] Perry Anderson, *Arguments within English Marxism*, London: Verso, 1980, p. 149.

析话语的国际化并没有导致他们从英国本土的国家现实中抽离出来。

后来随着国内外形势的发展，汤普森和安德森的看法都发生了某种程度的转变。汤普森曾表示："事实证明，我们不够'严谨'。我们被限制在一个狭隘的民族主义文化中，没有意识到真正的国际主义马克思主义话语。"[1] 到20世纪80年代，汤普森积极参与到了欧洲反核运动中，成为国际和平运动的知名人物，这是一种典型的具有国际主义特征的政治实践。事实上，第一代新左翼也曾强调国际合作的必要性，比如他们与欧洲其他地方的左翼社会主义者，特别是与法国知识分子克劳德·布尔代和他的《法国观察者》为代表的"新左翼"有着密切的联系，同时他们也与非洲和印度等地的社会主义者保持联系，这些联系多是他们在第二次世界大战期间建立起来的。"早期新左派的一个重要但很少被注意到的遗产是对国际政治意识的一种重要扩展。他们详细讨论的问题包括：反殖民斗争的兴起、1956年苏伊士运河危机的辐射和1962年古巴革命的影响。事实上，就是在这段时间内，寻求可供选择的民族模型——英国左派应当从这些模型中寻找灵感——的思想得到了发展。"[2] 到争论后期，安德森也开始反思两代新左翼之间辩论的必要性。他意识到国际主义从来都不是绝对的，而是随着形势的变化而改变。国际主义的模式也并非只有一种，"例如，汤普森和第四国际的地方部门联合起来反对英国加入欧洲经济共同体，奈恩和威廉斯（一个与汤普森有着非常相似的政治和时代背景的社会主义者）也加入了这个行列。在《新左翼评论》内部，奈恩也为苏格兰和威尔士的民族主义运动辩护，他在左翼立场上的辩护更接近于汤普森关于民族主义与国际主义

---

[1] E. P. Thompson, "An Open Letter to Leszek Kolakowski", *Socialist Register*, Vol. 10, 1973, p. 10.

[2] ［英］迈克尔·肯尼：《社会主义和民族性问题：英国新左派的经验教训》，王晓曼译，孙乐强校，《学海》2011年第2期。

第六章　立足基点：两代英国新左翼的革命道路和理论范式之争 **217**

关系的观点，而非早期认为二者不可调和的看法"①。在安德森眼中，不会有也不应该只有一种社会主义的单一形式。

三　理论分歧背后的范式差异：文化主义与结构主义

对汤普森和安德森而言，不论是对于革命道路还是理论道路的选择，归根结底其实是方法论的差异。有学者将之总结为历史主义与结构主义的分歧。② 在历史学领域，有安德森《从古代到封建主义的过渡》《绝对主义国家的系谱》中"自上而下"的历史观挑战汤普森《英国工人阶级的形成》中"自下而上"的历史观；在文化研究领域，有特里·伊格尔顿《批评与政治：雷蒙德·威廉斯的著作》对其老师威廉斯的文化理论批判，还有伯明翰大学当代文化研究中心的集体结构主义转向；在政治学领域，有拉尔夫·米利班德与尼科斯·普兰查斯的论战；等等。争论实质上代表了当时社会主义者关于社会主义革命道路和马克思主义理论道路的不同观点和立场。其实，汤普森的学术方法也可以理解为一种文化主义，还有人称为经验主义。

以汤普森等为代表的早期新左翼的思维方式和研究方法很大程度上是一种文化主义的方法。汤普森将人类历史视为一个变化的过程，不应静止地分析历史的结构，而应以具体的、特殊的方式研究人类社会，注重人和文化的影响因素。例如汤普森在《形成》中对阶级的分析："阶级是社会与文化的形成，其产生的过程只有当它在相当长的历史时期中自我形成时才

---

① Perry Anderson, *Arguments within English Marxism*, London: Verso, 1980, p. 156.
② 参见乔瑞金、师文兵《历史主义与结构主义——英国新马克思主义哲学探索的主导意识》，《哲学研究》2005 年第 2 期。

能考察，若非如此看待阶级，就不可能理解阶级。"① 在这里汤普森将阶级形成的客观因素和主观因素相结合，而更倾向于主观成分。文化主义的方法重视具体性和特殊性，强调国家和民族特殊文化个性的影响。它相信历史和阶级都是流动的，不应当把阶级放入静止的历史结构中进行分析，所以在《形成》中汤普森注重阶级的"形成过程"，即动态特质。具体到英国的情况，汤普森强调要立足于英国本土，在坚持本国民族传统和国情的基础上发展马克思主义和社会主义。在文化上倡导大众文化，以文化唯物主义为指导，注重文化在日常生活中的重要性，强调民族文化的多样性和丰富性。文化主义方法也注重经验研究，具有强烈的经验主义倾向，主张立足于具体的、个体性的分析，拒斥理论抽象。汤普森曾对安德森关于经验研究模式的抱怨提出异议，认为经验主义可以在理论和实践之间搭建联系的桥梁。另外，文化主义方法还强调人的主体性和能动性，突出个体能动作用。在汤普森那里，经验的形成离不开人，是人在具体的社会存在中对自身和周围事物进行思考的过程中形成的，而社会存在也无法脱离于人的观念而独立存在。但是，文化主义方法由于过度注重个体和经验研究，忽视了理论抽象和整体性建构而招致批评。文化主义着眼于文化因素在社会变革中的作用，注重细微个体，缺乏对基础性、整体性和理论性的把握，容易陷入一种狭隘主义的窠臼。正基于此，安德森引入了欧陆的结构主义方法。

以安德森为代表的第二代新左翼所倡导的结构主义研究方法，在理论上，以结构和科学的术语批评第一代新左翼的主观主义和经验主义；在实践上，主张英国社会主义应当吸收国外理论和经验，走国际主义道路。结构主义方法重视理论化和抽象化，反对经验主义。它主张用理论的分析方法，形成理论的抽象和一般模式，以此与第一代新左翼的经验研究相抗衡。

---

① [英] E. P. 汤普森：《英国工人阶级的形成》，钱乘旦等译，译林出版社2013年版，前言第4页。

有研究者指出，安德森坚持认为早期新左翼完全没有注意到20世纪中期政治生活的核心事实："英国同时存在一场社会主义革命运动和一种革命理论，而这种运动可以建立在革命理论的基础上。它的知识方向决定了它的命运。变革只能从一个新的知识方向来，那就是西方马克思主义。"[①] 同时，结构主义方法注重总体性分析，重视一般性、整体性和结构性，从普遍性出发看特殊性，从整体出发看问题。它从对历史的宏观性把握来分析具体的历史事件，强调社会整体结构对阶级形成的影响和结构对人的制约作用，主张从整体出发认识部分而非相反，与文化主义强调的特殊性和个体性相对立。但是，与文化主义方法类似，结构主义方法也有局限性。它过于强调社会的整体结构性，忽视了个体能动性和创造性，对个体在社会结构和历史中的影响重视不足。例如把阶级放置于社会结构的整体中来分析，强调资本主义生产关系对阶级形成的影响，否认工人阶级意识的作用；强调国家视角的优先性，主张自上而下看历史，却忽视了个体对国家的影响；试图建立历史发展的统一模式，忽视了历史的动态性和特殊性；过于注重理论模型而忽视了事物的个体差异，对事物的微观把握不足；等等。

四 关于理论范式的论争总结

在西方马克思主义中，汤普森常常被认为体现了文化主义的传统，安德森则被视为结构主义的代表。在关于阿尔都塞的论战中，汤普森对试图抹杀本国特色和传统的阿尔都塞式潮流进行了尖锐批判。阿尔都塞的理论在汤普森那里被塑造成为一套抽象的封闭系统，它忽略社会存在与社会意识之间的对话，范畴成为凌驾于物质之上的第一性。"阿尔都塞的'结构主义的马克思主义'创立了抽象的理论范畴，却在解释具体的社会历史问题

---

① Wade Matthews, "The Poverty of Strategy—E. P. Thompson, Perry Anderson, and the Transition to Socialism", *Labour/Le Travail*, Vol. 50, No. 2, 2002, pp. 224-225.

中显现出理论的贫困。"① 安德森则被汤普森视作阿尔都塞的忠实追随者。对此有学者曾提出异议："安德森本人绝不是正统的阿尔都塞主义者。安德森在《新左翼评论》任职期间，该杂志发表了许多批评阿尔都塞的文章，安德森在自己的书中也发表了类似的文章。当时在英国到处都是正统的阿尔都塞主义者，但安德森不是其中之一。事实上，如果有人想通过阿尔都塞的追随者来间接打击他，那么安德森就是最糟糕的目标了。"② 安德森本人在《争论》一书中也曾对此做过澄清，与其说安德森是一个阿尔都塞主义者，不如说他借助了阿尔都塞的结构主义分析工具来对抗汤普森的文化主义。汤普森坚持要在变化中理解历史和阶级，而不能抽象和孤立地定义，比如他将阶级看作一种社会和文化的存在，是一个正在发生的过程。这种动态分析法与结构主义的主流静态分析法相反，结构主义所主张的建模、归纳、理论抽象正是被汤普森所拒绝的，正因如此汤普森的方法被一些社会科学家所拒斥。"社会科学家很少借鉴汤普森的一个原因在于，他拒绝提出可归纳的、抽象的理论命题。汤普森驳斥了他所认为的自上而下的理论模型，这些模型未能捕捉到人类经验的本质。汤普森的理论可以在他构建历史叙事的方式中找到，而很少在明确的理论陈述中找到。例如，在《形成》这本将近900页的大部头中，汤普森只有在6页的前言中明确地概述了他对阶级的定义。"③ 在安德森之后，有一些社会科学家也从方法论的角度对汤普森提出质疑，但基本上没有脱离安德森的分析框架。

---

① 张亮：《阶级、文化与民族传统：爱德华·汤普森的历史唯物主义思想研究》，江苏人民出版社2008年版，第166页。
② Abraham Jacob Walker, "Theory, History, and Methodological Positivism in the Anderson – Thompson Debate", *Formations: The Graduate Center Journal of Social Research*, Vol. 1, No. 1, 2010, p. 20.
③ Kathleen M. Millar, "Introduction: Reading Twenty – first – century Capitalism through the Lens of E. P. Thompson", *Focaal: Journal of Global and Historical Anthropology*, No. 73, 2015, pp. 4 – 5.

◇ 第四节　两代英国新左翼之争的实质、影响及理论局限性

一　论争的实质

新左翼的出现是对资本主义"丰裕社会"的挑战和对民主社会主义变革的回应。作为两代新左翼的代表，汤普森与安德森之间的争鸣不是经院派的文字之辩，也不仅仅是英国新左翼内部的路线之争。它反映了社会主义者关于马克思主义理论道路和社会主义实践探索的冲突。第一代新左翼是社会主义人道主义的积极拥护者，强调人道主义精神，强调人的个体能动性和创造性，他们认为阶级是历史和文化的形成，主张历史具有流动性和继承性，同时主张必须立足于本民族传统实现社会主义。第二代新左翼则忠诚于结构主义，突出社会结构对个体的作用，他们从总体性视角看具体的社会历史，以国家、经济、政治视角为优先，关注统治阶级的霸权，他们主张进行理论抽象，以理论的一般模式分析具体现实，同时强调立足于国际视角，吸收引进外来理论和经验来发展本民族的社会主义。这场论辩体现了20世纪的西方社会主义者关于马克思主义理论和社会发展道路的思考，它实质上是为了解决一个重大时代问题，即在第二次世界大战后商品拜物教高度发达的时代如何处理好社会主义与资本主义之间的关系、自身理论与社会主义其他流派之间的关系，从而走出一条自己的社会主义发展新路。因此，汤普森与安德森之争不论对马克思主义理论还是社会主义道路的探索而言，都有积极的影响和意义。

二 论争的影响

首先,汤普森与安德森的文化主义和结构主义之争推动了战后英国马克思主义的发展,丰富发展了英国人文社会科学的研究范式。汤普森反思教条主义的马克思主义,努力实现马克思主义的本土化和民族化,与其他新左翼学者开创了"文化马克思主义"这一具有鲜明英国特色的理论研究形态。罗宾·布莱克本[①]对汤普森研究的价值给予了充分肯定:"汤普森坚持在前工业时代劳动人民的反抗和希望中寻找价值,在资本主义现代性的猖獗面前寻求维护传统道德经济的要素。在后工业时代初期,以资本主义贪婪和分裂的新形式为标志,汤普森的研究揭示出的态度和实践具有强烈的当代共鸣。汤普森敏锐地意识到进步所要付出的沉重代价,并为七十年代和八十年代出现的环保运动铺平了道路。"[②] 安德森等人引进欧洲大陆的"结构主义的马克思主义"的努力则为英国马克思主义的理论化和科学化做出重要贡献。有研究者表示,安德森等人的这一做法一方面推动了英国马克思主义思想文化的发展;另一方面打破了长期以来英国学术界与欧陆学术界的隔离状况,也推动了欧陆马克思主义理论话语在 20 世纪 70 年代的英国学术圈中的传播。可以说,20 世纪 70 年代英国马克思主义的复兴以及文化研究和历史学的发展,与第二代新左翼的努力是分不开的。[③] 两代新左翼的共同努力打破了英国马克思主义理论的贫困局面,开创出具有英国特色的马克思主义研究,同时丰富发展了英国人文社会科学的研究范式,影响

---

① 罗宾·布莱克本(Robin Blackburn, 1940—),英国历史学家,曾在 1981 年至 1999 年担任《新左翼评论》主编。

② Robin Blackburn, "Edward Thompson and the New Left", *New Left Review I*, Vol. 201, No. 5, 1993, p. 5.

③ 参见李凤丹《英国文化马克思主义研究——基于大众文化与政治的关系》,江西人民出版社 2010 年版,第 81 页。

第六章　立足基点：两代英国新左翼的革命道路和理论范式之争　**223**

了西方学术界的思想格局。

其次，汤普森与安德森的民族主义和国际主义之争对思考社会主义的实践路径有所助益。两代新左翼关于社会主义的民族性和国际性的思考对后人探索如何将马克思主义与民族特性相结合，在民族化和时代化的过程中坚持和发展马克思主义，走出具有民族特色的社会主义道路具有启示和借鉴意义。"英国马克思主义理论家佩里·安德森用自己的思想理论和实践经验具体践行了马克思主义的两大基本特征——批判与自我批判相统一、理论与实践相统一。尽管在此过程中因受到欧陆结构主义的影响而带有功能主义的缺陷，而且不可避免地带上了国外马克思主义'重理论，轻实践'的玄学气息，但他与 E. P. 汤普森关于马克思主义的民族主义和国际主义关系的争论，他对教条主义和虚无主义的警惕，对历史唯物主义的时代主题和理论突破点的探讨，因其独特的理论立场而在众多国外马克思主义尤其是英国马克思主义思想家中独树一帜，对当今在我国马克思主义中国化进程中构建中国话语具有重要的启示和借鉴意义。"[1] 安德森曾评价两代新左翼的争论使新左翼总体上受益而不是受损，因为两种思想在争论中得以相互补充。在论战过程中，双方思想相互影响，无形中在民族主义和国际主义的张力之间趋于平衡，使民族性和国际性、特殊性和普遍性、理论和实践的融合在英国呈现出独特的风景。在新左翼的努力下，英国形成了本土传统和外来理论相得益彰、科学化和本土化并行的具有自身特色的社会主义理论流派。在全球化大发展时代，民族身份与认同已经成为一个越来越重要的话题。在国家、民族联系越来越紧密的今天，如何保有民族自身的归属感、安全感和团结感显得尤为重要，但民族性也可能演变为一种沙文主义和民粹主义的力量。在民族性和国际性之间取得平衡，成为影响当代国家发展的重要因素。在社会主义实践中，良好的社会主义形态无不是立

---

[1] 李高荣：《佩里·安德森视域中的马克思主义的基本特征及启示》，《教学与研究》2016 年第 11 期。

足于本民族的传统和实际。同时，社会主义革命和建设又离不开对外来理论和经验的学习借鉴。因此，在社会主义实践道路中，有必要处理好民族主义与国际主义原则之间的关系，既要坚持"人的自由全面发展"[①] 的社会主义目标，又不能丢弃本民族优秀文化传统，在立足本土历史和文化的基础上，吸收国外优秀理论和经验成果，把理论和实践相结合，构建具有本民族特色的话语体系。

另外，汤普森与安德森的思想在诸多分歧之外，也存在一定连续性和同质性。近年来，有一些研究者开始关注他们之间的思想联系，例如二人都强调了意识和思想在向社会主义过渡中的作用，都认为任何适当的社会主义策略必须基于对产业工人和其他阶级成员的吸引力，都强调了激进传统在潜在社会主义选民意识转变中的地位，同时都高估了资本主义社会的社会主义改革的稳定性。虽然差异是明显的，但它们并不抵消二者的同构性。至少在新左翼历史上，第一代和第二代之间存在着令人惊讶的连续性。[②] 甚至有学者否定传统的对新左翼的二分法，提出过于强调二者的区别无助于评价作为一个整体的英国新左翼的意义，并对分析英国新左翼对马克思主义理论的运用具有误导性。[③] 还有研究者指出两代新左翼完全分裂的观点容易使人形成对历史的误解，不同学术思潮之间存在着非常复杂的相互依赖关系。例如威廉斯的著作影响了安德森及其他一些人，并且在理论上为两代新左翼架设了一道重要的桥梁。两代新左翼完全决裂的观点是一种新左翼反对者乐于接受的耽于幻想的历史重构。[④] 这些观点为我们更全面

---

① 参见《马克思恩格斯文集》第2卷，人民出版社2009年版，第53页。

② Wade Matthews, "The Poverty of Strategy—E. P. Thompson, Perry Anderson, and the Transition to Socialism", *Labour/Le Travail*, Vol. 50, No. 2, 2002, p. 231.

③ 参见[英]玛德琳·戴维斯《英国新左派的马克思主义》，载张亮编《英国新左派思想家》，凤凰传媒出版集团、江苏人民出版社2010年版，第7页。

④ 参见[英]迈克尔·肯尼《第一代英国新左派》，李永新、陈剑译，凤凰传媒出版集团、江苏人民出版社2010年版，第6页。

第六章 立足基点：两代英国新左翼的革命道路和理论范式之争 | **225**

和深入地审视新左翼提供了更多元的研究视角。

三 论争体现出的新左翼理论局限性

作为一个时代印记的新左翼已经成为历史，但它的遗产和理论局限性却值得深思。汤普森的妻子多罗西·汤普森对新左翼运动做过这样的评价：虽然建立永久性组织的努力——左翼俱乐部、国际社会主义研究所、新左翼书籍以及其他一些建立费边形式的研究和社会中心的尝试几乎没有成功，但是，新左翼的工作改变了政治话语的形式，一个不结盟的左翼的想法并没有消亡，在接下来的几十年里，它的影响也有很多。从长远来看，它可以被视为一种长期政治反思的开始，即接近公正社会的理想。重读各种期刊上的一些论点和讨论，都显示了这些主题的持续重要性，其中许多是基于新左翼运动所提出的政治假设。对第一批新左翼多年来的工作进行严肃的社会和政治思考仍然有必要。① 新左翼对资本主义"丰裕社会"的批判、对社会主义变革的思考、对教条主义的马克思主义的反思，都为后人开拓了更多理论空间。安德森也将新左翼的出现视为"自工业革命以来英国社会最深刻的社会批评传统的复兴"②。但是也应看到，尽管新左翼留下了丰富的遗产，其局限性也是十分明显的。文化主义和结构主义的范式，如前文所述，都有其难以克服的内在矛盾。同时，两代新左翼的理论观点和方法都缺乏经济学的支撑，无论是汤普森的"文化马克思主义"还是安德森的"结构主义的马克思主义"，都没能对经济范畴做出充分分析。汤普森重视社会主义中的人道主义和道德要素，却低估了经济基础的决定作用。安

---

① Dorothy Thompson, "On the Trail of the New Left", *New Left Review I*, Vol. 215, No. 1, 1996, p. 100.
② Perry Anderson, "The Left in the Fifties", *New Left Review I*, Vol. 29, No. 1, 1965, p. 17.

德森虽然注重科学性和结构性,但只是聚焦于政治结构的整体作用,对经济结构依然缺乏有力论证。另外,成员构成的多样化使身份认同和价值追求的模糊性始终伴随新左翼的成长,这种模糊性使新左翼难以形成紧密的团体并建构统一的切实有效的组织话语,最终制约了新左翼运动的发展。

第 七 章

革命战略：英国新左翼的通往社会主义之路

英国新左翼对通往社会主义的道路提出了一些不同于传统左翼的见解，形成了独特的社会主义战略。E. P. 汤普森、肯尼斯·亚历山大（Kenneth Alexander）、斯图亚特·霍尔、雷蒙德·威廉斯等新左翼学者围绕着社会图景的重塑、以"和平革命"争取社会主义的实现、负责任的新左翼和社会主义者等角度对通往社会主义之路提出了他们的思考和建议。首先必须重塑社会图景，包括进行物质革命和道德革命、对工会进行改革等。在此基础上推动"和平革命"的实现，将渐进式转型和突变式转型相结合，在社会主义要素在资本主义内部成熟的条件下进行革命性突破，实现社会主义，同时在这一过程中需要形塑工人阶级的阶级意识。新左翼和社会主义者必须承担责任，积极行动，结束妥协和中间路线，推动新兴的政治进程，建立未来一代的社会主义。

◇◇ 第一节 重塑社会图景

新左翼学者肯尼斯·亚历山大（以下简称"亚历山大"）对资本主义经济制度下的力量图景进行了分析，他认为资本主义经济结构中的主要决定性力量是资本、科技管理、国家、劳动力、消费者和意识形态。在此基础上，他提出了重塑资本主义社会力量图景的方式，并指出要实现社会主义必须实行通向革命的变革。

一 资本主义经济模式中的主要力量

亚历山大将资本主义经济模式下的主要力量归纳为六点。第一是与资本相联系的力量，即决定生产数量、形式和质量以及决定商品供应和影响就业失业的权力，这是资本主义社会最重要的经济权力杠杆。第二是控制工业、科技和管理技能的力量，即管理者的力量。从组织的角度看，管理者是最分散的权力群体，但他们行使权力的方式和最后的结果是统一的。这一方面是因为资本权力和专业技能权力之间是相互联系的；另一方面是由于相关意识形态的影响。管理者的选择主要是由社会和相关工业机构来决定的，国家也对企业的股权和商品流通有重要影响。资本力量和控制工业、科技和管理技能的力量是紧密联系的，而不管所有制是否与效率分离，战略控制都是必要的。第三是国家的力量。国家力量可以运作和限制资本力量和管理者力量，但不能破坏或代替这些力量。国家力量在很大程度上是但不完全是政治力量。国家可以行使经济权力是因为它能通过所有制和供应对资本产生影响力以及它在经济活动中对经济、社会、政治环境产生的影响力。国家决定了供应系统的稳定和资本主义制度运行的安全保障。作为在劳动力市场上产权稳定的回报，工业资本家不得不接受国家的权力。但国家并不是为所有群体服务的，它只为那些主导权力结构的人提供利益。而那些在权力结构顶端的短期的、个人的利益往往与所有人的集体利益相冲突。国家的力量就是要跨越个人利益并在当前、近期和长远利益中获得平衡。第四是劳动力的供给。工会对劳动力的供给有很大影响，但工会并没有掌控好这种力量。在经济方面，劳动力供给的价格一方面是由劳动力储备来决定的，但更主要的还是由资本储备较高的资本家决定。这种在经济领域的差异同样渗透到了政治领域，影响了一些政客的选择。第五是消费者力量。亚历山大并不认为消费者力量是资本主义经济体系中具有很强影响力的力量。相比于其他力量，消费者的力量是受限制的，某种程度上只是其他影响的反应，它对资本、商品、投资的影响都是有限的。第六是意识形态的力量。资本主义的意识形态可以在资本力量无法直接施加影响的生活领域产生影响力，也可以对经济力量的形式和目的施加独特的影响。因此意识形态值得作为经济权力结构中的一个独立要素。[1]

在这些主要基础性力量中，亚历山大认为控制资本和控制工业、企业、管理的力量是最重要的。控制资本的力量即所有者（owner）力量，控制工业、企业、管理的力量即管理者（controller）力量。企业是工业力量赖以生存的地方，大企业的控制权牢牢掌控在大股东手中，利润最大化是这些企业的目标。而企业的管理者大多是从有产阶级中产生的，企业的所有者和管理者之间是一种互惠互利、互相依赖的关系。"工业活动的规模和复杂性的增强要求更高水平的技术和更专业化的管理。所有者和管理者之间不是敌对的，而是互补的。因为他们共同分享剥削工人和消费者的利益。但在所有者—管理者群体中管理者的地位由于对管理技能需求的扩大而得到提升。"[2] 国家在亚历山大看来是为了特定的社会、政治、经济环境下的既定目的服务的，其首要的经济功能就是创造一个能增加利润的环境。国家活动能够被强大而持久的政治和工会压力影响和改变。在这个过程中，为了巩固和扩大收益，对政府机构进行大规模改动和完善是必要的。[3] 亚历山大认为国家虽然是为顶层阶级服务的，但国家行为会受到经济、政治等因素影响，这意味着国家行为是可以改变的。要转变国家行为，就要对国家机

---

[1] Kenneth Alexander, "Power at the Base", in Norman Birnbaum ed., *Out of Apathy*, London: Stevens & Sons Limited, 1960, pp. 244 – 248.

[2] Kenneth Alexander, "Power at the Base", in Norman Birnbaum ed., *Out of Apathy*, London: Stevens & Sons Limited, 1960, pp. 254 – 255.

[3] Kenneth Alexander, "Power at the Base", in Norman Birnbaum ed., *Out of Apathy*, London: Stevens & Sons Limited, 1960, pp. 256 – 259.

构进行一系列变革,包括选拔人才制度等。通过工会、议会、工业所有制和政府部门的人员和结构上的改革,有望使政府的角色由资本主义的保护者变为挑战者。在这个过程中要避免对经济和政治力量之间的简单的单向考虑,应当运用马克思主义的方法坚持多维度考虑,对各种力量的来源、特点进行深入分析。在所有者、管理者和国家的力量之外,作为有组织的劳工角色,亚历山大认为工会是推动资本主义变革的主要力量,工人是最有能力推动资本主义变革的群体。"1945年以后,工会运动获得了越来越多的经济力量。工会力量影响了英国的工业和经济安全。有四个因素决定了工会影响工业发展的能力。第一是工会控制的权力;第二是使用这些权力的意愿,这依赖于工会成员的目的和活动、工会机构的结构、领导者的能力和主导性意识形态;第三是工会在特定环境下的可能存在的盟友(如政党、公众舆论、国家)的聚集、效率和凝聚力;第四是与工会对立的力量——私有财产,这是影响就业、政党、公共舆论和国家的力量。"[①] 过去由于工会运动没有具有说服力的理论,也没有得到广泛接受的思想和行动原则,人们对它失去了信心,甚至不认为它是推动工人阶级进步的主要力量。但亚历山大仍然认为在经济力量的结构体系中,工会力量是最有可能推动变革的,工人也是最有能力推动变革的群体。因为工人与既有经济组织的冲突最多,组织也最有效。但是这种冲突只有尖锐到一定程度才能使工人组织起有效的运动来推动工业和社会变革。

二 通向革命的变革

在对资本主义社会图景进行剖析之后,亚历山大提出了重塑社会图景的方式,首要的是实现通向革命的变革。他认为改良主义虽然带来了一定

[①] Kenneth Alexander, "Power at the Base", in Norman Birnbaum ed., *Out of Apathy*, London: Stevens & Sons Limited, 1960, p.260.

第七章 革命战略：英国新左翼的通往社会主义之路

的进步，但终究不是彻底的社会变革。"改良主义的成功使越来越多的人敢于批评现有的社会价值。但也减少了反对彻底的社会变革的争论。它也使人们误认为改良的改革可以成功，社会和经济崩溃不会到来。"① 虽然工人阶级的生活和工作条件比以前提升了，独立性增强，但是对于参加传统的工人阶级活动的热情反而下降了。因为改良主义只是使工人阶级获得了一定的经济利益，实际上仍然没有政治权利，政治权力还是掌握在所有者和管理者手中。企业的发展和决策权似乎和工人阶级无关。所以当务之急是要巩固工人阶级已经获得的权利，使之制度化。尤其是参与企业的集体控制，防止管理者的专断权力，并重燃工人阶级的热情。同时提升工人阶级的地位，为工人争取政治权利，因为当陷入私有财产的争端中时，工人往往没有政治权利来公平申诉，也没有机会获得公众的同情和支持。"通过扩大集体讨论和在企业中对雇佣政策的集体控制，然后在这些有限的收益上发展。这是为了检查管理者的专断权力，可以带来在工人秩序内的新的控制，通过这样做影响工业活动的方式和目的，从而重燃工人的兴趣，消除冷漠……对于提升工人地位的需求的新力量越来越多地体现在通常是非正式的罢工中，这些需求包括人际关系和在工作中的个人权利和尊严等。"② 简而言之，改良是不够的，社会需要有通向革命的变革。

亚历山大指出这种革命不仅是要进行物质革命，还要进行道德革命（Moral Revolution），即由资本主义的价值观转向社会主义的价值观，由资本主义、个人主义的精神转向社会主义和集体主义的精神，使社会主义人道主义价值观最终取代资本主义价值观。作为英国新左翼的重要主张，道德革命被视作和物质革命同样重要，二者不可分割。"物质要求对于工人来说

---

① Kenneth Alexander, "Power at the Base", in Norman Birnbaum ed., *Out of Apathy*, London: Stevens & Sons Limited, 1960, pp. 268 – 269.

② Kenneth Alexander, "Power at the Base", in Norman Birnbaum ed., *Out of Apathy*, London: Stevens & Sons Limited, 1960, pp. 270 – 271.

仍然是非常重要的,即使在经济最发达的共同体中。但精神要求对于社会主义者的追求来说也一直是非常重要的,在物质和精神要求之间并没有对立……对于工人来说,物质的和道德的要求是不能被分开的。"[1] 道德革命需要建立在对现有价值体系进行道德剧变的基础上,这是社会进步的基础。在战后福利资本主义创造的繁荣神话中,似乎大多数个人的物质需求都能够得到满足,因而资本主义拥有它的拥护者。社会主义者若想寻求变革,就需要用有力的思想说服人们,使人们相信他们所追求的在资本主义制度下是不可能实现的,只有在社会主义制度下才能实现。因此,在新左翼看来道德革命就成为追求社会主义的必要手段。道德革命就是要跨越资本主义价值观,转向社会主义人道主义价值观,新的社会制度应当是基于社会主义人道主义价值观基础上而不是金钱价值观基础上的制度。

三 设定工会新目标

在通向革命的变革之路上,亚历山大强调有必要对工会进行改革,设定工会新目标。第一是对工会和工会内部的结构功能进行调整。因为工会比起工党更了解工人的利益和态度。重新调整工会政策可以重点防御贪婪的资本主义社会的侵袭。使人们明白只有这些新政策才能给工人带来真正的收益,在生产资料私有制基础上他们不可能获得真正的权力。[2] 第二是各工会和工会运动之间要形成有效率的合作。亚历山大指出如果工会想要发展,就必须要对工会和工会运动内部的一些功能和权力进行重新调整。在不同等级的工会运动之间必须形成一种新的有效率的团结合作,这样做可

---

[1] Kenneth Alexander, "Power at the Base", in Norman Birnbaum ed., *Out of Apathy*, London: Stevens & Sons Limited, 1960, pp. 265 – 266.

[2] Kenneth Alexander, "Power at the Base", in Norman Birnbaum ed., *Out of Apathy*, London: Stevens & Sons Limited, 1960, pp. 272 – 273.

以把注意力转移到权力的位置问题,也能打破保护顶层权力的既得利益集团。① 第三是将工会的经济目标和政治目标相结合,不只要寻求工人的经济权利,提高待遇,更要掌握政治权利,提升工人地位。亚历山大认为当时决定收入分配的主要因素是由社会顶层决定的,因此认清政治因素在收入分配和决定工资方面的重要性是至关重要的。应当将劳工运动中的工业和政治一面统一起来,用新的压力来要求资本主义生产更大份额,挑战利润系统。这被新左翼称为"革命战略中的改革策略"。工人阶级组织内部的权力的重新定位是这种统一的战略和策略发展的必要组成部分。②

在通往社会主义之路上,社会主义者面临的最大困境是无法使社会主义在实践中被证明。资本主义制度内的福利改革和苏联共产主义都无法使人们信服社会主义是更好的道路。对于人们来说,社会主义更多是一个抽象的描绘,缺乏具体的例子。"社会主义者的窘境是生活在资本主义制度下的人们只有很少一部分人足够了解社会主义的思想和价值观,从而使他们愿意为了新社会而努力。这一方面是因为资本主义意识形态的宣传,另一方面是由于亲资本主义的教育的影响,但最简单最重要的是人们需要了解'更好的道路'的具体的例子而不是抽象的描绘。"③ 因此,亚历山大强调社会主义者必须要使社会主义思想在实践中得到应用,比如在工业政策、工会政策、社会服务等领域中,逐渐使人们认识到社会主义思想和价值观,同时需要唤醒工人的热情,因为没有工人的积极行动,就无法实现社会主义。

---

① Kenneth Alexander, "Power at the Base", in Norman Birnbaum ed., *Out of Apathy*, London: Stevens & Sons Limited, 1960, pp. 273 - 274.

② Kenneth Alexander, "Power at the Base", in Norman Birnbaum ed., *Out of Apathy*, London: Stevens & Sons Limited, 1960, p. 275.

③ Kenneth Alexander, "Power at the Base", in Norman Birnbaum ed., *Out of Apathy*, London: Stevens & Sons Limited, 1960, pp. 279 - 280.

◇◇第二节 "和平革命"战略

新左翼的社会主义革命战略以"和平革命"为核心,汤普森详细阐述了新左翼的社会主义革命战略和蓝图,提出了不同于工党和传统共产主义者的"和平革命"的主张,并对"和平革命"的形式、战略进行了分析。新左翼与工党和传统共产主义者对资本主义过渡到社会主义的形式看法不同。新左翼批判工党的渐进模式(The Evolutionary Model)实际上落入了资本主义的窠臼,被其同化。而共产主义者的暴力革命战略模式(The Model of Revolution)主张的突变式转型也有可能效果不佳。新左翼主张将渐进式转型和突变式转型相结合,在社会主义要素在资本主义内部成熟的条件下进行革命性突破,实现社会主义。

一 社会转型的模式

汤普森提出转向社会主义的模式通常有两种。第一种是渐进模式,即采用渐进的改良模式逐渐步入社会主义,如费边主义和社会民主主义。工党在实践中推行的正是一种渐进式的路线而非全盘变革。但是工党的社会主义路线一直饱受争议。有些人更倾向于用"工会主义"来描述工党的意识形态和路线。"有批评意见认为,工党更倾向于议会主义而不是社会主义,其温和的工联主义和改良主义纲领不宜背负'社会主义'之名,最好称之为'工会主义'。"[①] 第二种是暴力革命模式,源自马克思主义的传统,但汤普森认为它更多来自列宁、托洛茨基和斯大林。关于暴力革命模式,

---

① [英]比尔·考克瑟、林顿·罗宾斯、罗伯特·里奇:《当代英国政治》(第4版),孔新峰、蒋鲲译,孔新峰校,北京大学出版社2007年版,第103页。

汤普森认为有两点需要说明。第一，马克思曾认为英国和美国有可能和平过渡到社会主义，但这一理论被列宁在1917年否定。斯大林在1924年将其论述为"无产阶级暴力革命的不可避免的规律"。第二，资产阶级革命是在某种形式的资本主义秩序已经在封建社会内部形成的情形下发生的。资本主义能够在封建主义内部成长，与之共存，直到准备好夺取政治权力。而无产阶级革命是在社会主义秩序还未形成的情形下发生的，因为人们认为社会所有制或者对生产资料的民主控制不符合资产阶级的国家权力。[1]

汤普森理解的革命是弹性的。他认为社会模式的选择不是一个非此即彼的问题。在推动社会的前进时，既要发展公共部门也要关注它与私有企业的关系，既要壮大工会力量也要留意它对资本主义经济发展的依赖，既要发展福利事业也要看到它带来的问题，要有相互制衡的民主权利。我们即将到来的革命是某些事物的完善和另一些事物的开始。这不是一种在既定背景下的革命，这种革命只有在人们的行动和选择下才能发生。汤普森认为在英国可以发生一种"和平革命"，这种和平革命可以保证社会生活和机构形式保留更好的连续性。英国可以进行和平革命不是因为它是半革命的，也不是因为资本主义正在演变为社会主义，而是因为1942—1948年取得的进步是实实在在真实的，因为社会主义潜能已经扩大，社会主义要素，不管多么不完美，都已经在资本主义内部得以成长。[2]

二 "和平革命"的含义与实践路径

在汤普森看来，工党的渐进社会主义只有量变（逐渐被资本主义所同

---

[1] E. P. Thompson, "Revolution", in Norman Birnbaum ed., *Out of Apathy*, London: Stevens & Sons Limited, 1960, pp. 299 – 300.

[2] E. P. Thompson, "Revolution", in Norman Birnbaum ed., *Out of Apathy*, London: Stevens & Sons Limited, 1960, p. 302.

化），共产主义者的暴力革命是直接进行质变（社会主义要素和形式还未成熟），二者在汤普森看来都不可取。新左翼主张的"和平革命"是量变和质变的结合，先是社会生活方方面面的量变，使社会主义要素和形式在资本主义内部成长、成熟，然后在某一个节点上进行"和平革命"，达到质变。关键在于要找到这个质变的关键节点，在什么时候什么情况下进行。汤普森认为这个转型的标志是阶级权力的转移，即资本权力从制高点被赶走，社会主义民主权力得以实现。这是最后阶段的资本主义和有活力的社会主义之间的分水岭。在这个分水岭节点上，社会主义潜能得到释放，公共部门占据主导地位，为需要而生产代替为利润而生产。但汤普森也指出，这个节点什么时候发生，我们并不能提前知道，这个突破节点不是靠理论推测，而是依靠各个领域的改革实践，推动社会发展从而达到革命高潮。在这个过程中，将会发生整个社会中两种制度、两种生活方式之间的对抗。在这种对抗中，政治意识将得到提高，产权防御将受到各种直接或间接的影响，人们将会被强迫去施展他们的政治和工业实力。这种对抗不只是写在英国国会议事录里头，还囊括了生活中方方面面的革命。它包括一些机构的倒闭，一些机构的转型和改良，以及其他一些具备新功能的机构的出现。①

"和平革命"的实现需要具备一定条件。第一，这种革命需要培养社会主义者，有意识地塑造社会主义者的建设性技能和价值观。第二，需要联合社会大多数群体，而不是局限于产业工人，因为革命不能单纯依靠产业工人的阶级斗争。"除了产业工人，我们还要看到想要改善教育的老师，想使科研进步的科学家，想提升医疗水平的雇员和想要建设国家剧院的演员。这些人比产业工人更不想看到事情总是被归结为'阶级意识'并忠实于他们的伟大的共同价值观。但这些肯定与否定总是不完全地、断断续续地与

---

① E. P. Thompson, "Revolution", in Norman Birnbaum ed., *Out of Apathy*, London: Stevens & Sons Limited, 1960, pp. 303–304.

第七章　革命战略：英国新左翼的通往社会主义之路 | **237**

机会状态下的精神并存。是社会主义者画了这条线，不是在坚定的少数和无可救药的多数之间，而是在垄断者和人民之间，为了培养'社会本能'和抑制贪婪。这种革命要联合社会大多数群体，而不是局限于产业工人。在这些积极的基础之上，社会主义社会才得以建立。"①

如何推进"和平革命"呢？汤普森将"和平革命"战略概括为五点：第一，要对资本主义金融体系和大众媒体进行批判，这需要学术科研、教育和宣传机构的发展以及专家、民众之间更多的沟通交流。"攻击资本主义金融和大众媒体是当务之急。它要求科研和讨论：期刊，书籍和左翼俱乐部。它需要教育和宣传机构的发展。它需要专家学者和那些在国有化行业和当地政府工作的人交流思想以使他们能够比理论研究者更清楚地看到旧制度的局限性和新世界的生长点。"② 第二，要打破议会崇拜。并不是所有的进步都需要立法变革来实现，许多收益已经通过直接的行动获得了，如提高工资、提升工作条件、缩短工作时间和建立合作社等。第三，社会主义者要为建立新世界积极战斗。"不是为了模棱两可的条款进行防御性的斗争，而是积极的战斗使之过渡到新社会。"③ 第四，社会主义者要进入议会，掌握权力。汤普森批判政客们只会考虑一些已经发生的事情然后进行立法，并没有什么作为，但作为社会主义者还是应当进入议会掌握权力。第五，利用国际环境的变化，如核外交和英帝国的衰落，推动国内的革命性突破，加速英国革命的到来。"我们的本土问题包含在更大的核外交和帝国衰落的背景下。这既是机遇也是挑战。革命性突破的机遇将会同时在国际和国内出现。英国国内的抗议将会获得足够的力量推动英国退出北约组织，而一

---

① E. P. Thompson, "Revolution", in Norman Birnbaum ed., *Out of Apathy*, London: Stevens & Sons Limited, 1960, pp. 304 – 305.

② E. P. Thompson, "Revolution", in Norman Birnbaum ed., *Out of Apathy*, London: Stevens & Sons Limited, 1960, pp. 305 – 306.

③ E. P. Thompson, "Revolution", in Norman Birnbaum ed., *Out of Apathy*, London: Stevens & Sons Limited, 1960, p. 306.

系列结果也将接踵而至。美国也许会对英国实施经济制裁。英国将面临或者遵从美国或者重新考虑贸易政策的处境。这种进退两难的境地将会在所有民众中激起反应。不是抽象的革命理论,而是实际的、直接的政治选择,在工厂、办公室、街道中都会出现争论。人们将意识到他们的历史选择对这个国家的影响,就像'二战'时那样。意识形态和政治对抗将会扩大。对美国的不遵从将会赢得大多数人民对于那些可能给他们带来混乱和困难的政策的支持。一个选择会揭露另一个选择,每做一个决定,革命的结论都将变得更加不可避免。事件本身将给人们揭露出社会主义选择的可能性,如果这些事件得到成千上万的社会主义者在生活中各个领域的支持,革命就能够被贯彻。"[1]

汤普森认为在西方国家中英国是最有可能通过"和平革命"过渡到社会主义的国家,因为这里有最好的革命传统。"这里的劳工运动实现了最小的分化,这里的民主社会主义传统最强大。这可以打破冷战的障碍并开始新一波的世界进步。西欧的进步和东方的进一步民主化,也许正在等着我们。过度乐观是很愚蠢的,但低估英国平民的悠久顽强的革命传统也是很愚蠢的。这是一个顽强的、愉快的、负责任的传统;然而所有的革命传统都是一样的。长久以来,为民主而斗争和为社会权利而斗争就是交织在一起的。我们容易记住它们的缺点却极易忽略它们的优点,包括韧性和稳定的人性。这是一种可以使社会潜移默化成社会主义的传统。"[2] 以汤普森为代表的新左翼学者为社会主义革命描绘了一个想象中的美好蓝图。但可惜的是,新左翼乐观估计了国内外形势,他们描绘的社会主义革命蓝图在战后英国并没有发生。在消费资本主义的强大攻势下,英国的社会主义者逐

---

[1] E. P. Thompson, "Revolution", in Norman Birnbaum ed., *Out of Apathy*, London: Stevens & Sons Limited, 1960, pp. 307 – 308.

[2] E. P. Thompson, "Revolution", in Norman Birnbaum ed., *Out of Apathy*, London: Stevens & Sons Limited, 1960, p. 308.

第七章 革命战略：英国新左翼的通往社会主义之路

渐分化，工党也逐渐偏离社会主义路线，社会主义力量被削弱了。

汤普森将革命视为一个历史概念。比起"向社会主义过渡"这一词，汤普森更喜欢用"革命"这样的历史概念。因为"向社会主义过渡"常常暗示着目标是固定的，即存在一个固定的社会，可以通过夺取权力来实现，这并不是意味着制度和所有权的变化，而是制度管理者和所有者的改变。汤普森认为革命的发生是一个历史的过程。"革命的历史概念，既不是这种'结构'的变化，也不是那种'过渡'的时刻，也不一定是灾难性的危机和暴力。这是一个历史过程的概念，在这个概念中，民主压力不再被限制在资本主义制度之内；在某个时刻，一场危机突然爆发，导致一系列相互关联的危机，从而导致阶级、社会关系和制度的深刻变化——划时代意义上的权力'转移'。由于这是一个过程，其本质来源于提高的政治意识和民众参与，其结果无法肯定地预测；这不仅是一个创造的过程，也是一个选择的过程。因此，社会主义者在开始之前就应该知道自己的目标是什么，这显得尤为重要。此外，我们不可能预先规定这种'突破'将在何种确切条件下实现——围绕什么问题，在什么背景下，借助什么'外部'危机。我们也不能明确规定必要的体制变革——尽管在这里我认为对我的文章的批评是完全合理的，我和其他新左翼作家没有充分讨论'国家理论'，我们不仅需要详细思考国家机器的体制改革和民主变革，而且现在就应该开始推动这些变革。"① 关于革命的实现，在新左翼运动的早期汤普森仍是十分强调实践的重要性的，"我要重复'革命'的论点：最终，我们只能在实践中找到资本主义制度的突破点，在公共利益的总战略中不断施加建设性压力"②。

---

① E. P. Thompson, "Revolution Again!", *New Left Review I*, Vol. 6, No. 6, 1960, p. 30.

② E. P. Thompson, "Revolution Again!", *New Left Review I*, Vol. 6, No. 6, 1960, p. 30.

三 工人阶级意识的形塑

在20世纪50—60年代，一些左翼人士比如克罗斯兰、哈里·汉森、赖特·米尔斯等人认为"丰裕"资本主义消除了一些阶级的不满，侵蚀了工人阶级传统形式的意识，所以社会主义运动的基础因此被削弱了。米尔斯曾质疑新左翼将工人阶级视为重要力量的努力，"我不太理解一些新左翼作家的是，为什么他们如此强烈地坚持把先进资本主义社会的'工人阶级'作为历史主体，甚至是最重要的主体，尽管现在有真正令人印象深刻的历史证据与这种期望相反。我认为，这种劳动形而上学是维多利亚时代马克思主义的遗产，现在看来是相当不现实的"，米尔斯还提出了"文化机器，知识分子——作为一种可能的、直接的、激进的变革机构"[①]。汤普森对这样的观点不甚同意，并重申了形塑工人阶级意识的重要性。

汤普森指出，一个阶级是通过它的历史作用来定义它自己的阶级的。在马克思看来，一个阶级用历史的术语来定义自己，是因为这些人意识到他们的共同利益，并发展出共同组织和行动的适当形式。因此，马克思主义的阶级概念是一个历史概念，它考虑到客观和主观决定因素的相互作用。阶级的历史概念包括与另一个或多个阶级的关系，它不仅包括一个阶级内部的共同利益，而且也有与另一个阶级的共同利益。在人们的政治和文化生活中，阶级的形成是一个复杂的、矛盾的、不断变化的、从不静止的过程，在这个过程中，人类的作用涉及各个层面。传统观点认为工厂工人是工业革命的长子，他们从一开始就构成了工人运动的核心。因此，在社会主义传统中，有一个很有影响的关于工人阶级的概念，即工人阶级意识的起源和发展是大规模工厂生产发展的结果，而大规模工厂生产的必然趋势

---

① E. P. Thompson, "Revolution Again!", *New Left Review I*, Vol. 6, No. 6, 1960, p. 23.

必然是产生革命意识。但是,汤普森指出,工人阶级的成分十分复杂,它可以分为许多组成部分。"我们不仅发现了工厂的无产阶级(其本身又细分为工头、熟练工人、妇女和青少年),而且还发现了数量多得多的工匠和外工;还有矿工、农业工人、海员、爱尔兰移民工人等。此外,我们经常发现(尤其是在宪章时代),工人阶级中最具革命意义的'突击部队'根本不是工厂的无产者,而是沮丧的手工工人;而在许多城镇,包括大型工业城镇,工人运动的实际核心主要是由工匠——鞋匠、马鞍匠和马具匠、建筑工人、书商、小商贩等组成的。此外,他们远非优柔寡断的'小资产阶级'分子,他们往往(正如乔治·鲁德在《法国大革命中的群众》一书中发现的那样)是工人运动中最坚定、最具自我牺牲精神的参与者。19世纪中期伦敦的广大激进地区,其力量并非来自主要的重工业(码头工人和工程师直到19世纪后期才崭露头角),而是来自一系列较小的行业和职业——车夫和马车建造者、面包师、仆人、街头小贩、马车夫、啤酒酿造者、造纸工人、锅炉工人、钟表匠、帽匠、制刷工人、印刷工人……"[①]

正因如此,汤普森认为,早期的工人阶级意识是由多种多样的元素共同造就的,而且早期工人阶级意识并不是在工厂无产阶级中产生的,而是在矿工、织工和工匠中形成的。但在宪章运动后的几十年,由于资本主义的"丰裕侵蚀",工人阶级的阶级意识有所弱化。"手工工人太消沉、太沮丧、年龄大,无法继续战斗;技术工人找到了在现有体制内提升自己的方法,而非技术工人又陷入了'冷漠'。具有讽刺意味的是,那些通过组织直接成功地改善了自身条件的工厂工人发现,组织把他们的精力从宏大的阶级鼓动中转移了,转向适应和阶级协作的政治中。"[②] 汤普森分析了造成这

[①] E. P. Thompson, "Revolution Again!", *New Left Review I*, Vol. 6, No. 6, 1960, p. 25.
[②] E. P. Thompson, "Revolution Again!", *New Left Review I*, Vol. 6, No. 6, 1960, p. 26.

种现象的原因是多方面的，社会经济条件的变化、政党政治的手段、资本家处理阶级矛盾的方式变化等都有影响。比如经济发展带来的贫困和失业人数的减少，国家给工人阶级提供了教育和其他社会流动的机会，资本家对工人待遇一定程度的提升，大众媒体的宣传，"机会主义"意识形态的流行，资本家用消费者的身份来操控工人的新方法，等等。此外，工人阶级自身结构的变化也对工人阶级意识的变化造成重要影响，比如工业和服务业人数比例的变化，第一产业和第二产业工人数量的比例变化等。这些因素造成一种所谓的"无阶级"的意识在工人阶级中滋长，越来越多工人尤其是年轻人不认为或者不愿意认为自己是工人阶级。到20世纪中期以后，工党优势和吸引力的逐渐丧失更是加重了这种现象。在汤普森看来，20世纪上半叶曾经独具特色的工人运动形成的条件已经发生了变化。英国工人运动的主要意识形态已不在于革命的阶级意识的表达，而在于把阶级的不满发泄到自由激进的纲领上。工党的诉求不再是建立一个新制度，而只是在现有制度中寻求公正公平。曾经工党和保守党的界限是比较分明的，但在第二次世界大战以后保守党进行了"改良"，也开始强调人道主义的劳资关系、健全的社会管理制度等，这使得工党的传统优势逐渐丧失。而且工党政治家的言论变得越来越空洞和虚伪，他们不是为所有人或者普通人说话，而是为既得利益者说话，从而使工党在弱势群体那里也失去了吸引力。

汤普森对阶级意识的弱化带来的结果做了警示，提出这将可能带来工人阶级的分裂和"消解"。"'工人阶级'（就其划时代的含义而言）从中间分裂的危险是真实存在的，而且可能是日益增加的。一方面，我们将拥有'老'工人阶级，他们聚集在北部和苏格兰的矿井和重工业周围，坚持其传统价值观和组织形式。另一方面，'新'工人——大多数年轻工人将自己视为其中一员——接受'无阶级'的意识形态，对传统的劳工运动不感兴趣或怀有敌意。毫无疑问，传统的'老'阶级诉求不仅有深深打动我们的美德，而且也有狭隘的、贫瘠的特征——一种许多年轻劳动者所厌恶的防御性和排他性。确实,如果认为或肯定自己是工人阶级的人越来越少,这就表达了一种文化现实,不能用'虚假意识'这个词来反驳;它表明了一个关于那些——就客观因素而言——仍然是劳动人民的人的意识的重要事实。社会主义者可能会争辩说,将'旧'与'新'结合起来的共同利益远比分裂它们的共同利益重要;但事实将是,许多劳动人民几乎没有意识到他们的阶级身份,而且非常清楚他们渴望摆脱阶级的狭隘特征。如果这些趋势继续下去,我们可能会看到'旧'派的态度会变得强硬,将捍卫部门利益与真正的卢德派式固执结合起来;而在'新'社会中,无阶级意识将为贪婪的社会提供强大的力量。"[1]

因此,汤普森强调,在这样的社会中,新左翼的目标就是要重建并创造一种新的意识。在新左翼政治运动比较活跃的时期,新左翼的许多工作都是为了对这种新意识进行定义和创造。他们发表的一部分文章解释了20世纪60年代英国的经济和政治权力中心所在,呼吁必须在大商业寡头和人民之间寻求意识的分裂。创造新意识在工党右翼和老左翼那里都没能做到。工党右翼只在乎特权和自身利益,他们把议会当作精英的俱乐部。而老左翼则对工薪阶层、专业工人和所有没有从事基础工业的工人普遍抱有怀疑态度。所以在汤普森看来,这一使命就到了新左翼身上,但是他也指出新左翼所做的工作,在创造新意识上的努力成果还不够,必须继续找到更好的方法,挖掘出更多资本主义社会不民主的事实以及那些占据权力中心的人不负责任的行为的例子,使人们明白,这些不民主和不负责任并不是某个或某些孤立的暴行,而是阶级特权和阶级不公的表现。新左翼追求的新意识有这样的几个特征:首先是强调"社会共同价值",从社会平等而不是机会平等的角度重新定义共同利益,重新强调社区的价值。新左翼希望尝试探索一种新的社会主义政治语言,这种语言体现了一种与平等社会相一

---

[1] E. P. Thompson, "Revolution Again!", New Left Review I, Vol. 6, No. 6, 1960, p. 27.

致的对工人的态度。其次是模糊"阶级界限",团结不同的工人阶级群体。新的"工人阶级意识"相比于20世纪30年代的"工人阶级意识"应更为广泛和包容,减少阶级界限,因为新左翼认为强迫工人阶级的意识回到旧时代可能会使部分工人阶级被孤立。汤普森强调了阶级意识的概念本身就要求个人承认比个人利益更大的价值,新左翼运动和思想也不断强调这一点的重要性。最后是指出新的意识可能会成为一种革命性的意识。因为对共同利益的强调意味着对整个资本主义制度的革命性批判。人们提出的公有制、福利、民主等方面的要求,不能只是通过小修小补来解决,在为实现这些要求而奋斗的过程中,人们将通过经验认识到资本主义的不负责任与普遍福利之间的不相容和矛盾,进而认识到以革命实现变革的必要性。[①]对新意识的创造在汤普森看来十分重要,应当被视为社会主义者的永恒事业,因为如果社会主义者不去创造新意识,资产阶级也许就会抢夺这一意识形态阵地。在汤普森眼中,政治意识不是自发产生的,它是政治行动和政治技巧的产物。此外,对新意识的创造离不开对物质因素的重视。汤普森强调,对于工人阶级之间,比如矿工与白领、技术工人与纺织工人、体力劳动者与脑力劳动者之间的共同物质利益需要给予重视。新左翼应当积极努力将旧的工人力量和新的工人力量团结在一起,新左翼运动的开展、新左翼俱乐部等的创立就是希望建立这样理解的桥梁。汤普森希望通过新左翼的努力来让青年了解社会主义的传统,让老左翼与新生的社会主义者接触,帮助他们摒弃一些老旧的思想。为实现这些,新左翼需要做出更多具体的行动。

[①] E. P. Thompson, "Revolution Again!", *New Left Review I*, Vol. 6, No. 6, 1960, p. 27.

◇◇ 第三节　新左翼的政治使命

一　福利资本主义制度的缺陷

英国新左翼将福利资本主义制度的主要问题概括为以下几点：第一，福利资本主义制度无法解决社会的主要矛盾。它使人们误认为问题是暂时的，而实际上这些问题是永久性的，这个体制只能为上层阶级牟利。"这个体制不是为了大多数人民设计的，提高生产力、充分就业、真正的社会安全、人文教育、和平与裁军等这些并不是它的目的，只不过是它生存的条件。"[1] 第二，福利资本主义制度无法准确发现和解决社会出现的新问题。它反对社会变化，又要面对变化中的社会出现的新需求，却无法从根本上解决这些问题。"它无法提供不断增长的工作和娱乐需求，无法使人们参与到城市环境的真正的共同体中，无法为女性提供完全平等的平台，无法使人从机器般的生活中解放出来。它能提供的只是时尚的噱头和替代品。当面对异议、冷漠和暴力时，它能提供的只是新的操控、新的控制和强制形式，它无法结束这些并建设一个负责任的、合作的、平等的社会。"[2] 第三，福利资本主义制度无法与真正具有斗争性的政治政党和运动合作。所以它想方设法使这些政党和运动失去意义，在实践中使人们混淆并失去对这些政党的重要性和价值的认识，阻止人们参与到这些运动中。例如使工党丧失建设新的更好的社会的理想，使工会失去对工会成员改善他们的生活条

---

[1] Stuart Hall, Raymond Williams, and Edward Thompson, "From the May Day Manifesto", in Carl Oglesby ed., *New Left Reader*, New York: Grove Press, 1969, p. 140.

[2] Stuart Hall, Raymond Williams, and Edward Thompson, "From the May Day Manifesto", in Carl Oglesby ed., *New Left Reader*, New York: Grove Press, 1969, p. 140.

件的许诺等。第四,福利资本主义制度无法承受当今世界的压力。尽管资本家宣称福利资本主义的生活方式是天堂,却无法避免时时面临着战争的压力,从而不得不进行大规模军备重整。这是它无法解决的矛盾,这个矛盾成为福利资本主义的薄弱点,也是社会主义者有可能推动转变并最终摧毁这个制度的关键点。

二 社会主义者的责任

在《理性者》中,汤普森和萨维尔就如何通向社会主义提出:第一,要从对苏联不加批判的接受态度中解脱出来。第二,要在英共党内[①]进行重新创造,更加清楚地认识社会主义社会的特质,包括经济基础、社会关系、政治制度,以及对当代英国更准确的认识等。第三,要把对社会主义的新认识运用到英国的日常斗争中,将社会主义作为一种实际的、常识性的、理想的、直接的可能性来追求。具体在英国的做法可以是:其一,对社会主义进行宣传,考虑工人阶级的知识水平、经验、民主传统和组织成熟度等;其二,反对英政府的帝国主义行为,研究帝国主义的本质和弱点;其三,了解垄断资本的一般形成和资本主义的新变化;其四,坚持为提高生活水平而斗争,不仅如此,还应为更和谐的社会关系、新价值观的实现、机会的增加、更加公正的社会而努力。[②]

在 20 世纪 60 年代英国国内外环境背景下,新左翼希望社会主义者能够在机遇和挑战并存的情况下承担起责任,有所作为。第一,要积极参与到各种斗争和社会行动中,打破冷漠的资本主义体制,使人们能够真正掌控他们的国家。"我们要开展一种新型的运动,一种关于需求和问题的运动。在未来几年,这个体制的调整的失败将会引发在特定问题上的持续的斗争,

---

[①] 当时汤普森和萨维尔还没退出英国共产党。
[②] Editorial, "The Case For Socialism", *The Reasoner*, Vol. 2, No. 2, 1956, pp. 5–6.

第七章 革命战略：英国新左翼的通往社会主义之路

这些问题代表着数百万人的迫切需求和期望。我们打算作为盟友加入这种形式的社会冲突中，并跟进它们。我们会把这些冲突视作很好的机会去解释这个欺骗我们的体制的特征，并作为一种改变公众意识的方式。因此，在各个不同的社会和政治领域的分开的行动过去是我们的弱点，现在反而成为我们的优势。"① 第二，寻求广泛的支持。改变当前的政治机器，寻求各个团体和广大群众的支持，通过教育、宣传、讨论、相互协商和支持等方式，将他们团结在一个共同的目标下，同时要使组织形式符合社会主义者所追求的社会主义共同体的要求。第三，坚持不断地"运动"。在不断运动中逐步推动社会生活各个方面的变化，只有当整体意识出现广泛变化，社会生活的方方面面都发生了转变以后，真正的改变才会到来。"在这个必要的过程中，我们要像我们的对手那样保持选择的权利。当前的政治结构承受着巨大的压力，这个压力也许还会加大。我们不打算采取任何过早的行动使左翼被孤立，或使我们的实际的和潜在的支持者混淆。如果我们的分析是正确的，社会主义者必须要使他们的声音一遍又一遍地被听到，不仅是在办公室和会议室中，还要使越来越多感受不到当前政治形势的人听到。现在最重要的是'运动'。对于那些认为不改变工党就没有未来的人来说，我们的回答是，要想改变它就必须拒绝它的政治机器的定义和要求。真正的改变如此之大如此之复杂，它只能作为意识的广泛变化的一部分，并作为在生活的许多领域的多方面的斗争的结果才会出现。"② 第四，要善于利用时局，如威尔士和苏格兰的民族主义政党的崛起、选举改革等，形成对当前体制的压力，并创造新的机会、推动社会变革。

---

① Stuart Hall, Raymond Williams, and Edward Thompson, "From the May Day Manifesto", in Carl Oglesby ed., *New Left Reader*, New York: Grove Press, 1969, pp. 141-142.

② Stuart Hall, Raymond Williams, and Edward Thompson, "From the May Day Manifesto", in Carl Oglesby ed., *New Left Reader*, New York: Grove Press, 1969, pp. 142-143.

三 新左翼的政治目标

英国新左翼认为 20 世纪 50—60 年代英国政治的主要分歧在于接受还是拒绝福利资本主义。但在选举制度下，工党和保守党都为了争取选民而逐渐模糊了这种界限。新左翼主张要使这条界限重新变得清晰明确，这也是左翼最紧迫的政治任务。新左翼和传统左翼的原则性区别是对政治权力的本质以及对相关的政治行动的看法不同。英国新左翼对工党是极为失望的。20 世纪中后期，英国工党陷入了分裂状态，工党左翼主张更多的国有化、单边核裁军和党内民主，反对加入欧共体，右翼则支持北约、发展核武器并加入欧共体。这种分裂严重影响了工党的发展，以至于在 1951 年至 1964 年连续三次大选失败。"工党的分裂及两党在政策上的一致，使保守党能够继续执政，并且从执政期间的经济繁荣中捞取政治资本。"[①] 新左翼认为工党已经在工人阶级和现有的国家权力之间逐渐妥协，包括工党左翼也已在社会主义目标和现有的政党制度结构之间的妥协中逐渐偏离初衷，新左翼的目的就是要结束这种妥协和中间路线，"通过实际的政治路线而不是那种所谓的有利于选举的路线来结束共识政治体制"[②]。

新左翼宣称它的政治使命是建立未来一代的社会主义，推动新兴的政治进程，而不是支持一个既有的已经开始衰落的政治形式。新左翼的社会主义旨在面向未来，建立未来的政治结构。因此，新左翼主张推动更多的实际行动，并呼吁更多人的支持，以实现社会主义的理想。

新左翼对第二次世界大战后资本主义和帝国主义的分析有其独到和深

[①] 钱乘旦、陈晓律、陈祖洲、潘兴明：《日落斜阳——20 世纪英国》，华东师范大学出版社 1999 年版，第 77 页。

[②] Stuart Hall, Raymond Williams, and Edward Thompson, "From the May Day Manifesto", in Carl Oglesby ed., *New Left Reader*, New York: Grove Press, 1969, p. 139.

刻之处，他们的抨击批判对当时沉浸在"丰裕社会"中的人们确有醍醐灌顶之效。"和平革命"战略的提出也具有一定新意，可是在重塑社会和进行社会主义革命的策略方面却流于空想，可行性措施乏善可陈，缺乏实际行动能力和组织能力。新左翼从未成为一个拥有严密组织和统一思想指导的政治团体。与大多数知识分子主导、脱离人民群众的政治运动相似，新左翼运动最终也不免消亡的命运。可是从另一个角度来看，如何评判一个运动是否成功？如果以是否实现运动所有的诉求为评判标准，那么新左翼运动也许是失败的。它没能改变资本主义的社会结构，主张的社会主义革命也没有到来。但若从推动社会的进步角度来看，它影响了之后的和平运动、生态运动、女权运动等新社会运动。新左翼学者也留下了丰富的思想遗产，活跃在当代欧美思想舞台上的重要左翼思想家大多受到新左翼运动的深刻影响。新左翼提出的许多观念已经深深渗透进人文社会科学研究领域中。作为一种"异见"的存在，它给政府造成了压力，因此在客观上推动了社会的改革进程。

第八章

英国新左翼在左翼谱系中的地位考察与当代世界社会主义展望

英国新左翼与传统左翼相比，在"理论基础：如何看待马克思主义""价值取向：追求什么样的社会主义""实践战略：如何实现社会主义"和"历史方位：在左翼谱系中的相对位置"这四重维度中各有特点。从横向来看，在第二次世界大战后英国左翼谱系的几个主要流派中，根据观点立场的区别，从左至右依次是英国共产党、英国新左翼、英国工党左翼、英国工党右翼。从纵向来看，英国新左翼在第二次世界大战后的社会主义发展史中处于承前启后的位置，既承继了传统左翼的思想和运动特征，又为20世纪后期社会主义运动的多元化发展奠定了一定基础。英国新左翼推动了马克思主义在英国的传播，促进了英国马克思主义的发展；奠定了文化马克思主义的基础，推动了文化政治学的深化；构成战后英国社会主义史的有机组成部分，丰富了西方政治思想资源；深刻影响了战后西方人文社会科学的思想格局，并对战后的左翼政治观念、工人运动、激进社会运动、政治生活的许多方面都产生了影响。但作为政治运动和思想运动，英国新左翼也有其难以克服的局限性。作为政治运动，新左翼运动的退潮一方面源于内部的问题，另一方面也和外部环境的变化有关。作为思想运动，新左翼思想没能上升为系统化、体系化的理论；早期新左翼深受伦理社会主义影响，将社会主义视为一种道德的理想，带有比较浓厚的乌托邦色彩；

在新左翼思想中还存在经济范畴的理论盲点。这些局限最终制约了新左翼的发展。第二次世界大战后西方左翼曾经历了由繁荣到低迷、改革、在曲折中奋进的发展历程。对于当代西方左翼而言，想重现往日辉煌仍然存在一些严峻的外部和内部困境。当前的世界社会主义发展既面临内外挑战也有着时代机遇。在挑战方面，资本主义生产方式有了新发展，发生了新变化，出现了新形式；右翼民粹主义势力的崛起给左翼带来更大压力；社会主义阵营内部分化较为严重，尚未形成团结的统一体。在机遇方面，当前资本主义世界正面临严峻的危机和深刻的经济、政治、社会及文化矛盾；在经历调整和重组后，左翼力量有所恢复，一些共产党和社会民主党在本国政治舞台中发挥越来越重要的作用；中国、越南、古巴、朝鲜、老挝这些坚持社会主义方向的国家通过改革取得重大成就，成为与资本主义抗衡的重要力量，当前世界社会主义核心力量东移，中国成为世界社会主义的中流砥柱。

◇ 第一节　英国新左翼、英国共产党和英国工党思想比较

要了解英国新左翼在左翼谱系中的方位，就需要辨析新左翼与传统左翼的区别。作为在战后英国具有代表性的左翼力量，英国新左翼与英国工党、英国共产党在"理论基础""价值取向""实践战略"和"历史方位"四重维度中展现出不同之处。这四重维度围绕着四个核心问题展开："如何看待马克思主义""追求什么样的社会主义""如何实现社会主义"以及"在左翼谱系中居于什么位置"。四重维度呈现出以下关系：对马克思主义的理解往往构成左翼思想的基础；这一基础直接影响了左翼追求社会主义的价值取向；实践战略是对社会主义实现路径的思考，受到理论基础和价

值取向的深刻影响；前三重维度共同决定了第四重维度，即在左翼谱系中居于何种历史方位。这四重维度的内在逻辑构成了左翼的基本理念。[①]

一 英国共产党和英国工党的发展历程

（一）英国共产党

英国共产党（以下简称"英共"）成立于1920年，是英国工人阶级为实现社会主义而斗争的产物。1920年7月31日至8月1日，"共产主义团结大会"在伦敦召开，英国共产党成立，首任书记为英克平。英共起初是由英国社会党、社会主义工党中的共产主义统一派以及南威尔士共产主义委员会的代表等组成，刚开始人数大约有2000—3000人，后来共产主义工党、工人社会主义联盟、独立工党的左翼也陆续加入英共。英共创党初期设立了党报《共产党人》和理论月刊《共产主义月刊》，其中《共产党人》在1930年更名为《工人日报》，1966年改名为《晨星报》。1921年4月英共通过了党的临时章程，通过了"参加共产国际""工人阶级夺取政权""无产阶级专政""与世界各国战斗的共产党人取得联系"等决议。英共成立初期所做的工作主要是对内领导工人罢工、对外支持殖民地人民反帝斗争。1935年英共发表了系统的党纲《争取建立苏维埃英国》，之后于1951年、1957年、1968年、1977年和1988年分别进行了党纲修订。其中，1951年的党纲《英国走向社会主义的道路》提出了"和平过渡到社会主义"的可能性，对战争与和平、民族独立、人民民主、社会主义国有化、增加社会服务、加强劳动人民的团结、壮大共产党组织等问题进行了阐发。

英共和英国工党的关系与英共发展一直紧密相关，两党长期处于既合作又斗争的状态。英共成立初期许多英共党员同时也是工党党员，但工党

[①] 参见黄斐《二战后英国左翼谱系考察——英国新左翼、共产党和工党思想比较》，《科学社会主义》2021年第1期。

第八章　英国新左翼在左翼谱系中的地位考察与当代世界社会主义展望 **253**

对英共抱有强烈的警惕性，一开始就存在阻止英共党员加入工党的声音。20世纪20年代末英共和工党关系逐渐紧张。1929年经济危机后，共产国际要求英共与工党决裂，导致英共陷入被孤立状态，共产主义运动遭遇挫折。1932年以后英共又逐渐试图缓和与工党和工会的关系，注意与劳工运动中的左翼增加联系，组织参加工人罢工。第二次世界大战期间英共积极加入反法西斯战争，组织了"国际纵队英国营"，对外抗击法西斯主义，对内反对绥靖主义，在战争期间力量迅速发展壮大，人数一度上升至5.5万人。这期间英共和工党的关系一度得以缓和，两党合作抗击外敌，英共还在1945年大选中支持工党获胜。但由于信仰不同，对社会主义实现路径的看法也不尽相同，战后两党关系再度紧张起来。英共对工党的态度由支持转为批判，工党也拒绝了英共集体加入工党的要求，并开除了工党政府中的英共党员。英共认为工党偏离了社会主义路线，在向资本主义靠拢。工党则视英共为苏联在英国的代理人，很快发起反共运动，导致在1950年的大选中英共连议会中仅有的2个议席也失去了。

第二次世界大战后英共经历了几次分裂。第一次发生在1956年，在苏共二十大上赫鲁晓夫所作的《秘密报告》传出和波匈事件之后，一些英共党员因对英共盲从苏联的态度不满而退党。第二次发生在20世纪60年代国际共运大论战期间，英共内部因对国际共运路线看法不同而发生分裂，部分党员被开除并于1968年4月自组"英国共产党（马列）"。第三次发生在20世纪70年代中期，围绕英共与苏共的关系问题党内又起纷争，1977年部分党员另起炉灶成立"新英国共产党"。第四次发生在20世纪80年代，以党刊《今日马克思主义》主编马丁·雅克为首的多数派和以党报《晨星报》主编托尼·蔡特为首的少数派发生争论。《晨星报》主编和一部分党员被开除出党，之后他们成立了"共产主义运动小组"。几次分裂使英共元气大伤。苏联解体、东欧剧变发生后，英共放弃了过去的理论路线和斗争政策，在1991年更名为"民主左派"，变成一个民主社会主义团体。原"晨星派"

则接过了"英国共产党"这个名称和旗帜,之后人们所说的英国共产党指的就是原"晨星派"改组后的英共。

英共对于社会主义的基本立场是:第一,人们面临的重大社会和经济问题只能通过结束资本主义和社会主义才能最终得到解决。第二,为了实现社会主义,工人阶级及其同盟军必须从资产阶级手中夺取政治、经济和国家的权力。第三,将占有社会主义议会多数与议会外群众斗争相结合,进行社会主义革命。第四,需要发展能使英国走上社会主义道路的力量,并把它们团结在工人阶级领导的包括绝大多数人民的广泛的民主联盟之中。第五,建设一个比现在大得多的共产党,对实现上述联盟和向社会主义迈进来说是不可缺少的。第六,工人阶级及其同盟军赢得政权,不是一举可以成功的,而是要经历一个斗争过程。第七,英国走向社会主义的道路是通过最充分地发扬民主,结束垄断资本的统治、给予人民控制经济的权利,并把议会改造成为表达绝大多数人民意志的民主工具和本国最高权力机构。在英国,民主政党都将享有活动的自由,出版将有真正自由,工会将有独立地位,经过多个世纪斗争才赢得的公民自由权将得到巩固和扩大。[①]

(二) 英国工党

作为英国影响力最大的左翼政党,工党成立于1900年,原名"劳工代表委员会",是当时各社会主义团体包括费边社、独立工党、社会民主联盟和各职工会以及一些小型社会主义团体等组成的联盟。1906年组成议会党团,名称改为"工党"。1922年在大选中获得议席数量超过自由党,成为英国第二大党,结束了英国由保守党和自由党组成的两党制局面。工党在1924年和1929年曾以少数党上台执政,1945年在大选中获胜,首次作为多数党上台执政。工党在1918年宣布党纲党章《工党与新社会制度》,在第

---

① 中共中央党校科学社会主义教研室、国外社会主义问题教研组编:《欧洲共产主义资料选编》(下),中共中央党校科研办公室1985年版,第192—193页。

四条第四款提到要实行社会主义公有制,废除社会主义私有制,原文是"在生产、分配和交易工具的公有制以及目前关于各种工业或服务部门大众化行政和管理的最切实际的基础上,保证从事体力或脑力劳动的工人获得他们的全部劳动果实并由此获得可能的最公平的分配"[①]。但在 20 世纪中后期工党不断民主社会主义化,直到 1995 年最终废除了党章第四条中的公有制内容,以混合经济的内容取代。第二次世界大战后到目前为止工党执政四次,分别是 1945—1951 年,1964—1970 年,1974—1979 年,1997—2010 年。

　　战后工党推行的核心施政纲领是建立社会主义国有化的"福利国家"。工党奠定的福利政策被后来上台的保守党所继承,开启了战后英国"共识政治"的时代。在第一次执政期间,国有化和社会福利政策奠定了英国"福利国家"的基础,但同时也产生很多问题。比如在国有化的具体执行上与保守党政见不同,国家干预政策遭到党内外的非议,资产阶级反对国有化程度进一步扩大,工人阶级因没能取得企业的决策权和管理权而不满,普通群众则对一些国有化企业产生的官僚主义和低效率颇有微词。在拿不出新的纲领和政策来解决这些问题的情况下,工党在 1951 年的大选中败给了保守党,开始了长达 13 年的在野阶段。1964 年工党发布竞选宣言《新英国》,避开国有化这一已然没有新意的纲领,另辟蹊径提出要使英国经济实现进一步现代化、使社会更加公正平等、建立新英国的目标,并提出通过教育革命和科学革命来实现这一目标,成功赢得大选。为解决国有化带来的问题,1964 年工党上台执政后,哈罗德·威尔逊(Harold Wilson)政府尝试用"计划化"代替"国有化",制订经济计划,加强国家干预,限制市场经济。起初几年新政取得了一定成果,但 1967 年阿以战争爆发,资本主义经济危机再度席卷世界,英国再次陷入经济窘境。工党政府采用强制性

[①] [英] C.R. 艾德礼:《工党的展望》,吴德芬、赵鸣岐译,商务印书馆 1961 年版,第 24 页。

工资和价格控制的办法缓解危机，但收效甚微，而且因限制工会权力抑制工会罢工而与工会关系日渐紧张。此后，国家经济急转直下，通货膨胀严重，"英国病"越发棘手，最终在1970年的大选中工党败给保守党而再度成为在野党。在这个过程中，工党内部的分裂也越发严重，工党左翼力量增强，工党和工会内部呈现急剧向左转的趋势。保守党上台后同样没能解决"英国病"的问题，因此在1974年工党再次上台执政。由于这一时期左翼力量在党内占据上风，工党主要从几方面解决英国的危机：掀起了第二次国有化的高潮；尝试以"工业民主"的方法扩大改造资本主义工业的范围；利用同工会的特殊关系，以废除1971年保守党政府制定的"劳资关系法"和税制改革等为条件，使双方达成"社会契约"，规定分阶段实行工资增长。[①] 这些政策一定程度上缓解了危机，使通货膨胀率有所下降，但仍然无法彻底解决问题，因此在1979年工党再度下台。此后便开始了撒切尔夫人（Margaret Thatcher）的新自由主义时代，直到1997年工党年轻的新领袖托尼·布莱尔（Tony Blair）提出"第三条道路"，工党焕发新的生机，终于在长期在野后重新执政。

长期以来，内部矛盾和分裂是工党最严重的问题之一。在工党内部派别林立，其中尤以左翼和右翼之间的斗争最为激烈。左翼和右翼在不同阶段的主要分歧有以下几点：第一，外交政策。战后工党左翼对右翼联美抗苏，与美国保持特殊关系的外交政策极为不满。两派内斗是工党1951年下台的原因之一。第二，关于党章第四条的修订。在20世纪60年代，针对长期在野局面，工党右翼认为必须要有所改变，去掉意识形态色彩，将工党由工人阶级政党改变为全民政党，以争取其他阶层的支持，因此有必要删去党章第四条中关于社会主义公有制的内容，代之以混合经济制度，遭到工党左翼的强烈反对。第三，防务政策。工党左翼从反对战争维护和平的

---

① 参见刘建飞《英国政党制度与主要政党研究》，中国审计出版社1995年版，第171—172页。

角度出发，反对核武器，主张工党应当采取单边核裁军政策。而工党右翼则认为为抵抗苏联威胁，有必要拥有自己的核武器。在1961年的年会上，两派就核武器问题进行投票，结果右翼的赞成发展核武器的提案被通过，左翼受到打击。第四，争夺党的领导权。战后在工党内部右翼长期占据领袖职位，但从20世纪60年代末开始工党左翼力量迅速发展，在与右翼的博弈中最终于20世纪70年代末夺取了工党的领导权。党内斗争使工党的支持率大跌，从20世纪80年代到90年代工党都未上台执政，党内的不团结和分裂是重要原因之一。

20世纪80年代后期，为重建工党地位，阻止工党继续衰落下去，工党领袖开始对工党实行改革，从左向中间靠拢，试图团结各派别，形成合作的领导集团。经过金诺克和约翰·史密斯的努力，改革初见成效。1994年，托尼·布莱尔被选为工党领袖，继续革新工党的方针，提出建立"新工党"的口号。在经济理论、财政政策、与工会的关系等方面均作出调整。最主要的是修改了党章第四条，废除了原党章中的公有制条款，代之以混合经济政策。"新工党"政策的推行改变了工党的形象，使工党从一个左翼政党变成中间政党。从短期来看，工党吸引了一大波中间选民，为1997年在大选中获胜奠定了基础。但从长期来看，也使工党与保守党之间的政策区分度越来越小，失去了自身的阶级特性，与工人阶级政党的身份渐行渐远。

二 理论基础：如何看待马克思主义

在这三个流派中，新左翼出现时间最晚，其思想很大程度上是基于对英共和工党理念的批判而形成，这在其理论基础、价值取向和实践战略等方面皆有体现。英共以科学社会主义为理论基础，旨在将这一理论运用于英国和世界。原英共书记约翰·高兰（John Gollan）曾表示，英共继承了英国宪章运动的革命传统，重申了社会主义早期先驱者的奋斗目标，维护马克思主义理论，拒斥阶级合作的改良主义思想。① 英共的基本特征是：第一，建立在马克思列宁主义包括正在形成的英国的马克思主义传统的基础上；第二，扎根于工人阶级，为开展社会主义革命而组织；第三，坚持民主集中制；第四，主张国际团结，与其他国家的共产主义运动建立密切的联系。② 工党的思想基础则主要是民主社会主义、费边社会主义、工联主义、激进自由主义和道德社会主义等。工党对自身的定位就是民主社会主义政党。"国有化"和"福利政策"是战后工党的核心主张，但英共认为，在工党右翼的"国有化"背景下，收归国有的工业无法成为社会主义经济的基础。因为大企业大工业仍掌握在私人资本手里，这些大企业大工业是被用来为资本主义谋利益而不是为劳动人民谋福利的。对于工党右翼政府主张的与资产阶级合作的思想，英共认为这是通过向资本主义投降的方法来分化和破坏工人运动的行径。新左翼则既继承了马克思主义，又吸收融合了民主社会主义、伦理社会主义和本土激进主义等。新左翼吸纳了马克思主义中的"人道主义"传统，也认同其他思想的部分元素，如伦理社会主义对"道德"的强调深刻影响了新左翼。汤普森就继承了伦理社会主义的浪漫主义传统，并坚持认为"马克思早期的思想与浪漫主义传统息息相关"③，主张通过德性的重构来实现社会主义。新左翼延续了马克思对资本主义的辩证批判立场，既肯定了第二次世界大战后资本主义的新变化对社会带来的改变和进步，也对"福利资本主义"带来的问题作了无情揭露。在20世纪50—60年代"福利资本主义"风头正盛时，新左翼就已从社会阶层、社会价值理念、"丰裕社会"、现代化、共识政治、人文科学等角度

---

① 参见[英]高兰等《英国共产党三十年》，符家钦等译，人民出版社1953年版，第6页。

② 参见中共中央党校科学社会主义教研室、国外社会主义问题教研组编《欧洲共产主义资料选编》（下），中共中央党校科研办公室1985年版，第217—218页。

③ E. P. Thompson, "Romanticism Utopianism and Moralism: The Case of William Morris", *New Left Review I*, Vol. 99, No. 5, 1976, p. 94.

揭露了"福利资本主义"和"消费资本主义"的问题，同时还对战后以美英为首的"新帝国主义"进行了严厉批判。新左翼对"福利资本主义"和"新帝国主义"的批判性考察，构成了对资本主义秩序的挑战，为当时的社会主义者对资本主义进行理论性、规范性批判提供了有力的理论力量。

三 价值取向：追求什么样的社会主义

英共希冀达到的目标是夺取政权，消灭资本主义，进而建立共产主义社会。① 英共理想中的共产主义社会"是一个没有阶级的社会，在这个社会中，国家作为阶级统治工具的必要性将消失。这个社会将没有剥削，应用科学和技术使人民从单调的劳动中解放出来，扩大休息、教育和文化事业，以使人类的能力得到充分发挥，在这个社会中，正像马克思和恩格斯在《共产党宣言》中所说的'每个人的自由发展是一切人的自由发展的条件。'"② 英共追求的社会主义是资本主义剥削的终结，是经济萧条和失业的终结，是战争危险的终结，最终目标是实现人民的自由。人民的自由又是什么呢？"就是免于贫困和不安全的自由，就是男人、女人和孩子们能够平等地充分发展自己的才能的自由。对于妇女来说，社会主义就是在国家的社会、经济和政治生活上与男子平权；对于青年来说，社会主义就是用国家的一切资源来为他们开辟新的天地；对于家庭来说，社会主义就是真正的家庭生活、更充分的权利和以安全对个人的新的尊重为基础的更亲密的

---

① 参见［英］高兰等《英国共产党三十年》，符家钦等译，人民出版社1953年版，第6页。
② 参见中共中央党校科学社会主义教研室、国外社会主义问题教研组编《欧洲共产主义资料选编》（下），中共中央党校科研办公室1985年版，第257页。

情谊。"① 在后来的党纲修订中,英共进一步提炼了社会主义的定义:"社会主义是这样一种形式的社会,在这种社会中,工厂、矿山、交通、银行和土地——一切生产、分配和交换的手段——都为全体人民所有,为全体的利益服务。"② 不同于英共的共产主义目标,工党虽然在20世纪早期曾声明希望建立"无阶级社会",但后来不断淡化阶级色彩,将目标修改为建立"自由的社会"这种比较模糊的说法。前英国首相艾德礼(Clement Attlee)曾表示,工党的宗旨是建立合作的联邦和一个自由、安全、平等的民主政治社会。"我们想要给与这个国家的每个男女和儿童一个机会,来过一种我们的岛国资源所容许的最丰富的生活。"③ 相较英共和工党的价值取向,新左翼追求的是一种人道主义的社会主义目标。新左翼在反思传统意识形态的基础上,试图挖掘马克思主义中的人道主义内核,重构马克思主义道德观,构建一种以道德为核心的人道主义的社会主义。在对历史唯物主义理论进行重新审视的基础上,新左翼尝试将马克思主义的科学方法与人的自由、理性以及具体的历史传统相结合,通过把人从物的奴役或经济必然性的奴役中解放出来的方式来实现人的自由全面发展。④ 新左翼的社会主义人道主义的基本特点是试图突出马克思主义中的人道主义精神,彰显人的历

---

① 英国共产党:《英国走向社会主义的道路》,李同译,人民出版社1953年版,第14页。

② 英国共产党:《英国共产党第二十五次代表大会文件》,世界知识出版社1957年版,第127页。

③ 参见[英]C. R. 艾德礼《工党的展望》,吴德芬、赵鸣岐译,商务印书馆1961年版,第90页。

④ 参见 E. P. Thompson, "Socialist Humanism – An Epistle to the Philistines", *The New Reasoner*, Vol. 1, No. 1, 1957, pp. 105 – 143; E. P. Thompson, "Socialism and the Intellectuals", *Universities and Left Review*, Vol. 1, No. 1, 1957, pp. 31 – 36; E. P. Thompson, "Agency and Choice – 1: A Reply to Criticism", *The New Reasoner*, Vol. 5, No. 2, 1958, pp. 89 – 106; Alasdair MacIntyre, "Notes from the Moral Wilderness – I", *The New Reasoner*, Vol. 7, No. 4, 1958, pp. 90 – 100; Alasdair MacIntyre, "Notes from the Moral Wilderness – II", *The New Reasoner*, Vol. 8, No. 1, 1959, pp. 89 – 98.

史主体地位,将道德置于社会主义革命的核心,主张以道德的手段实现社会主义的理想。社会主义人道主义的提出是新左翼构建有英国特色的马克思主义、探索符合本国实际的社会主义道路的理论尝试。它肯定了"人"在马克思主义中的地位,试图在"人的价值"维度上捍卫马克思主义理论。但是,这一思想带有较为浓厚的乌托邦主义和伦理社会主义的痕迹,这种脱离经济结构改造的抽象的"人道"最终陷入了空想的泥潭。

四 实践战略:如何实现社会主义

不同的理论基础和价值取向使新左翼、英共和工党在经济、政治、外交和斗争策略等实践战略方面也表现出不同的特点。第一,在经济方面,英共主张实行社会主义公有制,消灭私有制,坚持社会主义国有化和以社会主义原则为基础的计划经济。"对大规模的工业、银行、大的供销独占事业、保险公司和大土地所有者的土地实行社会主义国有化,并由政府实行对外贸易的垄断,来打垮百万家财的垄断资本家和其他的大资本家的势力。实行根据社会主义原则而目的在于根本改革社会的计划经济。"①"扩大所有权的民主形式,控制目前操控在大垄断资本手中的本国各主要工业和金融权力中心;使工人阶级摆脱资本主义剥削,使他们的力量发挥出来从事社会主义建设;实行经济计划化,为大大改善人民的生活条件奠定基础。"②"一切大规模的工业和运输业、银行、垄断资本家的批发和零售商业组织以及大地产,将为人民政权收归社会所有。国债和作为对以前国有化工业赔偿的债权,将一律作废;对于不反抗人民政府政策的当事人,将予以部分

---

① 英国共产党:《英国走向社会主义的道路》,李同译,人民出版社1953年版,第17页。
② 英国共产党:《英国共产党第二十五次代表大会文件》,世界知识出版社1957年版,第153—154页。

的赔偿，但反抗人民政府的，则不予赔偿。"① 工党执政初期也推行了"国有化"政策，在第一次执政期间工党推出多项"国有化"法案，以高额赎买的方式实现"国有化"，但之后工党逐渐向混合所有制经济转型。在工党的"国有化"政策下，私人资本仍控制主要大工业部门，英国的经济结构并未发生根本改变，工人在企业中没有决策权。工党的"国有化""并没有真正触及资产阶级的根本利益，也没有从根本上改变生产资料私有制的性质。英共认为在工党的'国有化'下，国有化的只是辅助性部门，因此收归国有的工业不能成为社会主义经济的基础，是被用来为资本主义谋利益而不是为劳动人民谋福利的。在收入分配方面，工党虽然也提出了缩小差别、消灭性别歧视、实行财政补贴等政策，但没有从根本上改变'按资分配'的性质，也不可能改变资本主义的剥削制度。"② 针对工党的不彻底的"国有化"和倾向大资本的混合经济政策，新左翼主张在混合经济的基础上扩大国有化范围，增加社会福利。

第二，在政治方面，英共强调建立一种以工人阶级为领导、各阶级广泛联盟的人民政权，应由工人阶级及其同盟者行使国家政权，但可以实行议会民主制和多党制，以民主的方式进行改革。对工党右翼政府主张的与资产阶级合作的思想，英共批判那是通过散布与资本主义合作和向资本主义投降的宣传来分化和破坏工人运动。与英共不同的是，工党不强调工人阶级的领导，而是主张实行开放的民主制，这使工党在组织上过于注重党员的民主权力，从而导致组织涣散、效率低下。工党的政治主张中最为突出的是"普遍福利"政策。战后工党颁布了多个社会福利法案，包括《国民保险法》《国民救济法》《国民医疗保健法》《住房法》《教育法》等，奠

---

① 英国共产党：《英国走向社会主义的道路》，李同译，人民出版社1953年版，第22页。

② [英]彼得·诺兰、苏珊娜·佩因等：《英国工党的民主社会主义经济纲领》，章宗炎等译，陕西人民出版社1991年版，第6页。

定了英国"福利国家"的基础。但工党的"国有化"与"普遍福利"政策是在不彻底改变英国现有社会制度的基础上实行的，与保守党的区别只是在于实行程度和范围的不同。它以凯恩斯主义为指导，以建立福利国家为目标，对内实行国有化与社会福利，对外则实行"英美特殊关系"政策，支持冷战，亲美反苏。此外，工党从成立起，就带上了一些自由主义的传统特征。"在第一次世界大战期间和战后，自由党开始分崩离析，自由党知识分子开始转入工党，这就使工党永久保持一种倾向，即在某种程度上不是从阶级内部、而是跨越阶级界限去寻求支持。"[①] 因此工党天然地带有向中间转型的倾向。新左翼对工党推行的"福利主义"和"共识政治"都持批判态度。他们认为"福利主义"带来的"丰裕社会"只是一种幻象，繁荣背后存在着公共投入和私人投入的严重失衡，资本主义经济存在结构性缺陷，而"共识政治"的目的只是营造出一种民主政治的假象以稳定资本主义制度。新左翼在政治上的主张与工党左翼较为接近，例如反对核武器，限制但不消除私人资本。因此新左翼曾希冀通过扶持工党左翼来践行政治理想，寄希望于工党左翼组成政府内阁。但1961年在工党内部关于核裁军提案的投票中，右翼得到多数票，这实际上使新左翼寄希望于工党左翼的希望破灭。

第三，在外交政策方面，英共主张和平独立的外交政策。维护和平，反对战争，与各国人民和平友好，支持民族独立，支持民族解放运动和不结盟运动，建立国际经济新秩序。英共否认在社会主义与资本主义阵营之间战争不可避免的理论，而是认为在相互尊重民族权力和民族独立的基础上，社会主义与资本主义的和平共存是可能的。"共产党主张在互利、真诚的基础上与一切国家通商，并主张与一切国家合作，通过严格尊重宪章的联合国来维护和平"，"持久和平是全世界人民的切身需要，是共产党的一

[①] [英] 亨利·佩林：《英国工党简史》，江南造船厂业余学校英语翻译小组译，上海人民出版社1977年版，第158页。

个主要目标"①。"给予各民族以民族独立，使现存的不平等的帝国主义型的帝国变为强盛、自由、平等的民族联合。"② 英共反对殖民政策，支持各民族的独立解放运动，"真正的国际合作只能建立在所有大小国家都享有最高自由和平等权利的基础上。英国民族独立的事业是与保障英帝国内所有民族也都享有充分权力和独立分不开的"③。同时英共极力主张英国应当摆脱美国控制，结束与美国的特殊伙伴关系，成为真正独立的民族。而工党则大力主张联美抗苏，与美国保持特殊伙伴关系。在第二次世界大战期间工党的外交政策曾是联美联苏，但战争结束后随着国际形势的变化，工党领袖认为苏联有扩张的野心。出于维护国家利益的考量，工党实行与美国保持特殊关系、抗衡苏联的政策。

第四，在斗争策略方面，英共主张将议会内的民主斗争与议会外的群众运动相结合，建立代表人民意志的人民议会和政府。"统一的工人运动必须争取选出那些能够贯彻和平与社会主义的言行一致的政策的工党和共产党议员到议会中去。"④ 要实现这些，工人阶级的团结是最重要的条件。"工人阶级的团结，工党、工会、合作社和共产党——工人运动的各方面的统一行动是最重要的条件。只有工人运动的各方面采取统一的行动，工人阶级才能集合它的一切力量和一切同盟者，采取断然行动以取得议会的多数并成立人民政府。"⑤ 应当从统一的人民运动中汲取力量，以工人阶级为核

---

① 英国共产党：《英国走向社会主义的道路》，李同译，人民出版社1953年版，第6页。
② 英国共产党：《英国走向社会主义的道路》，李同译，人民出版社1953年版，第17—18页。
③ 英国共产党：《英国走向社会主义的道路》，李同译，人民出版社1953年版，第11页。
④ 英国共产党：《英国走向社会主义的道路》，李同译，人民出版社1953年版，第16页。
⑤ 英国共产党：《英国走向社会主义的道路》，李同译，人民出版社1953年版，第19页。

心成立人民议会和人民政府。英共的社会主义思想中有一重要论断是"和平过渡论",即在英国通过议会的民主改造,有"和平过渡"到社会主义的可能性。英共在1951年的党纲《英国走向社会主义的道路》中提出了"和平过渡论"。过渡的具体途径是通过与左翼工党政府合作,建立广泛的民主联盟。这是英共对探索英国社会主义道路的尝试,但和平过渡到社会主义不代表放弃工人运动,英共认同"只有通过政治和产业群众的斗争,和平过渡到社会主义才能成为现实"①。有学者指出英共的"和平过渡论"虽然代表了英共对独立道路的探索,但过高地估计了工党政府中的社会主义因素,斗争策略缺乏可操作性,对英国国情和未来趋势缺乏科学合理的判断。② 不同于英共将议会内斗争和工人运动相结合的策略,工党由于受到民主社会主义、费边社会主义等的影响,注重议会斗争,主张阶级合作,反对暴力革命和阶级斗争,强调通过议会掌握国家政权进而推动社会主义的渐进改革。

工党宣称这样的社会具备的基本特征包括:1. 服务于公共利益的富有生机的经济。在这种经济中,市场化企业和激烈竞争与伙伴关系及合作的力量相辅相成,从而创造国民所需要的财富以及全体人民的工作,发达的私营部门和高质量的公共服务共存共荣,所有从事公益事业的部门或者为公众所有,或者对公众负责。2. 公正的社会。这个社会的强大,是既依据弱者也依据强者的状况加以判断的,它提供对抗恐惧的保障,提供有实效的公正;它养育家庭,促进机会平等,使人民摆脱穷困和歧视的肆虐以及权力的滥用。3. 开放的民主制。政府由人民进行评判,决策要在受其影响的人群中尽量具有可行性,并使基本人权得到保护。4. 健康的环境。共同

---

① 英国共产党:《英国共产党第二十五次代表大会文件》,世界知识出版社1957年版,第121页。
② 参见商文斌《战后英共的社会主义理论及英共衰退成因研究》,中国社会科学出版社2010年版,第79页。

保护和改进环境,并对后代负责。① 工党"坚决反对革命行动和暴力方法并且永远坚持相信应当采取合于宪法的行动"②。对议会斗争的强调也是战后西方社会民主党的普遍共识。与英共和工党不同,新左翼提出了"和平+革命"的战略,即将渐进式转型和突变式变革相结合,使社会主义要素在资本主义内部发展成熟之后再进行革命性突破,实现社会主义。工党主张渐进改良模式,传统共产主义强调暴力革命模式,新左翼尝试将前者的量变和后者的质变相结合,先积累社会生活方方面面的量变,使社会主义要素和形式在资本主义内部成长、成熟,然后在某一个节点上进行"和平革命",达到质变。质变的关键节点在于阶级权力的转移,即资本权力从制高点被赶走,社会主义民主权力得以实现,这是最高阶段的资本主义和社会主义之间的分水岭。新左翼还提出社会主义者要通过批判资本主义金融体系和大众媒体、打破议会崇拜、积极战斗、掌握议会权力、利用国际环境的变化推动国内的革命性突破等方式来加速这个关键节点的到来。③

五 历史方位:在左翼谱系中的相对位置

从横向来看,在战后英国左翼谱系的这几个流派中,根据观点立场的区别,从左至右依次是英共、新左翼、工党左翼、工党右翼。英共居于左翼谱系的左侧,主张实行社会主义公有制,废除私有制。工党左、右翼都主张推行"国有化"和"社会福利"政策,同意采用混合经济模式,但偏向有所不同。工党左翼认为应扩大"国有化"的范围,使主要工业部门都

---

① 吕楠主编:《世界主要政党规章制度文献(英国)》,中央编译出版社2015年版,第371页。
② [英]C. R. 艾德礼:《工党的展望》,吴德芬、赵鸣岐译,商务印书馆1961年版,第63页。
③ Norman Birnbaum ed., *Out of Apathy*, London: Stevens & Sons Limited, 1960, pp. 287–308.

掌握在政府手中，同时增加社会福利，不能过度兼顾资产阶级利益。工党右翼则倾向照顾资产阶级的利益，在工党右翼的主张中，大工业部门仍受私人资本掌控，"国有化"的只是一些辅助性部门。新左翼起初与工党左翼政见接近，也曾寄希望于通过支持工党左翼来实现社会主义的目标，但在1961年核裁军提案失败、希望破灭后，新左翼开始进行独立探索。新左翼与工党左翼的主要区别在于对资本主义的态度不同。工党左翼认为资本主义可以通过被加以利用来推动社会主义的实现，新左翼则对"福利资本主义"的弊端给予了严厉批判。新左翼的主张介于英共和工党左翼之间，在客观上推动了英共和工党的自我革新。为解决"国有化"带来的问题，1964年工党再次上台执政后，哈罗德·威尔逊政府推行改革，尝试用"计划化"代替"国有化"，制订经济计划，加强国家干预，限制市场经济，同时推行科技和教育革命、改造英国工业、增加社会福利等。另外，在新左翼的支持下，工党左翼的力量也得以加强。在20世纪70年代，工党左翼力量曾一度足以与右翼抗衡，工党和工会内部呈现急剧向左转的趋势。在英共方面，自1951年《英国走向社会主义的道路》发表后，英共依据国内外形势在1957年、1968年、1977年等对党纲党章进行过多次修改。新左翼的批评也对英共领导层造成压力，使其愈加重视结合自身实际探索社会主义道路。

从纵向来看，作为这三支左翼力量中最晚出现的一支，新左翼在第二次世界大战后的社会主义发展史中处于承前启后的位置，既承继了英共、工党等传统左翼的思想和运动特征，又为20世纪后期社会主义运动的多元化发展奠定了一定基础。宪章运动失败后，英国的社会主义政治运动曾一度消沉下去，英国工人阶级受工联主义影响走上了以经济斗争为主的道路。直到19世纪后期，社会主义运动复苏，相继出现各种社会主义组织。1881年6月，伦敦激进派俱乐部的一些工人联合自由党左翼人士，在伦敦建立民主联盟，后更名为社会民主联盟，创始人是亨利·迈尔斯·海德曼（Henry

Mayers Hyndman）。1881年海德曼出版《大家的英国》一书，介绍了马克思的经济学说，被誉为英国出版的第一部阐述社会主义的著作。1884年底社会民主联盟发生分裂，一部分成员退出联盟另外组成社会主义同盟。1883年另一个重要的社会主义团体——费边社成立。费边社的名称取自古罗马大将费边·昆克塔托的名字，之所以以他的名字命名是因为他以倡导渐进、缓进战术闻名，而这正是费边社的社会主义核心思想。费边社会主义认为马克思主义的革命理论不适合英国国情，英国应当通过渐进主义的方式和平步入社会主义。随着工人运动和各种社会主义组织的发展，人们对建立工人阶级政党组织的愿望越来越迫切。1888年，苏格兰社会主义者詹姆斯·凯尔·哈迪（James Keir Hardie）创立苏格兰工党，之后各地工人组织纷纷创建新的政治团体。1893年各地劳工组织、工人政党联合成一个新的政党——独立工党，标志着英国工人阶级开始具备独立的政治自主性。为联合无产阶级的力量，1900年"全国劳工代表委员会"成立，后来发展为英国工党。工党的成立是英国社会主义发展史上的重大事件，标志着工人阶级第一次有了独立的区别于资产阶级的全国性政党。工党为团结工人阶级的力量、推动社会主义运动的发展、打击资产阶级的剥削起到了积极作用。由于顺应了时代潮流、凝聚了工人阶级的力量，工党很快取代自由党成为两大党之一。工党提倡社会福利，早期也比较维护工人阶级的利益，因而获得了大量选民的支持。在第二次世界大战后第一次大选中工党成为英国的执政党，奠定了英国福利国家的基础。在工党兴起的同时，英国共产党也成立了。在第二次世界大战期间，英国的社会主义力量大为提升，不论是英共还是工党都获得了快速发展。不仅是英国的社会主义运动，世界上的社会主义力量在第二次世界大战期间也都快速发展起来。与传统左翼相比，新左翼在思想理论上与其有相似点。比如认同通过议会斗争夺取领导权，建立工人阶级领导的国家政权；比如强调要调动工人阶级的力量，支持工人罢工的运动形式；比如在阶级基础方面主张最大限度地调动社会各阶层的力量；等等。同时，新左翼也尝试丰富拓展新的社会主义战略。比如主张社会主义运动的形式应当是多样化的，不应局限于工人罢工；比如强调马克思主义和社会主义知识分子应参与到政治运动中、发挥重要作用，等等。20世纪60—70年代，欧美国家出现罢工浪潮，学生运动风起云涌，1968年全世界各地爆发学生运动，学生走在了政治运动的前列。马克思主义知识分子也在政治上活跃起来。"在英国，马克思主义历史学家，例如克里斯托弗·希尔、爱德华·汤普森以及艾瑞克·霍布斯鲍姆，拥有极大声誉和大批追随者，并享有稳固的职业地位。在法国和意大利，用以解释法国大革命和意大利复兴运动的核心范畴，是由马克思主义历史学家阐释的。"[①] 与此同时，各种新社会运动出现，比如女权运动、生态运动、反种族歧视运动、新形式的大众青年文化运动等。传统左翼的重要特征是反传统权威，尤其是反资本主义权威。而到20世纪后期，单纯的反资本主义权威发展为反社会权威，社会主义运动呈现多元化发展趋势。新左翼关注的议题涵盖了社会的诸多方面，包括贫富差距、教育公平、医疗住房保障、女权、帝国主义、跨国公司、冷战等。在《新左翼评论》上曾刊载了一篇文章《妇女：最漫长的革命》，作者是朱丽叶·米切尔，该文章指出了20世纪后期妇女解放运动的主题，对战后女权运动和对妇女问题的关注来说具有开创性的意义。新左翼还启发人们关注一些非物质性议题，比如人性、文化、对个体和自我的关注、对弱势群体的关怀等。在人文社会科学领域，新左翼提出的概念、思想和方法对20世纪后期的人文社会科学如历史学、社会学、政治学和文化研究等产生积极影响，推动了各学科理论范式的革新。

[①] ［英］唐纳德·萨松：《欧洲社会主义百年史——二十世纪的西欧左翼》，姜辉等译，社会科学文献出版社2017年版，第592页。

◈ 第二节　英国新左翼的历史影响和当代价值

对英国新左翼的评价在学界存在较大争议，形成了一些观点争鸣。一些研究者认为新左翼运动是失败的，它的实际政治活动很少，取得的成绩寥寥无几。但这种看法遭到了一些学者的反驳。如多罗西·汤普森认为评价新左翼运动是失败的这种看法是不客观的，新左翼运动可以被视为一种长期政治反思的开始。[①] 林春提出，作为一种知识分子的倾向，英国新左翼与"六八年一代"的新左翼不同，它更深刻地受到马克思主义理论的启发。缺乏对英国新左翼运动进行系统研究的原因之一，是在其他国家的新左翼和全球整体的大量丰富的文献中，忽视了它的特殊性。[②] 迈克尔·肯尼也认为学术界的评价多具有"先验论"色彩，认为早期新左翼是"清谈俱乐部"和具有乌托邦色彩的边缘化的学术思潮的判断根本没有考虑这场运动所处的历史语境、文化环境及其本身的复杂性，也没有注意到严重影响其未来发展的政治环境。[③] 尽管英国新左翼运动作为一场政治运动成就有限，但它对我们理解第二次世界大战后英国甚至西方世界的社会变化过程十分具有参考价值。它表达了对一段特定的历史时期及其问题的回应，这一问题是：战后西方资本主义道路以及现实社会主义实践面临的问题应当如何解决，社会主义应走向何方。在探寻这些问题的过程中，英国新左翼留下了较为丰富的遗产。

[①] Dorothy Thompson, "On the Trail of the New Left", *New Left Review I*, Vol. 215, No. 1, 1996, p. 100.

[②] Linchun, *The British New Left*, Edinburgh: Edinburgh University Press, 1993, xiii.

[③] [英]迈克尔·肯尼：《第一代英国新左派》，李永新、陈剑译，凤凰传媒出版集团、江苏人民出版社2010年版，第4页。

第八章　英国新左翼在左翼谱系中的地位考察与当代世界社会主义展望 | **271**

一　推动了马克思主义在英国的传播，促进了英国马克思主义的发展

首先，英国新左翼在英国掀起了马克思主义研究热潮，加速了马克思主义在英国的"本土化"进程。新左翼与众不同之处在于，它持续努力在特殊、深刻影响了新左翼运动的思想发展历程的英国意识形态语境和政治语境中，引进新的马克思主义理论，同时对之前的理论进行再解释，正因如此，它对英国政治理论图景做出了真正创造性的、实验性的理论干预。新左翼将源于马克思主义的思想整合进了英国的知识文化之中，这不仅仅是一个将外来传统输入或嫁接到本土文化上的问题，而更像是一个在与英国理论进行创造性对话的过程中引进、吸收马克思主义方法的意识形态"本土化"过程。新左翼以创造性的、非宗派的方式接近马克思主义，这是英国学术舞台上全新的东西。它将马克思主义方法整合到英国的理论传统和知识文化中，包括历史学、文化研究等。新左翼对马克思主义方法的采纳和再造，以及它把新的理论发展应用于英国问题的努力，扩大了英国政治思想的范围和资源，并且为受马克思主义激励的著作提供了一个比以前更广阔的市场。[①] 新左翼将马克思主义理论与方法应用于分析英国的历史和现实政治环境，推动了马克思主义在英国的繁荣发展。在历史学领域，以汤普森为代表的历史学家继承了英国共产党历史学家的传统，将马克思主义引入对英国历史的分析中，写出了经典的马克思主义史学著作《英国工人阶级的形成》，推进了战后历史学研究的方法论革新。在文化领域，雷蒙德·威廉斯、斯图亚特·霍尔等人将马克思主义与文化研究相结合，开创了文化唯物主义思想，使"大众文化"走入人们的视野，重塑了传统的"精英文化"理论与方法。在政治领域，拉尔夫·米利班德、佩里·安德森

---

① 参见［英］玛德琳·戴维斯《英国新左派的马克思主义》，载张亮编《英国新左派思想家》，凤凰传媒出版集团、江苏人民出版社2010年版，第1—11页。

等人将马克思主义引入对英国国家、政治的分析中，对英国的革命历史、国家制度、政党政治等问题提出了许多深刻的洞见。在新左翼运动以前，尽管有一些英国左翼和知识分子宣传马克思主义，但其马克思主义理论水平与欧洲大陆相比总体上差距较大。新左翼的兴起使马克思主义在英国受到了较大的关注，新左翼之间的争论也掀起了马克思主义研究的一股热潮，新左翼思想家的理论成就对英国政治和学术文化都产生了影响。新左翼"在从根本上改变了英国的'理论的贫困'面貌的同时，将英国打造为一个堪与德法比肩的新的马克思主义理论输出国"①。

其次，通过译介欧洲大陆马克思主义著作，英国新左翼打破了英国本土左翼思想界与欧洲大陆相隔离的状况，加强了英国与欧洲大陆马克思主义的交流互鉴。20世纪60—70年代，在佩里·安德森担任《新左翼评论》主编期间，《新左翼评论》发表了大量翻译、介绍和研究西方马克思主义者的文章，包括葛兰西、阿尔都塞、卢卡奇、阿多诺、马尔库塞、哈贝马斯等人的论著，为英国知识分子了解欧洲大陆马克思主义提供了重要平台。"由于痛感英国本土缺乏一种深刻的马克思主义传统，新左派从20世纪60年代开始以《新左派评论》和新左派书局（后来的Verso出版社）为据点，大力译介欧陆西方马克思主义的思想和著作，到了20世纪70年代末，在新左派书局出版的85本书当中，近一半与西方马克思主义有关。从1963年到1977年，《新左派评论》发表了大量介绍和研究西方马克思主义的文章，这些文章后来编成《西方马克思主义批评文选》一书。安德森应邀为此书作序，令人始料未及的是，他多年思想之沉淀，在瞬间迸发出来，并且一发不可收拾，这篇序言竟给写成了名作《西方马克思主义探讨》，新左派所承担的这项艰巨的文化工程，一方面推动和刺激了英国马克思主义学术文化，另一方面打破了英国本土左翼思想界与欧陆相隔离的状况。在欧洲大陆西

---

① 张亮编：《英国新左派思想家》，凤凰传媒出版集团、江苏人民出版社2010年版，编者的话第1页。

方马克思主义的影响下,新左派重新思考了经典马克思主义的一些命题,例如,经济基础与上层建筑之间的关系,对于历史唯物主义给予了重新评价。"① 在第二代新左翼大力引入欧洲大陆马克思主义之前,早期新左翼就已尝试引入欧洲大陆一些学者的马克思主义理论,如早期新左翼为葛兰西理论在英国的传播起到了重要的中介作用。"与此前所普遍接受的观点相比,早期新左派对葛兰西观念的传播起到了更为重要的'中介'作用……新左派作为葛兰西理论的知识中介所发挥的作用,用这场运动的文化实践及理论探索得到了充分体现。在英国左派历史上,这是一场不同寻常的运动。"② 通过引入欧洲大陆马克思主义的努力,新左翼改变了以往英国本土左翼思想界的思想局限,使英国知识分子获得了大量思想资源,在重新思考经典马克思主义的一些命题的同时,尝试将来自欧洲大陆的马克思主义研究方法引入对英国历史、革命、政治等问题的分析中,大大丰富了英国马克思主义的思想内涵和理论范式。

最后,社会主义人道主义的提出重启了马克思主义中关于人道主义的讨论,丰富了马克思主义的时代内涵。英国新左翼的优势表现在它重新开启了马克思主义中的人道主义核心的讨论,从而为社会主义者拓展出一个空间,使他们得以从斯大林主义的形式主义中挽救出马克思作品中所有充满生机和活力的东西。③ 以汤普森、麦金泰尔为代表的早期新左翼主张的社会主义人道主义是在反思苏联社会主义的基础上产生的。新左翼在对苏联社会主义意识形态的性质判断、批判角度等方面进行了深刻思考。新左翼提出这一意识形态是官僚的革命精英主义,它产生于特定的历史语境和社

---

① 赵国新:《新左派的文化政治:雷蒙·威廉斯的文化理论》,外语与教学出版社2009年版,第69页。
② [英]迈克尔·肯尼:《第一代英国新左派》,李永新、陈剑译,凤凰传媒出版集团、江苏人民出版社2010年版,第9页。
③ 参见[英]保尔·布莱克雷治《道德和革命:英国新左派中的伦理论争》,林育川等译,《现代哲学》2007年第1期。

会语境中，具体来说就是俄国特定的社会经济条件。它的特征包括反智主义（轻视有意识的人类主体在创造历史中的作用）；道德虚无主义（意识形态高于人的地位、人为意识形态所支配、在抽象概念中忘却自我）；否定人的主体性（否定了人的智性和道德性，过分强调外在于人的物，错误地将经济基础作为外在于人的存在，使人成为无主体意识的被动存在，否认人类劳动的创造主体性，从而否定个体作为社会主体的价值）。它是一种机械的经济决定论，将"反映"和"上层建筑"概念变成一种机械运动模式，把马克思主义庸俗化，虚构了"经济基础"与"上层建筑"的模型，忽略了人是历史的主体。在这一认识基础上，新左翼提出"社会主义人道主义"这一构想，要求重新重视人类理性精神的作用，突出人的主体性、创造性和道德性。他们挖掘马克思主义中的人道主义内核，试图对马克思"经济基础与上层建筑""反映"等概念进行重新阐释，重构马克思主义道德观，构建一种以道德为核心的人道主义的社会主义。新左翼通过对历史唯物主义理论进行重新审视，使马克思主义的科学方法与人的自由、理性精神相结合，与具体的历史传统相结合。社会主义人道主义思想试图破除异化的人与物的关系，把人从物的奴役或经济必然性的奴役中解放出来，实现人的自由全面发展。新左翼的社会主义人道主义思想的基本特点是在对苏联社会主义意识形态进行全面解剖的基础上挖掘出马克思主义中的人道主义内核，重构马克思"人的本质"概念，彰显人的历史主体地位，突出社会主义中的人道主义精神，并将道德置于社会主义革命的战略核心地位，主张以道德的手段实现社会主义的理想。它提出人是个体性与社会性的统一，因此马克思主义道德观必须是道德与历史、道德与欲望的统一。新左翼对马克思主义的人道主义的挖掘和解读，使人道主义精神重新得到人们的关注，推动了马克思主义人学理论的发展，丰富了马克思主义人道主义的内涵，发展出了历史唯物主义理论理解的新形式。

二 奠定了文化马克思主义的基础，推动了文化政治学的深化

英国新左翼将文化分析与马克思主义相结合，形成了具有英国特色的马克思主义"本土化"成果——文化马克思主义，丰富了马克思主义的理论外延。理查德·霍加特（Richard Hogart）的《识字的用途：无产阶级生活面面观》，威廉斯的《文学与社会》《文化是日常的》，汤普森的《英国工人阶级的形成》等著作，以文化研究的形式，创立了文化主义研究范式，呈现出文化马克思主义的价值。霍加特、霍尔开创的伯明翰文化学派吸收了马克思主义思想资源，拓展了文化的意涵，推广了"大众文化"分析范式，重新形塑了英国的文化理论。文化马克思主义的形成建立在第二次世界大战后西方社会的大变革基础上，当传统的经典马克思主义理论遭遇现实的解释困境时，文化马克思主义试图从大众传媒、消费异化、社会意识等角度挖掘出新的解释机制，将文化置于社会分析的重要位置。"英国文化马克思主义的产生源于一系列努力，努力建立对战后英国的社会主义理解，努力把握当代生活中工人阶级富裕，消费资本主义和大众传媒飞速发展的作用等一系列元素的重要性。这些变化对传统马克思主义假设——工人阶级必然预示社会主义社会的到来——造成威胁。它们也打破了传统左派对政治和经济范畴的完全依赖，因为战后变化影响了工人的'整体的生活方式'，并正用新的和复杂的方式重塑他们的身份。文化马克思主义者试图发现这个新领域的结构，重新定义社会斗争。与正统马克思主义者将文化归为第二位——文化是对现实社会关系的反映——以及保守主义者将文化看成被思考和被写作的最好的东西——相反，文化马克思主义者在人类学意义上看待文化，将其理解为日常生活和经验的表现。"[①] 霍尔曾回忆他们这

[①] ［美］丹尼斯·德沃金：《文化马克思主义在战后英国——历史学、新左派和文化研究的起源》，李凤丹译，人民出版社2008年版，第111页。

一代新左翼推动文化分析的原因。新左翼作品中关于"世界图景"的大量描述都是富有创造性的，它们的活力和生命力在于努力描述这些迅速改变的变化轮廓的意义，这是新左翼投入文化争论的最初领域。首先，因为只有在文化和意识形态领域，社会变迁才能变得更加引人注目；其次，文化维度决不是社会的一种次要维度，而是一种本质维度，这反映了新左翼与还原论和经济主义之间的长期争论；再次，对任何能够用于重新描述社会主义的语言来说，文化话语在根本上都是必需的。因此，新左翼跟跟跄跄地迈出了第一步，把文化分析和文化政治问题当作了政治学的核心问题。[①]文化马克思主义强调的文化维度、"自下而上"的观察视角、人民史观等，重塑了以往关于大众文化的认知误区，一方面丰富发展了马克思主义理论，另一方面也为理解、分析资本主义社会问题增添了极具特色的切入点。

文化马克思主义的形成进一步为英国的文化政治和理论创造了空间，推动了文化政治学的深化。新左翼思想的形成与演进的进程始终与整个英国的文化社会变迁密不可分，新左翼思想本身就代表了第二次世界大战后英国新兴文化中的多维表达。它在某种程度上代表了在20世纪50、60年代遍及英国知识、艺术和生活的诸多领域的文化异议在理论上的呈现，包括音乐、影视、戏剧、文学、诗歌等。从这个意义上说，新左翼思想不仅局限于知识分子当中，也代表了战后广大年轻人的思想表达。新左翼在思想上和文化上都是在它对20世纪50、60年代的"愤怒的青年一代"和新兴文化的回应中形成的，因此对新左翼思想的理解必须放在更大的社会文化背景中。新左翼关注文化维度的原因在于：一方面，福利制度、消费主义与大众文化造就了"无阶级"社会的表象，文化被凸显为核心议题；另一方面，英国新左翼试图在马克思主义与利维斯主义之间寻找"第三条道路"。无论是霍加特和威廉斯对利维斯精英文化定义的反驳，还是汤普森对

---

① 参见［英］斯图亚特·霍尔《第一代新左翼的生平与时代》，王晓曼译，孙乐强校，《国外理论动态》2011年第11期。

第八章　英国新左翼在左翼谱系中的地位考察与当代世界社会主义展望 | 277

庸俗唯物论与决定论的批判，日常生活都是一个极其重要的关键词，他们关注战后工人阶级日常经验，强调文化的自主性与个体的能动性，重塑一种"主体间性"的文化政治学，为文化研究的兴起奠定了理论基础①。新左翼从工人阶级的日常生活、个体经验、阶级意识的角度认识英国社会变革问题，对资本主义社会做了深刻思考，以文化作为政治学分析的重要维度，提倡以文化为核心的政治，促进了文化政治学的发展。

新左翼在文化马克思主义和文化政治学上的成就可总结为五个方面：第一，新左翼知识分子积极参与共产党运动、人民阵线运动、成人教育工作以及核裁军运动，这为他们的文化研究和政治参与提供了机会。第二，他们对战后英国社会主义、工人阶级富裕、消费资本主义和大众传媒等进行了详细分析，对社会的经济、政治和文化变化作了深刻思考。第三，他们反对正统马克思主义经济决定论，强调人的能动性，强调个体经验和文化的重要性。他们改造和超越利维斯传统，反对精英文化对工人阶级文化的排斥，反对保守主义者将文化看成被思考和被写作的最好的东西。因此，新左翼提倡的政治，是以文化为核心的政治，其目标是批判当代资本主义社会，塑造激进的社会意识。这些为英国文化马克思主义的产生提供了基础。第四，由于新左翼是文化研究团体《大学与左翼评论》和历史学研究团体《新理性者》的有机结合，因此在新左翼发展过程中，文化研究和历史学也获得了发展。第五，新左翼虽然以马克思主义为基础，但也挑战了马克思主义的一些传统观点。正统马克思主义的主要观点是：工人阶级必然预示社会主义社会的到来，文化是对现实社会关系的反映。而新左翼则认为文化是日常生活和经验的表现。这些政治和理论观点促进了英国文化

---

① 参见邹赞《文化如何显影——"日常生活"与英国新左派的文化政治学》，《兰州大学学报》（社会科学版）2012年第6期。

马克思主义的产生。① 新左翼的文化政治学，根据战后西方消费资本主义流行下的社会形态，发展出了新的解释模式，推动了激进社会意识的塑造，为左翼开拓出了新的理论和政治空间，丰富了政治学理论的分析维度，对战后西方政治学产生了持久影响。

三　构成战后英国社会主义史的有机组成部分，丰富了西方政治思想资源

对社会主义理论和实践而言，新左翼对资本主义进行了反思和批判，对社会主义做出思想贡献，成为战后社会主义史的重要部分，对工人运动和此后的政治观念都产生了影响。

第一，新左翼对福利资本主义和新帝国主义的揭露为资本性和帝国性批判提供了新思路。不同于英共对资本主义的否定和工党对资本主义的妥协，新左翼肯定了战后资本主义的新变化对社会带来的改变和进步，但也对福利资本主义带来的问题进行了无情揭露。以往人们将战后资本主义的新变化带来的高速发展期称为资本主义的"黄金时代"。但早在20世纪50年代，当福利资本主义风头正盛时，新左翼就从社会阶层、社会价值理念、"丰裕社会"、现代化、共识政治、人文科学等角度揭露了福利资本主义和消费资本主义的问题，表明福利资本主义带来的繁荣只不过是一场短暂的幻象。在福利资本主义的高速发展背后，社会阶级界限更加分明，阶层分化严重，社会价值理念更加物质化；资本主义经济存在结构性缺陷，公共投入和私人投入严重失衡，人们被消费资本主义的意识形态所统治；为了使福利资本主义有正当性保障，政府打出"现代化"和"共识政治"口号，以改善低效、促进社会进步、实现现代化之名掩盖福利资本主义带来的社

---

① 参见李凤丹《英国文化马克思主义研究——基于大众文化与政治的关系》，江西人民出版社2010年版，第77页。

会矛盾，并营造出民主政治的假象以稳定资本主义制度；在福利资本主义的潜移默化的影响下，知识分子冷漠、功利，失去了改变社会的决心和动力，新左翼希望带领知识分子们走出冷漠，自觉承担起改变世界的责任。新左翼还对战后以美英为首的新帝国主义进行了严厉批判。他们从战后世界秩序的转变、新帝国主义的形成、新型殖民方式等角度对新帝国主义进行了揭露。试图阐明新帝国主义采用国际化的经济殖民主义，用"援助"和跨国公司取代旧帝国主义的直接剥削；政治上以间接操纵代替直接统治，以"不发达"理论来为新殖民主义提供借口；文化上以消费资本主义的意识形态进行文化殖民。只有打破冷战格局下的新帝国主义和旧框架，才有可能重建新世界。新左翼对福利资本主义和新帝国主义的批判性考察，构成了对资本主义秩序的挑战，为当时的社会主义者提供了强有力的理论力量，有助于当下的资本批判者学习如何对资本主义进行理论性、规范性批判。"战后英国新左派以伦理向度的社会主义取代了工党的修正主义，并对社会主义进行了重新定位。在以'丰裕社会'为主题的论战中，新左派围绕资本主义特性、公有制问题、丰裕工人的表现和消费主义的普及等四个方面展开了激烈的争论，提供了一系列富有创造性和批判性的思想，在该时期的思想发展史中具有相当重要的地位和两个方面的开创性作用：一是对资本主义和工党的修正主义进行了共产主义和民主主义的批判；二是对社会变迁的文化和意识形态内涵作了深入的阐释。"[1] 新左翼的批判角度和研究方法也对我们当今深刻认识资本主义制度的局限性，坚持马克思主义和社会主义方向，建设中国特色社会主义具有积极意义。

第二，新左翼对社会主义与民族传统关系问题的探讨为思考社会主义提供了新角度。第一代新左翼在实践上主张社会主义的实现要立足于民族

---

[1] ［英］玛德琳·戴维斯：《资本主义新变化与新左派的"丰裕社会"之争——论英国新左派在社会主义论战中的思想贡献》，《南京大学学报》（哲学·人文科学·社会科学）2014年第1期。

本土；在理论上主张具体地、历史地对待马克思主义，让马克思主义用民族的和时代的语言说话。第二代新左翼主张扬弃本民族传统的局限性，吸收引进外来理论，走国际主义道路才能实现社会主义革命的胜利。两种立场的相互融合和补充丰富了社会主义理论，对各民族探索具有自身特色的社会主义道路很有启发。在新左翼的努力下，英国的马克思主义形成了既有科学的理论指导又保留了本民族特性的马克思主义流派。同时，两代新左翼关于社会主义的民族性与国际性的争论对我们当下建构中国话语、发展 21 世纪中国的马克思主义、推进新时代中国特色社会主义的实现，也具有启示意义。在实现社会主义的过程中，如何平衡好民族性和国际性原则、如何对待本土传统和外来经验与理论、如何在坚持本民族优秀传统文化的基础上实现多元化融合，新左翼的讨论或许可以给予我们启示。在建设中国特色社会主义的过程中，既要坚持马克思主义原则，又应当吸收中华传统文化的精华，在立足于本土优秀历史文化的基础上，吸收国外优秀理论和经验成果，将普遍性、多样性和个体性相结合，建构 21 世纪中国的马克思主义。

　　第三，新左翼对社会主义革命战略的探索为社会主义道路增添了新的路径选择。英共的共产主义和工党的劳工运动传统对新左翼的认知取向和自我认同往往具有重要影响，因此要理解、分析新左翼的思想主张和社会运动形式，离不开对英共和工党的审视。在向社会主义过渡的道路问题上，相比英共和工党，新左翼的重要区别在于对资本主义过渡到社会主义的形式看法不同。工党受费边主义影响主张的是渐进的改良模式，传统共产主义主张的是暴力革命模式。新左翼认为工党的渐进模式只注重量变，实际上被资本主义同化，落入了改良的窠臼。共产主义者的暴力革命战略模式直接进行质变，这种突变式转型引起的水土不服则有可能使社会陷入困境。与前两者不同，新左翼主张一种"和平革命"的战略，将渐进式和突变式转型相结合，在社会主义要素在资本主义内部成熟的条件下进行革命性突

第八章　英国新左翼在左翼谱系中的地位考察与当代世界社会主义展望 281

破,实现社会主义。"和平革命"战略是量变和质变的结合,先是社会生活方方面面的量变,使社会主义要素和形式在资本主义内部成长、成熟,然后在某一个节点上进行"和平革命",达到质变。质变的关键节点在于阶级权力的转移,即资本权力从制高点被赶走,社会主义民主权力得以实现,这是最高阶段的资本主义和社会主义之间的分水岭。从这个意义上说,新左翼与传统共产主义思想之间仍有密切的联系。一些新左翼思想家虽然在1956年后退出英共,但是他们仍然对社会主义抱有深切的信念,"他们作为积极分子发挥了关键作用,他们开发了一种替代反共产主义的方法,定义了冷战期间政治辩论的两极之间的空间。虽然他们放弃了共产主义(特别是斯大林主义)传统的某些元素,但他们在新的背景下保留和阐述了这一经验的某些方面"①。新左翼还提出社会主义者要通过对资本主义金融体系和大众媒体进行批判、打破议会崇拜、为建立新世界积极战斗、进入议会掌握权力、利用国际环境的变化推动国内的革命性突破等方式来加速这个关键节点的到来。尽管新左翼主张的"和平革命"并没有出现,但他们对于社会主义新道路的探索给社会主义者带来了新的启发,也为思考社会主义实践路径提供了不同思路。

　　第四,新左翼在社会主义理论相关问题上留下了许多理论生长点。如迈克尔·肯尼提出,早期新左翼留下的思考点包括社会主义思想能否与受到自由主义理念和价值观深刻影响的英国思想传统兼容发展?因为社会主义未能在英国发展成为一场社会运动,并且在文化上是一种"自我运动",成为一场党的精英试图自上而下发动的社会变革活动,所以社会主义是否没有把握世界发展潮流?新左翼强调通过市民社会建构共同体并重建一种

---

① Holger Nehring, "'Out of Apathy' Genealogies of the British 'New Left' in a Transnational Context, 1956–1962", in Martin Klimke, Jacco Pekelder and Joachim Scharloth eds., *Between Prague Spring and French May Opposition and Revolt in Europe, 1960–1980*, New York · Oxford: Berghahn, 2013, p. 17.

进步政治文化,是否表明他们已抛弃为工党设计一种进步政策的任务?新左翼的这种方法是否有助于以新的观念与思维方式推动工党的思想发展?[1]对于有些问题,新左翼也没能探索出答案,但启发了后来的人们继续思考。新左翼在推动英国马克思主义和激进社会意识发展的过程中,促进了社会主义思想的传播和理论化发展,在构成对现存资本主义秩序的挑战的同时也给社会带来了影响。新左翼领导了英国马克思主义和激进民族文化的发展,重塑了社会主义在英国的形态。新左翼的思想在参与式民主、工人控制、社区、沟通、文化和文化政治,脑力劳动和体力劳动之间的联盟,社会主义者和其他社会运动之间的联盟,社会主义社会本质的复杂性、开放性、民族性等方面,构成了激进社会思想的重要部分,并代表了对现有资本主义秩序的长期挑战。讨论英国新左翼的遗产是为了发现它在生活方式、道德态度、知识思想、政治文化等方面带来的深远变化,也是为了更好地研究那些后来成为20世纪英国社会主义代表人物的思想家的思想。[2]

第五,新左翼丰富的政治思想为20世纪中后期西方政治思想的发展提供了重要资源。新左翼研究者斯科特·汉密尔顿提出,"若想避免重蹈20世纪的覆辙,21世纪的社会主义者需要从E. P. 汤普森这里学习很多东西"[3]。英国学者保尔·布莱克雷治也认为,"当代左翼也许可以从第一代新左翼的问题中吸取很多教训,以利用其早期的成就"[4]。近年来,英国工党

---

[1] 参见迈克尔·肯尼《第一代英国新左派》,李永新、陈剑译,凤凰传媒出版集团、江苏人民出版社2010年版,中文版序言第8—9页。

[2] Linchun, *The British New Left*, Edinburgh: Edinburgh University Press, 1993, xvii—xviii.

[3] [新]斯科特·汉密尔顿:《理论的危机——E. P. 汤普森、新左派和战后英国政治》,程祥钰译,上海人民出版社2018年版,引言第9页。

[4] Paul Blackledge, "Learning from Defeat: Reform, Revolution and the Problem of Organization in the First New Left", *Contemporary Politics*, Vol. 10, No. 1, 2004, p. 21.

第八章　英国新左翼在左翼谱系中的地位考察与当代世界社会主义展望 **283**

更是试图推动新左翼"作为工党意识形态更新的源泉"①。在新左翼运动活跃的这一段历史时期，各种学术思潮和政治运动风起云涌，在战后社会主义发展史中画下了浓墨重彩的一笔，也带动了深刻的政治社会变革。因此，对新左翼的认识应当以动态的历史视野来进行观察，看到它带来的综合影响。有研究者提出："英国新左翼不应被视为试图构建一种替代性的政治、意识形态或理论立场（与斯大林主义或社会民主主义相对），而应被视为通过努力建立一系列定向原则的努力，新一代的社会主义者可能会通过这些原则理解一个过去的意识形态或理论假设不再成立的世界。从这个意义上说，新左翼可以被理解为英国最早承认和协商战后时代新兴的'后现代主义'范式的知识分子之一。"② 新左翼在坚持社会主义人道主义的理论核心基础上，主张开放的理论、文化和政治空间，在这样的空间中探究和讨论可以自由进行。从这个意义上说，多元化的英国新左翼帮助开拓了许多知识和文化领域，特别是历史学、文化分析和国家政治理论等，进而推动了20世纪下半叶一些重要的社会和文化变革的发生。

除了以上述及的三点，新左翼还深刻影响了第二次世界大战后西方人文社会科学的思想格局，并对战后的左翼政治观念、工人运动、激进社会运动、政治生活的许多方面都产生了影响。从学术领域来看，20世纪中后期闻名于世的许多西方思想家都曾参与过新左翼运动。如著名历史学家E.P. 汤普森、约翰·塞维尔、拉斐尔·塞缪尔，知名文化理论家和批评家雷蒙德·威廉斯、理查德·霍加特、斯图亚特·霍尔，政治学家拉尔夫·米利班德，哲学家阿拉斯代尔·麦金泰尔，等等。西方世界的文学、史学、社会学、政治学等领域都曾受到新左翼思想的影响，今天在这些领域流行

---

① Madeleine Davis, "Editorial: Can One Nation Labour Learn from the British New Left?", *Renewal: A Journal of Social Democracy*, Vol. 21, No. 1, 2013, p. 5.

② Thomas Marriott Dowling, "In Spite of History? New Leftism in Britain 1956 – 1979", Ph. D. dissertation, Department of History University of Sheffield, 2015, p. vi.

的理论和方法许多都可以在新左翼思想中找到痕迹。新左翼运动虽然未能在现实中改造西方资本主义的经济社会政治结构，却影响了战后西方人文社会科学界的理论主题、研究方法和思想走向。"作为英国战后最重要的思想运动，新左派运动为当代英国思想留下了一笔巨大遗产……首先，活跃在当代英国思想舞台上的重要左派思想家都出身于新左派运动，他们的思想都以各种方式受到新左派运动的深刻影响。其次，新左派运动提出了许多重大观念，如今它们已经演变成文化研究、社会学、政治学等学科的重要理论主题。最后，新左派运动为英国左派政治想象引入了一些新的主题（如英国治理的非集权化、强大的市民社会的重要性等），今天它们再一次成为左派知识分子和政治家的关注焦点。"[1] 从现实角度看，新左翼对20世纪中后期的激进政治运动以及现实政治环境也产生了长远影响。新左翼的独特性在于他们在政治上动员了各社会阶层的广泛参与。他们的重要遗产是为不断涌现的激进政治运动积累经验和分析，英国女性主义的几位主要代表人物都曾经指出，他们受到了新左翼的影响。[2] 新左翼对后来的青年一代的影响是不能被低估的，新左翼敏锐地预知到英国政治和社会生活的发展趋势，诸如消费主义、大众文化等问题，并进行了理论探索。20世纪后期左翼所关注的一些问题，有一些在新左翼运动时期就开始被揭示。新左翼虽然没能对政治格局构成实际影响，但它作为一种文化、社会和政治力量，对公众意识、学术思想、政党倾向都形成了潜移默化的影响，从这个意义上说，新左翼的价值是不应被忽视的。

---

[1] 张亮编：《英国新左派思想家》，凤凰传媒出版集团、江苏人民出版社2010年版，编者的话第6页。

[2] 参见迈克尔·肯尼《第一代英国新左派》，李永新、陈剑译，凤凰传媒出版集团、江苏人民出版社2010年版，中文版序言第7—8页。

◇ 第三节　英国新左翼的局限与世界社会主义的未来

审视英国新左翼在政治运动和思想运动中的表现，可以发现新左翼在做出理论与实践贡献的同时，也存在或是源自自身或是来自外部的问题，这些问题的相互作用共同构成了新左翼的局限，最终制约了新左翼的发展。作为战后西方世界具有代表性的一支左翼力量，英国新左翼的兴起、发展和衰落的轨迹一定程度上也是战后西方左翼的发展缩影。以英国新左翼为切入点，可以进一步分析和总结战后西方左翼的发展规律和共性问题，进而更加深入地认识当今世界社会主义的挑战和发展机遇。

一　英国新左翼政治运动和思想运动的局限性

新左翼运动作为政治运动和思想运动在英国持续到20世纪70年代末。对新左翼进行研究和评价不是一项容易的工作，由于缺乏书面文件和档案，没有完整记录新左翼历史的官方材料，研究者只能通过一些新左翼运动曾经参与者的自传、回忆录和当时的一些左翼期刊、杂志寻找线索。同时，新左翼运动时间跨度大，组织较为松散，不同俱乐部、期刊之间的联系比较脆弱，相关记录比较零散，资料的匮乏和收集难度大是研究英国新左翼的主要难题。正如玛德琳·戴维斯所说，"新左翼工作的全面范围和影响是很难证明的：例如，环境的分散结构意味着，关于俱乐部的材料很难追踪，而且存在的书面资料广泛分散在个人文件的收集中。在俱乐部和地区中心，以及那些名字从未出现在《新左翼评论》编委会的人的传记中，很可能还有许多新左翼的历史尚未被发现。在研究新左翼的期刊之外，一个引人注目的方面是，它在很大程度上发现了影响力、个人联系、群体和事件之间的联系和重叠,而这些往往被分开处理。在谢菲尔德和利物浦等城市产生影响的地方和市政社会主义,在很大程度上要归功于那些参与左翼俱乐部和讨论的个人"①。但我们通过对各类资料的筛选、整合、提炼和去粗取精,仍可以理出一条关于新左翼的线索,一定程度上还原新左翼的面貌。"这些历史的复原有可能重塑新左翼的史学,挑战对新左翼政治无效性的标准评估,并为研究新左翼提供新的途径和方法。"② 审视新左翼的历史,我们发现不论作为政治运动还是思想运动,新左翼既有难能可贵的成就和贡献,也有其难以克服的局限性。

作为政治运动,新左翼运动的退潮一方面源于内部的问题,另一方面也和外部环境的变化有关。从内部来看,首先,新左翼缺乏统一的宗旨,组织架构较为松散,内部组织不够严密,成员的价值追求多元,存在较为严重的思想分歧,没能建构一种切实有效的组织话语。新左翼由不同群体构成,这些群体在出身背景、年龄层次、个人经历、学术领域等方面都各有不同,他们有着不同的倾向和议程,因此彼此之间联系的纽带并不牢固。比如《新理性者》和《大学与左翼评论》的主要领导群体就有较大差别。这导致新左翼俱乐部、社团等实体组织难以形成一致的话语体系。同时,早期新左翼的主要领导者汤普森等人厌恶权威主义和官僚主义,对建立严格的政党组织持十分谨慎的保守态度,也使得新左翼失去了建立一个统一、高效、有序的政治组织的有利时机,进而影响了新左翼将政治主张付诸实践的能力。在政治组织方面,新左翼自身虽不愿建立政党,却在早期寄希望于工党左翼,试图通过支持工党左翼上台执政来实行新左翼的一些主张,

---

① Madeleine Davis: "'Among the ordinary people': New Left involvement in working class political mobilisation 1956 – 1968", *History Workshop Journal*, Vol. 86, No. 5, 2018, p. 155.

② Madeleine Davis: "'Among the ordinary people': New Left involvement in working class political mobilisation 1956 – 1968", *History Workshop Journal*, Vol. 86, No. 5, 2018, p. 155.

从而削弱了新左翼的独立性。正如英国学者保尔·布莱克雷治所说,早期新左翼的主要成员相信工党可以通过改良使英国和平过渡到社会主义,因此大批新左翼成员积极为工党的转变而奋斗。他们对工党内部社会主义发展的可能性抱乐观态度,并对建立一个新政党的想法产生了强烈的不安感,这降低了新左翼内部要求成立一个独立的社会主义组织的呼声。新左翼领导把大部分希望都倾注在了改造工党的战略上,而不是为建立他们自己的组织而努力,这一战略对新左翼产生了很大影响。20世纪60年代初,工党右翼占据上风,新左翼要求建立一个独立于社会民主主义和斯大林主义的社会主义的目标受到了严重挫折。[1] 此外,由于新左翼的弱组织性和开放性,许多左翼、社会主义者、激进主义者都得以加入新左翼俱乐部、社团、期刊杂志等的讨论中,这在扩大了新左翼知名度的同时,也使新左翼看起来价值追求十分多元,缺乏清晰、完整、一致的理论和政治基础,而且增加了新左翼内部管理的难度,最后反噬到了组织建设中。

其次,新左翼在政策措施方面较为理想化,提出的社会主义革命和建设措施缺乏实际可行性。新左翼在社会主义、马克思主义理论方面做出了不可忽视的贡献,他们主张的"社会主义人道主义""文化马克思主义""结构主义的马克思主义"等对战后西方发展、更新社会主义和马克思主义理论开拓出了新的理论空间。他们对消费资本主义的尖锐批判、对道德的呼吁,也促使人们反思资本主义带来的问题。但是落到具体的社会政策方面,新左翼的表现往往乏善可陈。由于没能建立一个强大的政治组织和平台,新左翼难以参与到国家政治权力的角逐中,缺乏真正接触、处理社会经济政治问题的实践经验。而且,新左翼人士多数是学者、思想家而非国家政治机构的实际管理者,这也使得新左翼提出的改造社会的策略常常流于空想,难以实行。

---

[1] Paul Blackledge, "Learning from defeat: reform, revolution and the problem of organization in the first New Left", *Contemporary Politics*, Vol. 10, No. 1, 2004, pp. 27–31.

最后，新左翼运动的领导者主要是知识分子和青年学生，而非传统的工人阶级，这使新左翼不可避免地出现知识精英主义倾向，一定程度上脱离了工人和人民群众。虽然有部分工人阶级参与到新左翼运动中，但是新左翼运动的主力军却是知识分子和青年学生。汤普森、萨维尔、塞缪尔、霍尔等人当时或是在大学就读或是已在学校任教。牛津大学、剑桥大学的许多激进青年学生都参与到了新左翼运动中，新左翼俱乐部、论坛、期刊的组织者也主要是这些学生和知识分子。由于不满资本主义的社会现状，期许更加美好的社会主义未来，他们纷纷加入这一浪潮。正因如此，新左翼运动不同于传统的以工人阶级为主角的激进运动，其倾向、诉求、策略也不再是以满足工人阶级为唯一导向，而带有明显的知识精英主义色彩。但这也带来了副作用，知识精英主义色彩使新左翼与工人阶级和其他中下层阶级相脱离，这些阶级难以被新左翼的主张吸引，其积极性没能被充分调动，阶级基础的缺乏反过来也影响了新左翼运动的进一步发展。

从外部来看，一方面，在新自由主义盛行对世界左翼运动的冲击下，英国新左翼运动也走向消沉。20世纪70年代末以后，新自由主义取代社会资本主义成为诸多西方国家的主导型意识形态。在新自由主义的强大攻势下，左翼思想、运动、组织受到巨大冲击，世界左翼运动、工人运动纷纷陷入低潮。作为新自由主义的先锋地，撒切尔夫人的主要舞台，英国自然走在了反左翼的前列，在这样的环境中，左翼举步维艰。大环境的变化使新左翼的处境更加艰难。另一方面，各种新社会运动如雨后春笋般涌现，挤压了新左翼运动的生存空间。20世纪70年代末以后，和平运动、生态运动、女权运动、同性恋运动等逐渐取代传统的左翼运动成为激进运动的主要形式。这些新社会运动早在第二次世界大战后初期已经出现，可那时传统的左翼运动、工人运动依然活跃在历史舞台中。但是到20世纪70年代末以后，西方经济社会结构、阶级关系和价值观念的演化和分化使群众诉求更加多元，新社会运动由此有了更为有利的发展土壤。关于新左翼运动与

第八章　英国新左翼在左翼谱系中的地位考察与当代世界社会主义展望 | 289

新社会运动的关系，学界有着不同的看法，有人认为新社会运动不同于新左翼运动，也有人认为新社会运动是新左翼运动在资本主义发展新时期的变种形式，新左翼运动对新社会运动有重要影响。如有研究者指出，新社会运动取代新左翼运动使英国马克思主义者进一步分化：一部分人坚持社会主义信仰，把参加新社会运动的目标视为晚期资本主义时代反抗资本主义、保持社会主义革命性的一种现实方式；一部分人则认为运动即是目标，从而在不宣称放弃社会主义信仰的前提下，把各种新社会运动的目标作为自己的乌托邦期待；另外一些人则把传统社会主义作为一种本质主义的观念公开加以抛弃，转而将"链接"了各种新社会运动的政治、社会、文化诉求的多元激进民主作为自己的乌托邦期待。[①] 总之，西方世界从经济、政治、社会到思想意识所发生的剧烈变化影响了新左翼运动的生存空间，最终使新左翼运动淡出了历史舞台。

　　作为思想运动，新左翼对社会主义的探索做出许多贡献，提出了不少有别于传统左翼的新观点，但新左翼思想自身也存在局限性，正是这些问题的存在阻碍了新左翼思想的进一步深化，导致新左翼发展受限，难以发挥实质性政治影响。首先，新左翼思想没能上升为系统化、体系化的理论。新左翼学者众多，各自有其专注的学术领域，理论来源多样，价值追求多元而分散，对于社会主义理论与实践也有不同的看法，造成新左翼思想难以形成统一的理论体系。零散的、多样的观点使大众在了解新左翼思想的过程中难以迅速捕捉到它的思想精髓。纷繁芜杂的观点和理论使其难以快速获致人们的认同，影响了新左翼思想的大众化。同时，在新左翼内部分歧众多，第一代和第二代新左翼之间，同一代新左翼之间，均存在对各种问题的争议，在内部又没有强有力的领导核心能领导全体新左翼。因此，差异化的观点使新左翼思想难以上升为系统化、规范化的理论体系。另外，

----

① 参见孔明安等《当代国外马克思主义新思潮研究——从西方马克思主义到后马克思主义》，中央编译出版社2012年版，第78页。

除了《走出冷漠》《五一宣言》之外，新左翼很少有专门的著作对其思想进行提炼，其思想往往分散在《新左翼评论》《新理性者》《大学与左翼评论》等期刊杂志和一些个人专业著作、自传中，这也增加了人们了解新左翼思想的不便。而新左翼思想家大多是各个专业领域的学者，在众多著述中既有各自领域的研究专著，也有论及新左翼运动的论著，这不仅在当时造成人们理解新左翼思想的困难，也对后来的新左翼研究者提出了不小的挑战。这些因素影响了新左翼思想的理论化、体系化和大众化程度，也导致一些很有价值的新左翼观点、思想的光芒被掩盖。

其次，早期新左翼深受伦理社会主义影响，将社会主义视为一种道德的理想，带有比较浓厚的乌托邦色彩。伦理社会主义是19世纪后期在西方兴起的、重视人的主体作用和道德重要性的社会主义流派。伦理社会主义实质是一种道德社会主义，它主张以道德重塑社会、以德性教化社会、以渐进改革方式改造社会。伦理社会主义曾对19世纪末到20世纪的社会民主党和民主社会主义产生深刻影响。20世纪流行于西方世界的民主社会主义的重要理论来源之一便是伦理社会主义。英国本土也出现过一些伦理社会主义者，如威廉·莫里斯。汤普森深受莫里斯的影响，曾写就《威廉·莫里斯：从浪漫主义到革命》一书，对其生平和思想进行研究。莫里斯的伦理社会主义思想是汤普森的人道主义思想的主要来源之一。汤普森主张恢复道德在人类生活中的作用，通过德性的重构来实现社会主义等观点都可以在莫里斯的思想中找到痕迹。因深受伦理社会主义的影响，新左翼的社会主义人道主义思想强调意识的重要作用，却在一定程度上低估了经济基础对上层建筑的决定作用。人的价值不是一成不变的，道德自律和人的需要也如此，因此在"我要"和"我们要"之间存在着理想主义与现实主义的矛盾状态。也正因对思想意识的强调，新左翼忽视了革命政党理论的作用，这也导致新左翼在实际政治中的表现乏善可陈。正如社会主义人道主义的反对者所言，汤普森等社会主义人道主义者没有解决清楚目的—手段的问题，对目的思考太多而对手段思考太少，建构了一个理想的道德王国，却对通往理想王国之路谈之甚少，本质上还是具有乌托邦色彩的伦理社会主义。

最后，在新左翼思想中存在经济范畴的理论盲点。在新左翼的思想中，可以看到新左翼思想家在文化、意识、经验、结构等方面的成就，但却较少看到精通经济学尤其是精通马克思主义政治经济学的思想家。在新左翼思想中，作为社会主义从空想到科学的发展中最重要的理论基石之一，马克思对资本主义经济运行规律、对资本主义本质矛盾的分析几乎是缺席的，对经济要素的忽视也使新左翼难以从根本上找到突破资本主义的方式。以汤普森为代表的第一代新左翼过于强调马克思主义中的人文内核和道德作用，重视经验主义和文化主义，却缺乏对资本主义的经济批判，因而其社会主义思想带有浓厚的理想主义色彩。在他们的思想中，可以看到浓厚的伦理社会主义、本土激进主义传统的痕迹，既缺乏马克思主义经济学分析，也缺少对马克思以后的重要马克思主义者的深刻理解。而以佩里·安德森为代表的第二代新左翼虽然引进欧洲大陆马克思主义，注重结构主义和总体主义，但只是重视政治结构的整体作用，在经济结构方面依然存在盲区。两代新左翼之间的争鸣尽管丰富了英国马克思主义理论，推动了战后英国马克思主义的发展，对西方人文社会科学研究产生积极影响，也对社会主义道路做出了有益的思考和探索，但对经济要素的忽视使其思想始终存在局限性。他们对资本主义的批判虽严厉而不够有力，难以从根本上找到突破资本主义的方式，无法得出具有实际可操作性的社会主义路径。此外，对革命政党理论的忽视也使新左翼在实际政治中的表现乏善可陈。理论的局限也是新左翼后来逐渐衰退的主要原因。

二 当代西方左翼的发展困境

作为第二次世界大战后西方世界具有代表性的一支左翼力量，我们可以从英国新左翼的兴起、发展和衰落的轨迹看到战后西方左翼的发展缩影。战后西方左翼曾经历了由繁荣到低迷、改革、在曲折中奋进的发展历程。第二次世界大战前左翼力量通过斗争努力在一些国家获得执政权力，战后在20世纪50—60年代左翼力量得到发展和巩固，20世纪70年代后期以来随着新自由主义的全球化扩张，左翼的生存空间不断遭受挤压。在撒切尔夫人、里根等的推行下，新自由主义成为大多数西方资本主义国家的指导思想。由于新自由主义的经济政策在当时缓解了危机，使经济得以复苏，从而被当作社会民主主义的替代性选择。新自由主义政党在许多国家纷纷通过选举上台执政，左翼政党发展一度受挫。但是随着时间推移，新自由主义的问题逐渐凸显。在新自由主义的影响下，资本主义在基本不受限制的状态下发展起来，出现了全球性扩张。这一方面带来垄断的强化，另一方面导致金融资本主义的盛行。财富从劳动向金融投机转型，信贷的大规模发展导致金融泡沫的产生，最终引发2008年国际金融危机。全球范围内的资本集中和过度积累产生日益增长的不稳定，也加剧了不平等。一方面，金融不再是服务于生产力的工具，而成为经济生活的主人，扭曲了经济发展；另一方面，金融资本获得了政治权力，控制了西方国家的主要政党，使其变成金融大鳄的发声器。[①] 因此一些西方学者将新自由主义的推行视为2008年国际金融危机爆发的主要原因，"新自由主义崇尚自由化、私有化和市场化，反对国家干预，在全球化的资本主义国家中占据主导地位。新自由主义的普遍推行，一方面在一定程度上缓解了凯恩斯主义带来的困境，另一方面却使西方发达国家深陷危机"[②]。当代资本主义面临的危机是持续性、系统性的，它根植于资本主义的内在矛盾。经济复苏困难、贫富分化

---

① 参见黄斐《二战后英国左翼谱系考察——英国新左翼、共产党和工党思想比较》，《科学社会主义》2021年第1期。
② ［美］大卫·科茨、黄斐：《新自由主义的衰落与社会主义的未来——大卫·科茨访谈》，《当代世界与社会主义》2016年第2期。

第八章　英国新左翼在左翼谱系中的地位考察与当代世界社会主义展望 | 293

严重、意识形态危机、软实力下降、社会冲突加剧等现象越来越暴露出这一制度的脆弱性。资本主义发展到今天，似乎总是在循环往复地上演着相似的戏剧，即遭遇一次次经济危机，在危机中绝处逢生，通过改良和革新开启下一轮扩张，但无论怎样修补，总是无法避免陷入下一轮危机中。如此周而复始，去而复来，成了资本主义无法摆脱的发展悖论和始终悬在资产阶级头上的达摩克利斯之剑。在一次次的改良中，资本主义的自我调节能力逐渐降低，创新空间被持续压缩，能够用以调节和解决危机的手段越来越少。在经济危机影响下，世界经济和政治局势发生变化，面临着动荡、改变和重组，进而重塑着社会主义的发展环境。

苏联解体、东欧剧变以后，西方左翼曾遭遇重创，为谋求生存，西方左翼政党纷纷重组、转型，曾在20世纪90年代后期经历了短暂的"复兴"。在20世纪90年代后期欧洲曾出现一片"粉红色"政治，在当时的欧盟15国中，以社会民主党为主的中左政党在除西班牙和爱尔兰以外的13国赢得选举胜利从而掌权，这是在欧洲有史以来第一次出现社会民主党人同时在主要的欧洲国家组织政府的局面。西方社会民主党提出"第三条道路""新中间道路"等改革方案，试图融合新自由主义和社会民主主义，曾一度为社会民主党赢得新的发展空间。但是这样的改革方案并没有为社会民主党带来长久的胜利，在短暂"复兴"一段时间以后，一些社会民主党又回到了在野状态。2008年国际金融危机发生后，西方左翼根据新形势再次调整和更新，一定程度上呈现出向传统左翼理念的"复归"。自国际金融危机爆发以来，国际社会对新自由主义的质疑声日盛，对社会主义的讨论再度兴起。2008年以来马克思的《资本论》在西方一些国家销量大增，社会主义思想理念重新得到关注，左翼力量逐渐抬头。比如有马克思主义倾向的工党激进左翼杰瑞米·科尔宾（Jeremy Corbyn）在2015年当选为英国工党领袖；推崇民主社会主义的伯尼·桑德斯（Bernie Sanders）在2016年和2020年参加美国总统大选的角逐，受到平民阶层的选民欢迎。在社会运动方面，对新自由主义的不满引发西方国家群众的诸多质疑，爆发了诸如"占领华尔街"这样大规模的群众运动，在运动中出现了"走向社会主义"的口号。新自由主义的问题使得过去一段时间被忽视和淹没的社会主义理论重新得到关注，社会主义理论获得新的发展空间。许多国家的共产党和左翼党派、知识分子以及进步力量都发出了对资本主义的批判之声和重塑社会主义的呼唤。这些迹象都表明西方社会正发生着深层次的社会变革和思想转型。

但对于西方左翼而言，想重现往日辉煌仍然存在一些严峻的外部挑战和内部问题。在外部挑战方面，一方面，2008年国际金融危机、2010年欧债危机、2020年新冠疫情带来的经济重创在冲击新自由主义的同时，也给左翼提出了如何以超越新自由主义的方案解决经济困境的难题；另一方面，财富分配不均衡、福利制度难以为继带来的民生问题、群众运动和阶级冲突、社群族群关系紧张等社会问题，也需要左翼能提出真正有效的解决方案。此外，近年来右翼民粹主义政党迅速发展，它们为迎合失意者群体和极端群体的诉求，构建了一系列政策话语，吸引了相当一部分追随者，甚至包括部分原本支持左翼政党的群体，使左翼在传统右翼的竞争外又增加了强劲的竞争对手。

在内部问题方面，首先，意识形态特色的退却为左翼政党赢得了短暂的选举回温，但从长远来看导致其身份特征和阶级基础的模糊化，进而使西方的民主社会主义失去了作为替代资本主义思想意识和政治议程的价值。左翼政党在阶级党和全民党的身份中迷茫和徘徊，身份特征不够鲜明，社会基础渐趋模糊，因此重塑左翼独特的身份和形象是其面临的紧迫任务。其次，"中间化"转型使西方左翼丧失了传统的组织优势。左翼力量传统的组织优势在于对工人阶级群体的有力动员，但是为吸引不同阶层而采取的中间化路线使一些工人阶级对左翼产生质疑，继而投向了其他政治组织，而其他社会阶层对于左翼政党的忠诚度又受到多方面因素的影响。因此，如何平衡不同阶层的利益，在保有传统组织优势的同时发展新的组织力量，也是左翼亟待思考的问题。再次，派别众多、内部分化严重影响了西方左翼整体力量的扩大。虽然出现了如"共产党和工人党国际会议""欧洲共产党和工人党倡议"这样的交流平台，但总体来看左翼内部依然派别众多、分裂严重，矛盾冲突时有发生，这对其影响力的扩大造成较大掣肘。最后，理论体系不够系统和规范，批判有余而建构不足。虽然曾有"欧洲共产主义""第三条道路"等这些理论上的创新尝试，但其实质只是修改过去左翼坚持的一些理念并融合自由主义、改良主义等话语概念，难以经受时代变迁的考验。在对现存资本主义制度体系的批判方面，左翼往往能够尖锐地指出资本主义的弊端和症结所在，然而在如何克服危机和解决问题方面，却难以提出切合实际的替代性议程。这些问题在当前以及未来一段时间都将持续影响着西方左翼的发展，西方左翼的未来在很大程度上取决于对这些问题的解决能力。

三 当前世界社会主义的挑战和发展机遇

"世界社会主义"是指，在世界范围内批判、否定和超越资本主义，以实现人的自由全面发展和公平正义为目标的理论、运动和制度的总称。世界社会主义与科学社会主义既有联系也有区别。"从学科上看，科学社会主义研究各国共产党人在马克思主义指导下开展的社会主义革命和建设的基本理论和一般规律，世界社会主义则是研究当今世界各左翼及进步力量开展的反对资本主义、探索社会主义的理论和实践。我们要看到世界社会主义思潮流派和左翼力量之间的联系和区别，既不宜将当今世界社会主义看作单纯的科学社会主义，也不能以世界社会主义来代替科学社会主义，两者各有自己的研究对象和研究范畴。"[①] 世界上奉行社会主义原则的国家、

---

① 柴尚金：《当前世界社会主义研究中值得关注的几个小问题》，《马克思主义研究》2022年第4期。

政党和组织，都能够纳入世界社会主义的范畴中。关于当代世界社会主义的流派划分，有一种代表性观点认为，当代世界社会主义可分为三大家、三中家、三小家。势力最大的三家分别是各国共产党信奉的科学社会主义、各国社会党推行的民主社会主义和各个民族国家民族党盛行的民族社会主义。势力中等的三家是绿党的生态社会主义、托洛茨基派的社会主义和极左派共产党的社会主义。力量较小的三家是无政府主义、西方学者的社会主义和当代乌托邦社会主义。① 这一划分方式虽没有全面列举出当代世界社会主义的分支，但对于我们认识世界社会主义的思维方式的转变具有启发意义。"我们观察与研究世界社会主义运动，要有全球化的视角，要把自己置于世界整体文明的战略制高点上。要把'千千万万'和'浩浩荡荡'的人民大众纳入世界社会主义运动的滚滚巨流，没有云水般的襟怀是难以实现的。观察与研究世界社会主义运动，最忌狭隘与浅薄。对待一切社会主义的理论与实践，都应抱着建设性的心态去研究问题、总结经验和教训。也就是说，总结经验，是为了在成功的基础上更快地前进，而不单单是或者说主要不是为了论证成就和辉煌；总结教训，则是为了从错误中学习，而不单单是或者说主要不是为了批判失败和挫折。科学社会主义是在批判其他形形色色的社会主义的过程中成长起来的，但这种批判是扬弃，而不是简单的拒斥与否定。"②

以这样广义的视角来观察世界社会主义运动，会发现 20 世纪 80 年代以后的世界社会主义运动与此前相比整体处于相对低迷的状态。自 20 世纪 70 年代末新自由主义成为大多数西方资本主义国家的指导思想以后，西方社会主义运动就陷入低潮，全球左翼运动热潮退去，劳工运动走向消沉。在

---

① 参见高放《社会主义运动——从理论到实践的转变（1848—1917）》，北京师范大学出版社 2018 年版，第 32 页。

② 蒲国良主编：《世界社会主义运动概论》，中国人民大学出版社 2006 年版，前言第 4—5 页。

第八章　英国新左翼在左翼谱系中的地位考察与当代世界社会主义展望 297

这种国内外环境下，英国新左翼也难以幸免，社会影响力下降，逐渐从政治舞台上消失。苏联解体、东欧剧变后，世界政治力量对比发生剧变。社会主义阵营急剧缩小，苏东地区政治气候快速右转，许多国家的共产党纷纷改旗易帜，放弃废除私有制、消灭资本主义的主张。在西方，左翼政党失去大批民众支持，在意识形态领域节节后退，被迫选择向中间政党转型，包括社会主义公有制在内的传统社会主义原则在一些左翼政党的党纲中消失了。此外，西方产业工人数目持续减少，左翼政党面临阶级基础模糊化的危机。20世纪70年代末以后欧美资本主义国家普遍实行私有化战略，左翼政党在转型中试图融合新自由主义与社会民主主义，这一调整被一些学者称为"新修正主义"，即在社会主义和资本主义之间根据新自由主义而做出的和解。它意味着："市场应由法律来规范，而不是由国家所有制来控制；认可社会的目标不是资本主义，但必须与社会公正并存；对市场的规范越来越是超国家手段实现的目标；国家主权是一个有限的概念；必须摒弃一国走上社会主义道路的观念。它意味着，同工人阶级的历史联系不再具有优先的重要性；工会被认为是工人利益的代表，但在政治上并不能比其他利益团体有更大的发言权。它意味着，对消费者所关注的事情要赋予比过去大得多的优先性。新修正主义必然吸纳了保守主义者批评社会主义的一些重要内容——包括集体提供与官僚惯性之间的结合。"[①] 新修正主义的典型代表就是提出"新工党、新英国"战略的英国工党。英国工党在20世纪90年代提出要走在社会民主主义和新自由主义之间的"第三条道路"，并修改了党章第四条，废除社会主义公有制的内容，接受了新修正主义的大部分核心理念。不仅英国，还有德国、荷兰、瑞典等国，到20世纪90年代末，欧洲大部分社会主义者和社会民主政党都走上了新修正主义道路。

这种趋势到21世纪初有所转变，如前所述，尤其是2008年国际金融危

---

① [英]唐纳德·萨松：《欧洲社会主义百年史——二十世纪的西欧左翼》下册，姜辉等译，社会科学文献出版社、重庆出版社2017年版，第1156页。

机之后，资本主义遭遇体系性危机，而新自由主义无法解决这些问题，因此社会主义重新得到人们的关注。当前的世界社会主义发展既面临内外挑战也有着时代机遇。在挑战方面，首先，资本主义生产方式有了新发展，发生了新变化，出现了新形式。全球化背景下资本社会化程度加深，资本控制形式由国家控制发展为由跨国公司控制国际资本。在新科技革命的持续推动下，科学技术飞速发展，传统的工业经济向知识经济转变。因此社会主义者必须因应时代变化做出调整，突破传统瓶颈，开拓新时代的社会主义思想和战略。其次，右翼民粹主义势力的崛起给左翼带来更大压力。伴随着西方经济政治社会危机而兴起的右翼民粹主义势力正在向全球蔓延。欧美国家的一些极右翼政党力量迅速增强，右翼民粹主义势力的抬头，构成了对左翼的重大挑战。最后，社会主义阵营内部分化较为严重，尚未形成团结的统一体。当前既有以社会主义为旗帜的国家，如中国、越南、古巴、朝鲜、老挝，在西方资本主义国家以及一些发展中国家里也有包括社会民主党和共产党在内的传统左翼政党和新兴激进左翼政党，有些国家甚至存在多个相互竞争的左翼政党。这些国家和政党对于社会主义的理解、实现社会主义战略的看法不尽相同，使得不论是区域性还是全球性的社会主义力量都较为分散，对世界社会主义形成合力造成影响。

在面临这些挑战的同时，世界社会主义同样也有发展机遇。第一，当前资本主义世界面临严峻的危机和深刻的经济、政治、社会及文化矛盾。在全球化发展下，资本的扩大与市场的有限之间形成矛盾张力，跨国公司的内部计划性和全球市场的无政府状态产生冲突。尽管资本的形式和特征有所转变，但资本主义的本质依然如马克思所说的，存在劳动的社会化同生产资料私人占有之间的矛盾，每当它们达到同资本主义外壳不能相容的时候，这个外壳便会出现问题。近年来，西方国家面临生存危机、信仰危机和文化冲突，许多民众对资本主义民主制表示失望，对资本主义价值观的质疑声不断。经济危机引起社会矛盾激化，国内阶层之间、本国公民与外来移民之间、基督教文明和伊斯兰文明之间存在激烈的矛盾和冲突。现行的社会体制又难以解决这些矛盾和危机,提不出有效的解决方案。同时,逆全球化浪潮兴起,西方国家呈现出社会撕裂化、政治碎片化等新变化,民众的思想意识正发生剧烈转变。在这种情况下,社会主义有可能重新回到民众的视野中。但要使更多人接受社会主义,就需要证明在资本主义遭遇发展性危机时,社会主义有能力提出一种替代性政治议程,有希望解决资本主义的全方位危机。此外,面对民粹主义的崛起,社会主义者也需要证明社会主义是比民粹主义更优的选择。

第二,在经历调整和重组后,左翼力量有所恢复,一些共产党和社会民主党在本国政治舞台中发挥着越来越重要的作用。俄罗斯、乌克兰、印度、尼泊尔等发展中国家的共产党力量在逐渐恢复中。发达资本主义国家如法国、意大利、希腊等国的共产党也在进行调整和革新,社会主义思想在这些国家仍在不断开拓新的生存和发展空间。21世纪以来社会党国际的成员多达100多个,拥有几千万党员,其中参与执政的政党近三分之一。绿党也发展为一支不可忽视的左翼力量,在政坛上发挥更多作用。但这些左翼力量在未来的前途与发展,将取决于他们在资本主义危机之后实现"否定之否定"的程度和水平。这不是简单地回归到过去的旧左翼,也不仅仅是在已经向右走了很远的路之后掉过头来往回走几步了事,而是基于资本主义危机之后的新形势和新变化,真正在"否定之否定"的过程中塑造一个全新的左翼、一种有希望的社会主义。在实现新的"否定之否定"的过程中,左翼需要处理好四个方面的关系,包括左翼与社会主义的关系、左翼运动与阶级运动的关系、议会选举活动与社会群众运动的关系以及民族国家范围内的活动与全球范围内的活动的关系。①

第三,中国、越南、古巴、朝鲜、老挝这些坚持社会主义方向的国家

---

① 参见姜辉《西方左翼何去何从——21世纪西方左翼的状况与前景》,《国外社会科学》2015年第3期。

通过改革取得重大成就，成为与资本主义抗衡的重要力量，中国成为世界社会主义的中流砥柱。苏联解体、东欧剧变后许多原共产主义国家改弦易辙，但仍有少数国家坚持社会主义方向，如中国、越南、古巴、朝鲜、老挝。在世界社会主义运动处于低潮的阶段，这些国家坚持社会主义方向，结合本民族实际探索社会主义道路，取得了令人瞩目的成就。在社会主义运动的复兴趋势下，这些国家已成为社会主义力量的主力军，推动着世界社会主义运动向前发展。尤其是中国，随着世界社会主义核心力量的东移，中国已成为当前世界社会主义的中流砥柱。改革开放以来中国突破了苏联模式，形成了中国特色社会主义，并经历了从"发展型社会主义"向"共享型社会主义"的转型。中国特色社会主义的突出特点是将社会主义原则和市场相结合，在运用市场工具的同时发挥政府的宏观调控能力，形成了"社会主义原则—市场—政府"三维互动的独特发展格局。新时代的中国社会主义建设呈现出鲜明的共享导向：对内致力于解决发展不平衡不充分的问题，对外致力于推动构建人类命运共同体，以共商共建共享原则推动共建"一带一路"高质量发展，以中国的新发展为世界提供新机遇。从发展导向到共享导向，中国特色社会主义经历了从立足本土到走向世界的历程，社会主义不断被赋予新的时代内涵和世界意义。中国马克思主义的最新成果——新时代中国特色社会主义，将成为代表 21 世纪世界社会主义新方向的旗帜。一方面，它力图实现中国特色社会主义与世界社会主义的统一；另一方面，它力图实现中国现代化与世界发展的统一。中国的成就彰显了中国特色社会主义的强大生机活力和社会主义的长远发展潜力，谱写了世界社会主义历史发展的崭新篇章，深刻影响了世界发展趋势和格局。未来，中国将成为世界社会主义走向振兴最可靠、最坚实的阵地，将继续为世界发展和人类文明贡献中国智慧、中国方案和中国力量。[①] 同时也应看到，社

---

① 参见黄斐《比较视野下东西方社会主义观：体系、起源与生成路径》，《北京大学学报》（哲学社会科学版）2022 年第 2 期。

会主义与资本主义的博弈在未来相当长一段时期内仍将表现为合作与斗争并存。"我们要深刻认识资本主义社会的自我调节能力，充分估计到西方发达国家在经济科技军事方面长期占据优势的客观现实，认真做好两种社会制度长期合作和斗争的各方面准备。"① 因此在新时代，中国仍应坚持发展综合国力、提升人民生活水平、扩大国际影响力，不断展现中国制度的优越性、吸引力和感召力，在与资本主义的合作、竞争和斗争中继续推进中华民族的伟大复兴事业，引领人类文明的发展方向。

当前，全球格局正处于大变局中，国际秩序正在发生结构性变化，资本主义制度面临危机，社会主义核心力量东移，西方传统左翼亟待突破自身困境，激进右翼势力抬头，世界秩序呈现出逆全球化和民粹化倾向。世界大变革所导致的社会权力关系变化，对世界社会主义理论与道路提出了重大挑战，也产生了许多需要从学理和实践上回答的问题。社会主义者需要在挑战与机遇中，在当代社会主义和资本主义的新变化、新发展中，对社会主义的未来进行更加深入的思考和探索。

---

① 习近平：《关于坚持和发展中国特色社会主义的几个问题》，《求是》2019年第7期。

参考文献

一 中文文献

（一）经典著作

《马克思恩格斯文集》（第1卷），人民出版社2009年版。
《马克思恩格斯文集》（第2卷），人民出版社2009年版。
《马克思恩格斯文集》（第3卷），人民出版社2009年版。
《马克思恩格斯文集》（第5卷），人民出版社2009年版。
《列宁选集》（第1卷），人民出版社2012年版。
《列宁选集》（第2卷），人民出版社2012年版。
《列宁选集》（第3卷），人民出版社2012年版。
《列宁选集》（第4卷），人民出版社2012年版。
《邓小平文选》（第2卷），人民出版社1994年版。
《邓小平文选》（第3卷），人民出版社1993年版。
《习近平谈治国理政》（第一卷），外文出版社2018年版。
《习近平谈治国理政》（第二卷），外文出版社2017年版。
《习近平谈治国理政》（第三卷），外文出版社2020年版。

（二）中译著作

［英］阿伦·斯克德、克里斯·库克：《战后英国政治史》，王子珍、秦新民译，世界知识出版社1985年版。

［英］爱德华·汤普森：《共有的习惯》，沈汉、王加丰译，上海人民出版社2002年版。

［英］E. P. 汤普森：《英国工人阶级的形成》，钱乘旦等译，译林出版社2013年版。

［英］彼得·诺兰、苏珊娜·佩因等：《英国工党的民主社会主义经济纲领》，章宗炎等译，陕西人民出版社1991年版。

［英］比尔·考克瑟等：《当代英国政治》（第4版），孔新峰、蒋鲲译，孔新峰校，北京大学出版社2007年版。

［英］C. R. 艾德礼：《工党的展望》，吴德芬、赵鸣岐译，商务印书馆1961年版。

［美］丹尼斯·德沃金：《文化马克思主义在战后英国：历史学、新左派和文化研究的起源》，李凤丹译，人民出版社2008年版。

［英］高兰等：《英国共产党三十年》，符家钦等译，人民出版社1953年版。

［英］哈罗德·威尔逊：《英国社会主义的有关问题》，李崇淮译，商务印书馆1966年版。

［英］亨利·佩林：《英国工党简史》，江南造船厂业余学校英语翻译小组译，上海人民出版社1977年版。

［英］霍布斯鲍姆：《趣味横生的时光：我的20世纪人生》，周全译，中信出版社2010年版。

［英］克罗斯兰：《社会主义的未来》，轩传树、朱美荣、张寒译，上海人民出版社2011年版。

［英］拉斐尔·塞缪尔：《英国共产主义的失落》，陈志刚、李晓江译，社会

科学文献出版社 2010 年版。

［英］拉尔夫·米利班德：《马克思主义与政治学》，黄子都译，商务印书馆 1984 年版。

［英］拉尔夫·米利班德：《英国资本主义民主制》，博铨、向东译，商务印书馆 1988 年版。

［英］雷蒙德·威廉斯：《政治与文学》，樊柯、王卫芬译，河南大学出版社 2010 年版。

［英］雷蒙德·威廉斯：《漫长的革命》，倪伟译，上海人民出版社 2013 年版。

［英］雷蒙·威廉斯：《希望的源泉：文化、民主、社会主义》，罗宾·盖布尔编，祁阿红、吴晓妹译，译林出版社 2014 年版。

［德］马克斯·比尔：《英国社会主义史》，汤澄波译，商务印书馆 1936 年版。

［英］迈克尔·肯尼：《第一代英国新左派》，李永新、陈剑译，江苏人民出版社 2010 年版。

［英］佩里·安德森：《西方马克思主义探讨》，高铦等译，人民出版社 1981 年版。

［英］佩里·安德森：《当代西方马克思主义》，余文烈译，东方出版社 1989 年版。

［英］佩里·安德森、帕屈克·卡米勒编：《西方左派图绘》，张亮、吴勇立译，江苏人民出版社 2002 年版。

［英］佩里·安德森：《思想的谱系：西方思潮左与右》，袁银传、曹荣湘等译，社会科学文献出版社 2012 年版。

［新］斯科特·汉密尔顿：《E. P. 汤普森、新左派和战后英国政治》，程祥钰译，上海人民出版社 2018 年版。

《苏联共产党第二十次代表大会文件汇编》（上），人民出版社 1960 年版。

［英］唐纳德·萨松：《欧洲社会主义百年史》，姜辉、于海青等译，社会科学文献出版社 2013 年版。

英国共产党：《英国走向社会主义的道路》，李同译，人民出版社 1953 年版。

英国共产党：《英国共产党第二十五次代表大会文件》，世界知识出版社 1957 年版。

英国共产党：《英国共产党第二十七次代表大会文件》，世界知识出版社 1961 年版。

［英］约翰·伊顿：《英国工党的假社会主义》，李一泯译，世界知识出版社 1951 年版。

中共中央党校科学社会主义教研室、国外社会主义问题教研组编：《欧洲共产主义资料选编》（上、下），中共中央党校科研办公室 1985 年版。

中共中央对外联络部七局编：《英国走向社会主义的道路：英国共产党纲领》，中共中央对外联络部七局 1979 年版。

（三）中文著作

陈之骅、吴恩远、马龙闪主编：《苏联兴亡史纲》，中国社会科学出版社 2016 年版。

程祥钰：《历史，经验与感觉结构——英国新左派的文化观念》，社会科学文献出版社 2020 年版。

高放：《社会主义运动——从理论到实践的转变（1848—1917）》，北京师范大学出版社 2018 年版。

贺五一：《新文化视野下的人民历史：拉斐尔·萨缪尔史学思想解读》，社会科学文献出版社 2012 年版。

胡小燕：《文化观念的重构与变迁：论英国文化马克思主义对基础/上层建筑模式的反思》，人民出版社 2016 年版。

孔明安：《当代国外马克思主义新思潮研究——从西方马克思主义到后马克思主义》，中央编译出版社 2012 年版。

李凤丹：《英国文化马克思主义的逻辑与意义》，人民出版社 2015 年版。

李凤丹：《英国文化马克思主义研究：基于大众文化与政治的关系》，江西人民出版社 2010 年版。

刘建飞：《英国政党制度与主要政党研究》，中国审计出版社 1995 年版。

鲁绍臣：《历史与政治：佩里·安德森的思想研究》，重庆出版社 2016 年版。

吕楠主编：《世界主要政党规章制度文献（英国）》，中央编译出版社 2015 年版。

蒲国良主编：《世界社会主义运动概论》，中国人民大学出版社 2006 年版。

钱乘旦等：《日落斜阳——20 世纪英国》，华东师范大学出版社 1999 年版。

钱乘旦、许洁明：《英国通史》，上海社会科学院出版社 2002 年版。

乔瑞金等：《英国的新马克思主义》，人民出版社 2013 年版。

商文斌：《战后英共的社会主义理论及英共衰退成因研究》，中国社会科学出版社 2010 年版。

沈志华主编：《苏联历史档案选编》（第 27、28 卷），社会科学文献出版社 2002 年版。

舒开智：《雷蒙德·威廉斯文化唯物主义理论研究》，学苑出版社 2011 年版。

帅能应主编：《发达资本主义国家共产党的历史与现状》，中国人民大学出版社 1990 年版。

阎照祥：《英国史》，人民出版社 2014 年版。

阎照祥：《英国政党政治史》，中国社会科学出版社 1993 年版。

张亮：《阶级、文化与民族传统：爱德华·P. 汤普森的历史唯物主义思想研究》，江苏人民出版社 2008 年版。

张亮编：《英国新左派思想家》，江苏人民出版社 2010 年版。

张亮、熊婴编：《伦理、文化与社会主义：英国新左派早期思想读本》，江苏人民出版社 2013 年版。

赵国新：《新左派的文化政治：雷蒙·威廉斯的文化理论》，外语教学与研究出版社 2009 年版。

乔瑞金等：《英国的新马克思主义》，人民出版社 2013 年版。

邹威华：《斯图亚特·霍尔的文化理论研究》，中国社会科学出版社 2014 年版。

（四）中译论文

［英］爱德华·汤普森：《论阿尔都塞的结构主义马克思主义》，张亮译，《马克思主义美学研究》2008 年第 1 期。

［英］保尔·布莱克雷治：《道德和革命：英国新左派中的伦理论争》，林育川等译，《现代哲学》2007 年第 1 期。

［英］比尔·施瓦兹：《接受差异——斯图亚特·霍尔访谈录》，丁珂文译，《文化研究》2014 年秋第 20 辑。

［美］丹尼斯·德沃金：《斯图亚特·霍尔与英国马克思主义》，杨兴林译，《学海》2011 年第 1 期。

胡鸣剑编写：《〈新左翼评论〉的自杀》，《国外理论动态》2001 年第 7 期。

［英］玛德琳·戴维斯：《资本主义新变化与新左派的"丰裕"之争——论英国新左派在社会主义论战中的思想贡献》，《南京大学学报》（哲学·人文科学·社会科学）2014 年第 1 期。

［英］迈克尔·肯尼：《爱德华·汤普森的伦理激进主义及其批判》，张亮译，《求是学刊》2007 年第 5 期。

［英］迈克尔·肯尼：《社会主义和民族性问题：英国新左派的经验教训》，王晓曼译，孙乐强校，《学海》2011 年第 2 期。

[英] 斯蒂芬·科里尼:《〈新左翼评论〉创刊五十周年》,肖辉译,《国外理论动态》2011 年第 11 期。

[英] 斯图亚特·霍尔:《第一代新左翼的生平与时代》,王晓曼译,孙乐强校,《国外理论动态》2011 年第 11 期。

(五) 中文论文

柴尚金:《当前世界社会主义研究中值得关注的几个小问题》,《马克思主义研究》2022 年第 4 期。

陈治国:《英国"新左派"社会发展理论评析》,《当代中国马克思主义哲学研究》2014 年。

陈祖洲:《论英国"新左派"的福利观》,《南京大学学报》(哲学·人文科学·社会科学) 2001 年第 6 期。

[美] 大卫·科茨,黄斐:《新自由主义的衰落与社会主义的未来——大卫·科茨访谈》,《当代世界与社会主义》2016 年第 2 期。

黄斐:《"仁善"的剥削:英国新左翼对二战后新帝国主义的批判》,《河南大学学报》(社会科学版) 2018 年第 1 期。

黄斐:《繁荣背后:英国新左翼对二战后福利资本主义的批判》,《福建论坛》(人文社会科学版) 2018 年第 3 期。

黄斐:《"社会主义人道主义"是否可能——英国新左翼早期理论的历史演变及其经验教训》,《当代世界与社会主义》2021 年第 1 期。

黄斐:《二战后英国左翼谱系考察——英国新左翼、共产党和工党思想比较》,《科学社会主义》2021 年第 1 期。

黄斐:《革命道路与理论范式——爱德华·P. 汤普森与佩里·安德森的论争及其实质》,《中国高校社会科学》2022 年第 1 期。

黄斐:《比较视野下东西方社会主义观:体系、起源与生成路径》,《北京大学学报》(哲学社会科学版) 2022 年第 2 期。

黄光耀：《爱德华·汤普森阶级理论评述》，《学海》2000年第1期。

姜辉：《西方左翼何去何从——21世纪西方左翼的状况与前景》，《国外社会科学》2015年第3期。

蒋卫国：《三步走：英国新左派思想家群像日渐清晰》，《中国图书评论》2012年第4期。

李高荣：《佩里·安德森视域中的马克思主义的基本特征及启示》，《教学与研究》2016年第11期。

李瑞艳：《英国新左派对阶级主体的再思考》，《山西大学学报》（哲学社会科学版）2015年第6期。

李瑞艳、乔瑞金：《为什么英国新左翼对右翼政治哲学不屑一顾?》，《国外理论动态》2017年第9期。

李瑞艳：《英国新左派的社会主义思想走向》，《哲学动态》2017年第11期。

李勇、陈艳艳：《论英国第一代新左派对马克思主义的贡献》，《学术交流》2017年第6期。

刘焱：《斯大林主义、历史唯物主义与道德——汤普森的社会主义人道主义及其当代评价》，《山东社会科学》2013年第6期。

刘为：《有立必有破——访英国著名史学家E. P. 汤普森》，《史学理论研究》1992年第3期。

刘耀辉：《爱德华·汤普森与佩里·安德森：英国新左翼内部的争论》，《马克思主义与现实》2016年第6期。

鲁绍臣：《佩里·安德森：传统反思与理论重构》，《当代国外马克思主义评论》2008年刊。

罗文东：《社会主义人道主义：科学内涵与现实意义》，《江汉论坛》2015年第5期。

乔茂林：《英国新左派内部的方法论差异——爱德华·汤普森与佩里·安德

森理论论争新探》，《教学与研究》2021 年第 4 期。

乔瑞金、师文兵：《历史主义与结构主义——英国新马克思主义哲学探索的主导意识》，《哲学研究》2005 年第 2 期。

乔瑞金：《论英国新马克思主义的思想特征》，《理论探索》2006 年第 4 期。

乔瑞金：《英国新马克思主义的发展历程及其思想特征》，《当代国外马克思主义评论》2007 年刊。

乔瑞金：《我们为什么需要研究英国的新马克思主义》，《马克思主义与现实》2011 年第 6 期。

乔瑞金：《英国新左派的社会主义政治思想》，《中国社会科学》2014 年第 9 期。

乔瑞金、李文艳：《英国新左派的思想革命与政治诉求——以斯图亚特·霍尔的分析为中心》，《南京大学学报》（哲学·人文科学·社会科学）2016 年第 4 期。

申一青、姜延军：《英国新左派文化理论的马克思主义之源》，《湖北社会科学》2019 年第 3 期。

王斌：《从有机的文化到接合的文化——英国第一代新左派文化观的嬗变》，《理论与现代化》2013 年第 6 期。

王晓曼：《英国新左派思想遗产的当代清点》，《中国社会科学报》2010 年 12 月 9 日第 005 版。

习近平：《关于坚持和发展中国特色社会主义的几个问题》，《求是》2019 年第 7 期。

谢济光：《英国两代新左派意识形态论的共性探讨》，《名作欣赏》2010 年第 12 期。

谢济光：《〈新左派评论〉的历史沿革——评佩里·安德森的两次改革复兴》，《名作欣赏》2011 年第 15 期。

许满泽：《英国新左派解放理论图谱》，《中国社会科学报》2015 年 9 月 24

日第 005 版。

殷叙彝:《民主社会主义和伦理社会主义》,《当代世界社会主义问题》1996 年第 4 期。

殷叙彝:《民主社会主义和伦理社会主义》(下),《当代世界社会主义问题》1997 年第 1 期。

张亮:《从激进乐观主义到现实主义——佩里·安德森与〈新左派评论〉杂志的理论退却》,《马克思主义研究》2003 年第 2 期。

张亮:《英国马克思主义理论传统的兴起》,《国外理论动态》2006 年第 7 期。

张亮:《英国新左派运动及其当代审视——迈克尔·肯尼教授访谈录》,《求是学刊》2007 年第 5 期。

张亮:《汤普森视域中的民族性与马克思主义》,《福建论坛》(人文社会科学版)2008 年第 7 期。

张亮:《从苏联马克思主义到文化马克思主义——英国马克思主义理论传统的战后形成》,《人文杂志》2009 年第 2 期。

张亮:《结构主义之后:20 世纪 80 年代以后英国马克思主义的分化发展》,《江苏行政学院学报》2009 年第 3 期。

张亮:《英国思想界新左派运动的兴起与终结》,《中国社会科学报》2009 年 7 月 21 日第 008 版。

张亮:《从文化马克思主义到"结构主义的马克思主义"——20 世纪 60 年代初至 80 年代初英国马克思主义的发展历程》,《文史哲》2010 年第 1 期。

张亮:《〈新理性者〉、〈大学与左派评论〉和英国新左派的早期发展》,《晋阳学刊》2013 年第 1 期。

张亮:《英国马克思主义的"经济基础和上层建筑"学说》,《哲学动态》2014 年第 9 期。

张亮:《〈新左派评论〉的"更新"及新左派的再兴》,《江西社会科学》2018年第1期。

张亮:《追寻"英国马克思主义"道德之维的历史生成》,《国外理论动态》2022年第2期。

张文涛:《析E. P. 汤普森与佩里·安德森之间的争论》,《山东社会科学》2008年第11期。

张晓:《英国新左派运动的社会主义人道主义之争及其反思》,《天津社会科学》2006年4期。

张晓:《麦金太尔早期的本土化马克思主义探索》,《马克思主义与现实》2014年第5期。

赵传珍、刘同舫:《英国新左派思想家对历史唯物主义研究的拓展》,《福建论坛》(人文社会科学版)2011年第5期。

赵传珍、刘同舫:《英国文化马克思主义:人道主义与结构主义之辩》,《哲学动态》2011年第9期。

赵国新:《英国新左派的思想画像》,《读书》2006年第8期。

周穗明:《西方新社会运动与新马克思主义》,《广东行政学院学报》2006年第3期。

邹赞:《文化如何显影——"日常生活"与英国新左派的文化政治学》,《兰州大学学报》(社会科学版)2012年第6期。

二 外文文献

(一) 外文著作

Carl Oglesby ed. , *New Left Reader*, New York: Grove Press, 1969.

David Widgery, *The Left in Britain 1956 – 1968*, Harmondsworth: Penguin, 1976.

Dennis L. Dworkin and Leslie G. Roman, *Views beyond the Border Country: Ray-*

mond Williams and Cultural Politics, New York: Routledge, 1993.

E. P. Thompson, *The Poverty of Theory and Other Essays*, New York: Monthly Review Press, 1978.

E. P. Thompson, *The Romantics: England in a Revolutionary Age*, New York: New Press, 1997.

Geoff Andrews, Nina Fishman and Kevin Morgan eds., *Opening the Books: Essays in the Culture and Social History of British Communism*, London: Pluto Press, 1995.

Harvey J. Kaye and Keith McClelland, *E. P. Thompson: Critical Perspectives*, Philadelphia: Temple University Press, 1990.

International Documentation and Information Centre, *The New left in the United States of America, Britain, the Federal Republic of Germany: Interdoc Conference*. The Hague: International Documentation and Information Centre, 1969.

John Lewis, *The Left Book Club: an Historical Record*, London: Gollancz, 1970.

John Saville, *Memoirs from the Left*, London: Merlin Press, 2003.

Lawrence Black, *The Political Culture of the Left in Affluent Britain, 1951 – 1964: Old Labour, New Britain?* London: Palgrave Macmillan, 2003.

Lin Chun, *The British New Left*, Edinburgh: Edinburgh University Press, 1993.

Martin Boddy and Colin Fudge eds., *Local Socialism? Labour Councils and New Left Alternatives*, London: Macmillan, 1984.

Martin Klimke and Joachim Scharloth eds., *1968 in Europe: A History of Protest and Activism, 1956 – 1977*, New York: Palgrave Macmillan, 2008.

Martin Klimke, Jacco Pekelder and Joachim Scharloth eds., *Between Prague Spring and French May Opposition and Revolt in Europe, 1960 – 1980*, New York · Oxford: Berghahn, 2013.

Michael Newman, *Ralph Miliband and the Politics of the New Left*, London: Merlin Press, 2002.

New Left Review ed. , *Exterminism and Cold War*, London: Verso, 1982.

Nigel Young, *An Infantile Disorder? The Crisis and Decline of the New Left*, New York: Routledge, 2019.

Norman Birnbaum ed. , *Out of Apathy*, London: Stevens & Sons Limited, 1960.

Paul Blackledge, *Perry Anderson, Marxism and the New Left*, London: Merlin Press, 2004.

Paul Flewers and John McIlroy eds. , *1956: John Saville, E. P. Thompson and the Reasoner*, London: Merlin Press, 2017.

Perry Anderson and R. Blackburn eds. , *Towards Socialism*, London: Collins, 1966.

Perry Anderson, *Arguments within English Marxism*, London: Verso, 1980.

Raphael Samuel ed. , *People's History and Socialist Theory*, London: Routledge, 2016.

Raymond Williams, *Politics and Letters: Interviews with New Left Review*, London: Verso, 2015.

Raymond Williams, *Culture and Materialism: Selected Essays*, London: Verso, 2005.

Ralph Miliband, *Parliamentary Socialism: a study in the Politics of Labour*, London: Merlin Press, 1972.

Roger Scruton, *Fools, Frauds and Firebrands: Thinkers of the New Left*, London: Bloomsbury Publishing, 2015.

Stephen Woodhams ed. , *History in the making: Raymond Williams, Edward Thompson and radical intellectuals*, London: Merlin Press, 2001.

Stuart Hall, *The Hard Road to Renewal: Thatcherism and the Crisis of the Left*, London: Verso, 2021.

Terry Eagleton, *Raymond Williams: Critical Perspectives*, Boston: Northeastern University Press, 1989.

Wade Matthews, *The New Left National Identity, and the Break-up of Britain*, Leiden · Boston: Brill, 2013.

Willie Thompson, *The Good Old Cause: British Communism 1920-1991*, London: Pluto Press, 1992.

（二）外文论文

Abraham Jacob Walker, "Theory, History, and Methodological Positivism in the Anderson-Thompson Debate", *Formations: The Graduate Center Journal of Social Research*, Vol. 1, No. 1, 2010.

Adam Gearey, "'Change is Gonna Come': Critical Legal Studies and the Legacies of the New Left", *Law and Critique*, Vol. 24, No. 3, 2013.

Alasdair MacIntyre, "The Algebra of The Revolution", *Universities and Left Review*, Vol. 5, No. 3, 1958.

Alasdair MacIntyre, "Notes from the Moral Wilderness I", *The New Reasoner*, Vol. 7, No. 4, 1958.

Alasdair MacIntyre, "Notes from the Moral Wilderness II", *The New Reasoner*, Vol. 8, No. 1, 1959.

Alasdair MacIntyre, "The New Left", *Labour Review*, Vol. 4, No. 3, 1959.

Alex Callinicos, "Stuart Hall in perspective", *International Socialism*, Vol. 142, No. 2, 2014.

Anne Alexander, "Suez and the high tide of Arab nationalism", *International Socialism*, Vol. 112, No. 3, 2006.

Anne Applebaum, "Tony Blair and the New Left", *Foreign Affairs*, Vol. 76, No. 2, 1997.

C. Wright Mills, "Letter to the NewLeft", *New Left Review I*, Vol. 5, No. 5, 1960.

Charles Taylor, "Can Political Philosophy be Neutral?", *Universities and Left Review*, Vol. 1, No. 1, 1957.

Charles Taylor, "Marxism and Humanism", *The New Reasoner*, Vol. 2, No. 2, 1957.

Charles Taylor, "The Poverty of the Poverty of Historicism", *Universities and Left Review*, Vol. 4, No. 2, 1958.

Charles Taylor, "Alienation and Community", *Universities and Left Review*, Vol. 5, No. 3, 1958.

Charles Taylor, "What's Wrong with Capitalism", *New Left Review I*, Vol. 2, No. 2, 1960.

Christos Efstathiou, "The Crisis of Theory: E. P. Thompson, the New Left and Postwar British Politics", *Twentieth Century British History*, Vol. 23, No. 4, 2012.

Claude Bourdet, "The French Left—Long-run Trends", *Universities and Left Review*, Vol. 1, No. 1, 1957.

Claude Bourdet, "The Way to European Independence", *The New Reasoner*, Vol. 5, No. 2, 1958.

Claude Bourdet, "The Imperial Frenchmen", *The New Reasoner*, Vol. 8, No. 1, 1959.

Daniel Geary, "'Becoming International Again': C. Wright Mills and the Emergence of a Global New Left, 1956-1962", *The Journal of American History*, Vol. 95, No. 3, 2008.

David Richard Holden, "The First New Left in Britain 1956-1962", Ph. D. dissertation, University of Wisconsin-Madison, 1976.

Dorothy Thompson, "Farewell to the Welfare State", *New Left Review I*, Vol. 4, No. 4, 1960.

Dorothy Thompson, "On the Trail of the New Left", *New Left Review I*, Vol. 215, No. 1, 1996.

Editorial Comments, "Why We Are Publishing", *The Reasoner*, Vol. 1, No. 1, 1956.

Editorial, "The Case For Socialism", *The Reasoner*, Vol. 2, No. 2, 1956.

E. J. Hobsbawm, "In Memoriam: E. P. Thompson (1924 – 1993)", *International Labor and Working – Class History*, Vol. 46, No. 2, 1994.

Ellen McClure, "Beyond Gramsci: RichardHoggart's Neglected Contributions to the British New Left", *Dispositio*, Vol. 21, No. 48, 1996.

E. P. Thompson, "Reply to George Matthews", *The Reasoner*, Vol. 1, No. 1, 1956.

E. P. Thompson, "Through the Smoke of Budapest", *The Reasoner*, Vol. 3, No. 3, 1956.

E. P. Thompson, "Socialism and the Intellectuals", *Universities and Left Review*, Vol. 1, No. 1, 1957.

E. P. Thompson, "Socialist Humanism – An Epistle to the Philistines ", *The New Reasoner*, Vol. 1, No. 1, 1957.

E. P. Thompson, "Socialism and the Intellectuals—a reply", *Universities and Left Review*, Vol. 2, No. 2, 1957.

E. P. Thompson, "Agency and Choice – 1: A Reply to Criticism", *The New Reasoner*, Vol. 5, No. 2, 1958.

E. P. Thompson, "N. A. T. O. , Neutralism and Survival", *Universities and Left Review*, Vol. 4, No. 2, 1958.

E. P. Thompson, "Commitment in Politics", *Universities and Left Review*, Vol. 6,

No. 1, 1959.

E. P. Thompson, "The New Left", *The New Reasoner*, Vol. 9, No. 2, 1959.

E. P. Thompson, "A Psessay in Ephology", *The New Reasoner*, Vol. 10, No. 3, 1959.

E. P. Thompson, "Revolution", *New Left Review I*, Vol. 3, No. 3, 1960.

E. P. Thompson, "Revolution Again!", *New Left Review I*, Vol. 6, No. 6, 1960.

E. P. Thompson, "The Point of Production", *New Left Review I*, Vol. 1, No. 1, 1960.

E. P. Thompson, "The Long Revolution Part I", *New Left Review I*, Vol. 9, No. 3, 1961.

E. P. Thompson, "The Long Revolution Part II", *New Left Review I*, Vol. 10, No. 4, 1961.

E. P. Thompson, "The Free-Born Englishman", *New Left Review I*, Vol. 15, No. 3, 1962.

E. P. Thompson, "The Peculiarities of the English", *Socialist Register*, 1965.

E. P. Thompson, "An Open Letter to Leszek Kolakowski", *Socialist Register*, 1973.

E. P. Thompson, "Romanticism Utopianism and Moralism: The Case of William Morris", *New Left Review I*, Vol. 99, No. 5, 1976.

E. P. Thompson, "Notes on Exterminism, the Last Stage of Civilization", *New Left Review I*, Vol. 121, No. 5, 1980.

Harry Hanson, "An Open Letter to Edward Thompson", *The New Reasoner*, Vol. 2, No. 2, 1957.

Harry Hanson, "Britain and the Arabs", *The New Reasoner*, Vol. 6, No. 3, 1958.

Harry Hanson, "How Wild is My Wilderness?", *The New Reasoner*, Vol. 9,

No. 2, 1959.

Harry Hanson, "Socialism and Affluence", *New Left Review I*, Vol. 5, No. 5, 1960.

Jack Lindsay, "Socialism and Humanism", *The New Reasoner*, Vol. 3, No. 3, 1957.

John Mcilroy, "New Labour, New Unions, New Left", *Capital & Class*, Vol. 24, No. 2, 2000.

John Saville, "World Socialism Restated: a Comment", *The Reasoner*, Vol. 2, No. 2, 1956.

John Saville, "An Open Letter to R. Page Arnot", *The Reasoner*, Vol. 3, No. 3, 1956.

John Saville, "The Welfare State: an Historical Approach", *The New Reasoner*, Vol. 3, No. 3, 1957.

John Saville, "Can We Have a Neutral Britain?", *The New Reasoner*, Vol. 4, No. 1, 1958.

John Saville, "Apathy into Politics", *New Left Review I*, Vol. 4, No. 4, 1960.

John Saville, "The Twentieth Congress and the British Communist Party", *Socialist Register*, 1976.

John Saville, "The Communist Experience: a Personal Appraisal", *Socialist Register*, 1991.

John Saville, "Edward Thompson, The Communist Party and 1956", *Socialist Register*, 1994.

John St. John, "Response to Harry Hanson", *The New Reasoner*, Vol. 3, No. 3, 1957.

Kathleen M. Millar, "Introduction: Reading twenty–first–century capitalism through the lens of E. P. Thompson", *Focaal: Journal of Global and Historical*

Anthropology, No. 73, 2015.

Ken Alexander and John Hughes, "A Reply to Critics", *The New Reasoner*, Vol. 10, No. 3, 1959.

Ken Alexander, "Premier Wilson's Plan?", *New Left Review I*, Vol. 9, No. 3, 1961.

Lin Chun, "Reply to Dorothy Thompson and Fred Inglis", *New Left Review I*, Vol. 219, No. 5, 1996.

Madeleine Davis, "The Marxism of the British New Left", *Journal of Political Ideologies*, Vol. 11, No. 3, 2006.

Madeleine Davis, "Reappraising British Socialist Humanism", *Journal of Political Ideologies*, Vol. 18, No. 1, 2013.

Madeleine Davis, "Editorial: Can One Nation Labour Learn from the British New Left?", *Renewal: A Journal of Social Democracy*, Vol. 21, No. 1, 2013.

Madeleine Davis, "'Among the ordinary people': New Left involvement in working class political mobilisation 1956–1968", *History Workshop Journal*, Vol. 86, No. 5, 2018.

Marl. J. Wickham, "Mark, The Debate about Wages: the New Left, the Labour Party and Incomes policy", *Journal of Political Ideologies*, Vol. 18, No. 1, 2013.

Michael Kenny, "Interpreting the New Left: Pitfalls and Opportunities", *New Left Review I*, Vol. 219, No. 5, 1996.

Michael Newman, "The First New Left: British Intellectuals after Stalin", *International Affairs*, Vol. 72, No. 2, 1996.

Nick Bentley, "The Young Ones: A Reassessment of the British New Left's Representation of 1950s Youth Subcultures", *European Journal of Cultural Studies*, Vol. 8, No. 1, 2005.

Oded Heilbronner, "'Helter - Skelter?' The Beatles, the British New Left, and the Question of Hegemony", *Interdisciplinary Literary Studies*, Vol. 13, No. 1 - 2, 2011.

Paul Blackledge, "Learning from Defeat: Reform, Revolution and the Problem of Organization in the First New Left", *Contemporary Politics*, Vol. 10, No. 1, 2004.

Paul Blackledge, "A Life on the Left", *International Socialism*, Vol. 105, No. 1, 2005.

Peter Sedgwick, "Nato, The Bomb and Socialism", *Universities and Left Review*, Vol. 7, No. 2, 1959.

Peter Worsley, "Dehumanised Humanity—Albert Schweitzer", *The New Reasoner*, Vol. 3, No. 3, 1957.

Peter Worsley, "Britain—Unknown Country", *The New Reasoner*, Vol. 5, No. 2, 1958.

Peter Worsley, "Revolution of the Third World", *New Left Review I*, Vol. 12, No. 6, 1961.

Perry Anderson, "Sweden MrCroslands Dreamland Part 1", *New Left Review I*, Vol. 7, No. 1, 1961.

Perry Anderson, "Sweden Study in Social Democracy Part 2", *New Left Review I*, Vol. 9, No. 3, 1961.

Perry Anderson and Stuart Hall, "The Politics of the Common Market", *New Left Review I*, Vol. 10, No. 4, 1961.

Perry Anderson, "Origins of the Present Crisis", *New Left Review I*, Vol. 23, No. 1, 1964.

Perry Anderson, "Critique of Wilsonism", *New Left Review I*, Vol. 27, No. 5, 1964.

Perry Anderson, "The Left in the Fifties", *New Left Review I*, Vol. 29, No. 1, 1965.

Perry Anderson, "Socialism and Pseudo – Empiricism", *New Left Review I*, Vol. 35, No. 1, 1966.

Perry Anderson, "Components of the National Culture", *New Left Review I*, Vol. 50, No. 4, 1968.

Perry Anderson, "The Antinomies of Antonio Gramsci", *New Left Review I*, Vol. 100, No. 6, 1976.

Ralph Miliband, "The Politics of Contemporary Capitalism", *The New Reasoner*, Vol. 5, No. 2, 1958.

Ralph Miliband, "The Transition to the Transition", *The New Reasoner*, Vol. 6, No. 3, 1958.

Ralph Miliband, "The Sickness of Labourism", *New Left Review I*, Vol. 1, No. 1, 1960.

Ralph Miliband, "Draft Proposal for Socialist Centres", *New Left Review I*, Vol. 28, No. 6, 1964.

Ralph Miliband, "The Capitalist State—Reply to Nicos Poulantzas", *New Left Review I*, Vol. 59, No. 1, 1970.

Ralph Miliband, "Poulantzas and the Capitalist State", *New Left Review I*, Vol. 82, No. 6, 1973.

Ralph Samuel, "New Authoritarianism—New Left", *Universities and Left Review*, Vol. 5, No. 3, Autumn 1958.

Ralph Samuel, "Class and Classness", *Universities and Left Review*, Vol. 6, No. 1, 1959.

Ralph Samuel, "The Boss as Hero", *Universities and Left Review*, Vol. 7, No. 2, 1959.

Raymond Williams, "The Realism of Arthur Miller", *Universities and Left Review*, Vol. 7, No. 2, 1959.

Raymond Williams, "The British Left", *New Left Review I*, Vol. 30, No. 2, 1965.

Raymond Williams, "Base and Superstructure in Marxist Cultural Theory", *New Left Review I*, Vol. 82, No. 6, 1973.

Raymond Williams, "Notes on British Marxism since 1945", *New Left Review I*, Vol. 100, No. 6, 1976.

Raymond Williams, "Problems of Materialism", *New Left Review I*, Vol. 109, No. 3, 1978.

Raymond Williams, "Beyond Actually Existing Socialism", *New Left Review I*, Vol. 120, No. 2, 1980.

Richard Hoggart and Raymond Williams, "Working Class Attitudes Discussion", *New Left Review I*, Vol. 1, No. 1, 1960.

Robin Blackburn, "Inequality and Exploitation", *New Left Review I*, Vol. 42, No. 2, 1967.

Robin Blackburn, "Edward Thompson and the New Left", *New Left Review I*, Vol. 201, No. 5, 1993.

Robin Blackburn, "Raphael Samuel: The Politics of Thick Description", *New Left Review I*, Vol. 221, No. 1, 1997.

Simon During, "Socialist Ends: The British New Left, Cultural Studies and the Emergence of Academic 'Theory'", *Postcolonial Studies*, Vol. 10, No. 1, 2007.

Stanley Rothman, "British Labor's 'New Left'", *Political Science Quarterly*, Vol. 76, No. 3, 1961.

Stuart Hall, "The New Conservatism and the Old", *Universities and Left Review*, Vol. 1, No. 1, 1957.

Stuart Hall, "Inside the Whale Again?", *Universities and Left Review*, Vol. 4, No. 2, 1958.

Stuart Hall, "A Sense of Classlessness", *Universities and Left Review*, Vol. 5, No. 3, 1958.

Stuart Hall, "The Politics of Adolescence", *Universities and Left Review*, Vol. 6, No. 1, 1959.

Stuart Hall, "Absolute Beginnings", *Universities and Left Review*, Vol. 7, No. 2, 1959.

Stuart Hall, "The Big Swipe", *Universities and Left Review*, Vol. 7, No. 2, 1959.

Stuart Hall, "Introducing NLR", *New Left Review I*, Vol. 1, No. 1, 1960.

Stuart Hall, "ULR Club in Notting Hill", *New Left Review I*, Vol. 1, No. 1, 1960.

Stuart Hall, "Crosland Territory", *New Left Review I*, Vol. 2, No. 2, 1960.

Stuart Hall, "Raphael Samuel: 1934 – 96", *New Left Review I*, Vol. 221, No. 1, 1997.

Stuart Hall, "Life and Times of the First New Left", *New Left Review*, Vol. 61, No. 1, 2010.

Terry Eagleton, "Criticism and Politics: The Work of Raymond Williams", *New Left Review I*, Vol. 95, No. 1, 1976.

Thomas Marriott Dowling, "In Spite of History? New Leftism in Britain 1956 – 1979", Ph. D. dissertation, Department of History University of Sheffield, 2015.

Tim Enright, "Materialism or Eclecticism", *The New Reasoner*, Vol. 3, No. 3, 1957.

Tom Nairn, "The British Political Elite", *New Left Review I*, Vol. 23, No. 1, 1964.

Tom Nairn, "The English Working Class", *New Left Review I*, Vol. 24, No. 2, 1964.

Tom Nairn, "Hugh Gaitskell", *New Left Review I*, Vol. 25, No. 3, 1964.

Tom Nairn, "The Nature of the Labour Party Part I", *New Left Review I*, Vol. 27, No. 5, 1964.

Tom Nairn, "The Nature of the Labour Party Part II", *New Left Review I*, Vol. 28, No. 6, 1964.

Tom Nairn, "Labour Imperialism", *New Left Review I*, Vol. 32, No. 4, 1965.

Tom Nairn, "British Nationalism and the EEC", *New Left Review I*, Vol. 69, No. 5, 1971.

Tom Nairn, "The Left against Europe Special Issue", *New Left Review I*, Vol. 75, No. 5, 1972.

Wade Matthews, "The Poverty of Strategy—E. P. Thompson, Perry Anderson, and the Transition to Socialism", *Labour/Le Travail*, Vol. 50, No. 2, 2002.